国家高端智库武汉大学国际法研究所

国　际　法　文　库
INTERNATIONAL LAW LIBRARY

黄　进　总主编
肖永平　执行主编

实务系列
张　辉　主编

批准《选择法院协议公约》之考量

Considering on the Ratification of the Convention of Choice of Court Agreement

肖永平　朱磊　主编

撰稿人（按撰写章节顺序）
叶　斌　何其生　杜　涛　杨育文
王吉文　肖永平　孙　劲

法律出版社
LAW PRESS·CHINA

总序一

当今之世界，随着全球投资贸易不断增长，科学技术特别是信息技术飞速进步，通信和交通日益便捷，人文交流蓬勃发展，经济全球化、政治多极化、文化多元化、社会网络化、法律趋同化已成为天下大势。在这种背景下，作为国际社会最为重要的行为规范，国际法在全球治理中发挥着不可替代的作用。

今日之中国，秉持“创新、协调、绿色、开放、共享”五大发展理念，正在全面建设小康社会、全面深化改革、全面推进依法治国、全面从严治党、全面参与全球治理。在这个过程中，国家始终坚持统筹国内、国际两个大局，于内，追求实现“两个一百年”奋斗目标，追求实现中华民族伟大复兴的中国梦。于外，坚定不移对外开放，参与全球治理；坚持和平发展、合作共赢；积极构建中国特色大国外交，完善对外战略布局，既“请进来”，又“走出去”，加快推进“一带一路”建设；坚决维护国家主权、安全、发展利益，争取良好国际环境，维护世界和平稳定，促进各国共同发展，打造“人类命运共同体”。毫无疑问，坚持统筹国内、国际两个大局，不仅要全面推进依法治国，加强国内法治，而且要在全球治理中高度重视和善于发挥国际法的作用，加强国际法治，推进国内法治与国际法治良性互动，特别是要完善中国自己的涉外法律法规体系，积极参与国际规则的制定，增强中国在国际法律事务中的话语权和影响力，运用法治思维和法治方式依法处理涉外事务,强化涉外法律服务,加强国际法治合作。

当下之中国国际法学界,经过改革开放30多年的建设和发展,可以肯定地说,国际法学科体系不断健全,学术队伍不断壮大,国际学术交流与合作不断拓展,学术水平和创新能力不断提高,培养了一大批国际法专门人才。而且,广大国际法专家学者解放思想、实事求是、求真务实、与时俱进,深入研究和回答中国改革开放面临的国际法理论和实践问题,产出了一大批有分量的学术成果,为国际法学的繁荣发展和国家改革开放及现代化建设做出了重要贡献。但应该指出的是,中国国际法学领域还存在一些亟待解决的问题。比如,国家缺乏整体的国际法学科发展战略规划,国际法学科建设放任自流,各国际法机构各自为阵;国际法人才队伍学术原创能力和解决实际问题的能力不强,活跃在世界国际法舞台的人才不多,总体素质亟待提高;国际法人才培养体系不健全,德行教育与知识传授相分离、理论培养与实践训练相脱离、国内培训与国际培训相隔离;国际法学术研究缺少精品力作,还没有产出具有广泛国际影响的创造性思想成果和理论成果,在国际规则制定和国际法律事务中的话语权和影响力不大。可以这样说,中国国际法学界目前在学术命题、学术思想、学术观点、学术标准、学术评价、学术话语上的能力和水平同中国综合国力和国际地位还不太相称。

综上所述,国际法在国际社会中的重要地位日益凸显,中国全面推进依法治国、对外开放、参与全球治理,亟须掌握和运用国际法,中国国际法学界仍处于有数量缺质量、有专家缺大师以及作用没有充分发挥出来的状态。我们所处的时代表明,这是一个需要国际法的时代,这是一个需要国际法理论创新而且一定能够产生国际法新理论的时代,这是一个需要国际法思想而且一定能够产生国际法新思想的时代。所有这些,正是我们编辑出版"国际法文库"以推动国际法学繁荣发展的初衷。

"国际法文库"将坚持兼容并包、思想自由。主张立足中国、借鉴国外,挖掘历史、把握当代,关怀人类、面向未来,着力推进构建既具有中国特色、中国风格、中国气派,又能进入世界学术话语体系的国际法学。

"国际法文库"将坚持问题导向。面对中国改革开放的新常态、国际局势的新变化,世界范围内各种思想文化交流交融交锋的新形势,只有聆听时代的声音,回应时代的呼唤,认真研究国家深化对外开放、全面参与全球治理的重大而紧迫的问题,才能真正把握历史脉络,找到发展规律,推进国际法理论创新和全球治理实现良法善治。

“国际法文库”将坚持跨学科研究。国际法律问题涉及国际社会生活的方方面面，具有跨学科性，需要从多学科视角，运用学科交叉融合的方法，进行跨学科研究。也就是说，对于国际法律问题，不仅要从国际公法、国际私法、国际经济法等国际法学视角进行研究，而且还要从宪法、行政法、民商法、刑法、诉讼法等国内法学视角进行研究；不仅要从法学视角进行研究，而且还要从国际政治、世界历史、全球经济、人类社会变迁、多元文化交融、地球生态文明等视角进行研究。跨学科研究在于坚持用联系的发展的眼光看待问题，增强研究的整体性、系统性、协调性、战略性，促进问题合情、合理、合法的解决。

“国际法文库”将坚持创造创新。创新是一个民族进步的灵魂，也是引领理论发展的动力。创新，就是有所发现、有所发明、有所创造。国际法理论的生命力在于创新，只有不断进行探索，才能推进国际法思想创新、知识创新、理论创新、制度创新、方法创新。国际法理论创新要从问题开始，发现问题、筛选问题、分析问题、研究问题、解决问题的过程就是创新的过程。国际法理论创新不必贪大求全，发现新事实、新材料、新现象是创新，阐明一个新原理、提出一种新学说、揭示一条新规律是创新，发明一项新技能、找到一条新路径、创造一种新方法也是创新。

“国际法文库”设专著系列、译著系列、实务系列、文集系列，是法律出版社与武汉大学国际法研究所共同打造的学术品牌。法律出版社在中国出版界特别是法学、法律出版领域的龙头地位自不待言。这里有必要对武大国际法所多说几句。武大国际法所是我国著名法学家、教育家、国际私法一代宗师韩德培先生于1980年创办的，是我国高校设立的第一个国际法研究所。该所自创立以来，自强不息，追求卓越，先后培养了一大批已在学术和实务方面崭露头角的国际法专门人才，先后产出了一大批具有较高水平的国际法学术成果，先后两次被评为国家级重点学科，2000年被确定为教育部人文社会科学重点研究基地，2015年入选首批国家高端智库。可以肯定地说，武大国际法所是当今中国国际法领域的学术重镇，不断推进中国国际法人才培养、科学研究和新型智库建设，不仅是它义不容辞的责任，更是它崇高而神圣的使命。正是基于这种情怀，武大国际法所与法律出版社携手合作，设立了这个“国际法文库”。这是为中国国际法学界开辟一块新的学术园地，建造一个新的学术舞台。“国际法文库”是自由、开放、包容、多元的，海内外的国际法同仁都可以在这块园地里辛勤耕耘，春播夏种、秋收冬藏；也都可以在这座舞台上翩翩起舞，崭露头角、一展锋芒。我真诚希望，所有以国际法为志业、立志为中国国际法事业做出贡献的海内外同仁，都能把“国际法文库”视为我们共同的国际法事业的一部分，关心之、支持之、帮助之、鞭策之，勿忘初心、久久为功，去迎接我们共同期待的中国国际法学界百花齐放、百鸟争鸣的春天。

是为序。

 *

2016 年 12 月 1 日于北京

---

* 黄进，中国政法大学校长，法学教授，中国法学会副会长，中国国际私法研究会会长。

总序二

随着中国日益接近世界舞台的中央,我国迫切需要加强国际法律共同体建设,利用国际法维护世界和平和人类命运共同体以及可持续发展,保障中国的正当利益。因此,不管是国际法制度构建,还是国际法理论创新,抑或是国际法实践引领,中国都需要从“被动适应者”向“主动引领者”转变。

由我国著名法学家、教育家、社会活动家、国际私法一代宗师韩德培先生创办的武汉大学国际法研究所是1980年由原国家教委批准成立的中国高校第一个国际法研究机构;1981年设立博士点;1995年建立博士后流动站;1996年列为“211”工程重点建设单位;2000年被教育部批准为普通高等学校人文社会科学重点研究基地;2004年被批准为“985”工程哲学社会科学创新基地;2015年被中宣部确定为首批国家高端智库试点建设单位。她一贯秉持国际公法、国际私法、国际经济法的全面和综合研究,积极拓展联合国法、欧洲联盟法、国际能源法、电子商务法、国际发展法、国际网络法、国际投资法、国际金融法、国际体育法、世贸组织法、海洋法和海商法等前沿学术领域,形成了学科研究方向齐全、学科发展水平一流、咨政服务能力突出、教学科研成果领先的鲜明特色。

但是,不管是作为教育部的人文社会科学重点研究基地,还是作为国家高端智库,仅仅依靠一个研究所的力量难以实现中国国际法理论的创新，难以实现中国从国际法的“被动适应者”向“主动引领者”的转变。当下，中国面临的问题在全球化进程中愈发凸显其复杂性，许多问题往往需要从不同学科、不同视角、不同谱系进行合理的理论解释、作出正确的政策选择；而不同学者、学术机构、智库在不同领域具有相对优势，或者因所在区域不同而存在区域政策问题的竞争优势。因此，团结、组织中国国际法学者共同攻关、协同创新是获得国际竞争优势、创新中国国际法理论，进而实现中国从国际法的“被动适应者”向“主动引领者”转变的必由之路。正是出于这种考虑，我们与法律出版社合作出版“国际法文库”，希望集中展示中国学者的国际法著述和学术见解，及时传播国外国际法学界的最新研究成果，协同研究中国面临的重大国际法实践问题，不断增强中国国际法理论的国际话语权，不断提升中国国际法制度的国际吸引力，不断提高中国国际法实践的国际影响力。

因此，“国际法文库”将面向中国国际法理论界和实务界广泛征集选题，通过自荐与他荐相结合的方式，由丛书编辑委员会根据其学术性、思想性和创新性决定出版选题。本文库分为专著系列、译著系列、实务系列和文集系列。

专著系列旨在集中呈现中国学者在国际法领域的理论研究成果，引导中国国际法学界关注国际学术动态、设置前沿学术议题、营造良好学术风气，推动中国国际法理论创新。以学术性和创新性为选题标准，主要出版中国学者关于国际法领域具体问题的创新性研究成果。

译著系列旨在全面推介国际社会国际法理论的经典著作和最新成果，促进中外国际法理论的交流与交锋，促使中外国际法实践的互动与创新。以思想性与新颖性为选题标准，主要出版国际社会在 20 世纪 90 年代以后创作或再版的国际法著作的译作。

实务系列旨在中国国际法理论研究和实践运用之间架起桥梁，促使中国国际法研究更加贴近国家和社会的现实需要，在国际法理论的支撑下运用国际法规则分析和解决实践中出现的问题。以对策性与实用性为选题标准，主要出版针对实践中的国际法问题，特别是与中国密切相关的国际法问题的著作，强调贴合国家对外交往实际需要，关注操作层面的问题选择、分析和解决方案。

文集系列旨在及时反映中国国际法学界举办的学术会议成果，提高学术交流的质量，加强学术交流的深度，扩大学术交流的影响。以新颖性与可行性为选题标准，主要出版能够设置学术议题、引领理论前沿的论文集。

我们相信,在中国国际法学界同仁的关心、支持与积极参与下,“国际法文库”一定能够实现上述目的,为中国国际法的理论创新、制度变革和实践引领贡献她应有的智慧、发挥她应有的作用。

*

2017 年元旦于武汉

---

* 肖永平,武汉大学国际法研究所所长,长江学者,法学教授,中国国际私法研究会常务副会长。

前 言

中国全程参与谈判与磋商的《海牙选择法院协议公约》(以下简称《海牙公约》)于2005年6月召开的第20届海牙外交会议,由43个海牙会议成员国和哥斯达黎加、巴拉圭等国以及欧盟等国际组织就其相关内容条款作出了正式讨论并最终达成一致。墨西哥于2007年9月26日率先批准《海牙公约》,欧盟于2015年6月11日以区域性国际组织的身份正式交存公约批准书。根据《海牙公约》第31条第1款的规定,该公约自2015年10月1日起正式生效。目前,《海牙公约》的成员方包括欧盟(丹麦除外)、墨西哥和新加坡,乌克兰和美国已经签署但暂未批准。

作为海牙国际私法会议近年来取得的一项重要成果,《海牙公约》对各国明示协议管辖权制度及其相关的法院判决的承认与执行规则进行了协调,为尊重当事人的意思自治、保障争议由适当的法院管辖、增强司法的确定性和促进法院判决的跨国流动提供了统一的规则,有利于国际民商事活动者在诉讼与仲裁之间选择适当的纠纷解决机制,这是国际经济一体化和中国推动"一带一路"建设的必然要求。可以肯定,《海牙公约》一定会逐步得到国际社会的普遍接受,成为国际民商事管辖权和判决承认与执行领域的重要公约。

因此,中国是否批准、何时批准《海牙公约》既是国际社会普遍关心的问题,也是我国学术界近年来讨论的热点问题，更是需要我国政府尽快作出明确决策的现实问题。本书从分析《海牙公约》的制定背景入手，详细介绍了其主要内容，深入比较它与我国现行法律制度及我国缔结的双边司法协助条约的主要异同，深刻揭示中国批准《海牙公约》的积极意义和潜在的消极影响，最后主张中国应该尽快批准《海牙公约》，并对中国批准《海牙公约》提出了具体的建议与应对办法，包括声明保留事项、国内立法的修改及完善、公约适用于中国香港、澳门特区等问题。

本书第一章、第二章由叶斌完成，第三章由何其生完成，第四章由杜涛、杨育文完成，第五章前三节、第六章前四节由王吉文完成，第五章第四节、第六章第五节、第七章前二节、结论由肖永平完成，第七章第三节由孙劲完成。肖永平和朱磊完成全书的统稿与定稿工作。

我们希望本书的出版能够引起我国相关部门对签署和批准《海牙公约》的重视，促进我国学术界对《海牙公约》的研究和传播，并对我国批准该公约作好理论准备工作。

Contents

目录

第一章　《海牙公约》的制定背景

第一节　公约制定与生效的基本情况

2005 年 6 月 30 日海牙国际私法会议(Hague Conference on Private International Law, HCCH)第 20 次大会在荷兰海牙和平宫通过了《选择法院协议公约》(以下简称《海牙公约》)。[①] 该公约是第一个全球性民商事管辖权和判决公约,它的起草和磋商前后经历了 13 年时间,磋商过程充满争论、质疑、批评和妥协,起起落落,曾一度陷入困顿,最终达成《海牙公约》。

有的学者将 1958 年《承认及执行外国仲裁裁决公约》(以下简称《纽约公约》)[②]与《海牙公约》相提并论,称之为"海牙诉讼公约"。[③] 与《纽约公约》类似,《海牙

---

① See "Convention of 30 June 2005 on Choice of Court Agreements adopted by the Twentieth Session and Explanatory Report by Trevor Hartley & Masato Dogauchi", HCCH Publications, 2007, available at https://assets.hcch.net/upload/expl37e.pdf. 译文见中华人民共和国外交部条约法律司编:《海牙国际私法会议公约集》,法律出版社 2012 年版,第 204 ~ 214 页。

② 1958 年《纽约公约》的中文文本见:《全国人民代表大会常务委员会关于我国加入〈承认及执行外国仲裁裁决公约〉的决定》,1986 年 12 月 2 日通过,载《中华人民共和国国务院公报》1987 年第 7 期,第 243 ~ 248 页。

③ See Ronald A. Brand, "The New Hague Convention on Choice of Court Agreements", *ASIL Insights*, Vol. 10, 2005, p. 5.

公约》确立了承认与执行双方当事人约定诉讼法院的争议解决方式，就法院的选择、其他法院的义务、承认与执行法院判决制定了明确、详尽的规则。《纽约公约》已有150多个缔约国，如果《海牙公约》能像《纽约公约》那样被广泛接受，当事人签订国际商事合同时将有机会在仲裁和诉讼之间进行更好的选择。①

《海牙公约》是在目标宏大的《民商事管辖权及外国判决公约》流产的情况下，经海牙国际私法会议的与会代表逐步缩小范围，争取最大共识的产物。其历史要追溯到1992年，在美国代表团的倡议下，海牙国际私法会议开始研究起草"管辖权公约"。1996年海牙国际私法会议成立特别委员会，专门着手起草公约草案，目的是在民商事诉讼管辖权和判决承认与执行方面制定全球性的统一规则，该提议被接受并列入第19次海牙外交会议的日程。美国代表建议，该公约宜采取"混合公约"构架，即要包括3项内容：(1)公约同时规定直接管辖权规则和判决的承认与执行规则，即规定直接管辖权和间接管辖权根据；(2)管辖权规则包括公约允许的管辖权根据("白色清单")、禁止的管辖权根据("黑色清单")和允许存在的国内法管辖权根据("灰色清单")；(3)不同的管辖权根据对判决承认与执行的效力各不相同，依"白色清单"做出的判决应得到承认与执行，依"黑色清单"做出的判决不能得到缔约国的承认与执行，而依"灰色清单"作出的判决由缔约国依本国法自行决定。②

1999年10月30日由于欧美立场严重对立，起草公约的特别委员会在经过5次会议后，通过投票表决方式，勉强达成了供外交大会审议的《民商事管辖权及外国判决公约(草案)》(以下简称《1999年草案》)。③ 美国代表认为《1999年草案》并未实际采用其建议的"混合"模式，并且批评投票表决方式没有尊重各国不同法律传统的现实，明确向海牙国际私法会议秘书长表示反对该草案。

在2001年6月举行的第十九次外交会议上，欧美双方的分歧继续加深，在

---

① See Louise Ellen Teitz, "The Hague Choice of Court Convention: Validating Party Autonomy and Providing an Alternative to Arbitration", *American Journal of Comparative Law*, Vol. 53, 2005, pp. 543 – 558.

② 参见胡斌、田妮：《十字路口的海牙管辖权公约》，载韩德培等主编：《中国国际私法与比较法年刊》(2002年·第5卷)，法律出版社2002年版，第542页。

③ "Preliminary Draft Convention on Jurisdiction and Foreign Judgments in Civil and Commercial Mattersadopted by the Special Commission and Report by Peter Nygh and Fausto Pocar", Preliminary Document No 11 of August 2000, available at http://www.hcch.net/upload/wop/jdgmpd11.pdf. 该草案的解释报告简称为"Nygh/Pocar Report(August 2000)"。

绝大多数条款无法取得协商一致的情况下勉强产生了替代《1999 年草案》的《临时文本》。① 由于《临时文本》含有太多不确定条款，使该判决公约的前景陷入困境。②

为了不使数年的努力白费，海牙国际私法会议总务及政策特别委员会最终不得不就公约的基本走向做出政策选择。其策略是回避矛盾，缩小公约的范围，只将能够协商一致的条款纳入公约。③ 为了取得进展，海牙国际私法会议总务与政策委员会于 2002 年 4 月开会决定，新的起草工作将以商事案件中的选择法院协议（choice of court agreements in business-to-business cases）、应诉管辖（submission）、被告所在地法院管辖（defendant's forum）、反诉（counter-claims）、信托（trust）和人身伤害侵权（physical torts）等管辖权根据的核心部分为工作起点。

通过 3 次会议讨论，非正式工作组建议将目标缩小为商事案件中的选择法院协议。该建议得到海牙国际私法会议成员国的积极响应。2003 年 12 月特别委员会开会讨论该非正式工作组准备的草案。这次会议产生了一个新的草案文本——《关于排他性选择法院协议的草案》（以下简称《2003 年公约草案》），④公布为第 49 号工作文件，该草案的解释报告公布为 2004 年 3 月第 25 号预备文件。⑤ 2004 年 4 月产生了修订后的草案文本——《关于排他性选择法

---

① The Permanent Bureau and the Co-reporters, "Summary of the Outcome of the Discussion in Commission II of the First Part of the Diplomatic Conference (6 - 20 June 2001) - Interim Text", available at http://www.hcch.net/upload/wop/jdgm2001draft_e.pdf.

② 从 2010 年起，海牙国际私法会议又开始考虑重启"判决公约计划"。2012 年 4 月，新成立的专家组达成了工作方式上的初步意向，但尚未就未来公约的走向形成实质性意见，参见 Council on General Affairs and Policy of the Conference (17 - 20 April 2012), "Conclusions and Recommendations of the Expert Group on Possible Future Work on Cross-border Litigation in Civil and Commercial Matters", The Hague, 12 - 14 April 2012, Work. Doc. No. 2 of April 2012, available at http://www.hcch.net/upload/gaf2012wd2e.pdf。

③ 参见孙劲：《迈向关于外国判决承认与执行的新公约》，载韩德培等主编：《中国国际私法与比较法年刊》（2003 年 · 第 5 卷），法律出版社 2003 年版，第 568 页。

④ Drafting Committee, "Draft on Exclusive Choice of Court Agreements", WORK. DOC. No 49 E (Revised) of December 2003, available at http://www.hcch.net/upload/wop/workdoc49e.pdf.

⑤ Masato Dogauchi and Trevor C. Hartley, "Explanatory Reporton Preliminary Draft Convention on Exclusive Choice of Court Agreements", Preliminary Document No 25 of March 2004, available at http://www.hcch.net/upload/wop/jdgm_pd25e.pdf. 该解释报告简称为"Dogauchi / Hartley Report (March 2004)"。

院协议的公约草案》(以下简称《2004 年公约草案》),[①]公布为第 110 号工作文件(修订版),该草案的解释报告为 2004 年 12 月第 26 号预备文件。[②] 2005 年 6 月第 20 次外交会议经多次讨论后产生公约最终文本。2007 年,海牙国际私法会议公布了公约正式文本和解释报告。[③]

在公约的起草过程中,中国代表团提出了很多建议性意见,中国香港和澳门特别行政区也派出政府律师,以中国代表团成员的身份出席了有关会议。[④]《海牙公约》通过吸取判决公约草案失败的教训,注意具体规则的妥协,尊重不同法系和国家的司法传统,特别设置了便于各国加入的声明条款和只需两个国家(或组织)批准或加入便可生效的条款,使公约易于生效,也容易被广泛接受。

2007 年 9 月 26 日墨西哥率先向海牙国际私法会议提交加入《海牙公约》的批准文件。2009 年 1 月 19 日美国代表在海牙国际私法会议的公约签字文件上签字,尚未完成其国内批准程序。2009 年 4 月 1 日欧共体代表在海牙签署《海牙公约》。[⑤] 2015 年 6 月 11 日已取得法律人格并完全取代欧共体的欧盟完成了《海牙公约》的全部批准程序。[⑥] 根据《海牙公约》第 32 条第 1 款,《海牙公

---

① Drafting Committee,"Draft on Exclusive Choice of Court Agreements",WORK. DOC. No 110 E(Revised) of May 2004,available at http://www.hcch.net/upload/wop/jdgm_wd110_e.pdf.

② Masato Dogauchi and Trevor C. Hartley,"Explanatory Report on Preliminary Draft Convention on Exclusive Choice of Court Agreements",Preliminary Document No 26 of December 2004,available athttp://www.hcch.net/upload/wop/jdgm_pd26e.pdf. 为与 2004 年 3 月的报告相区别,该解释报告简称为"Dogauchi / Hartley Report(Dec. 2004)"。

③ "Convention of 30 June 2005 on Choice of Court Agreements adopted by the Twentieth Session and Explanatory Report by Trevor Hartley & Masato Dogauchi",HCCH Publications,2007,available at http://www.hcch.net/upload/expl37e.pdf. 2005 年海牙《选择法院协议公约》的解释报告简称为"Hartley / Dogauchi Report(2007)"。

④ See Hague Conference on Private International Law,*Proceedings of the Twentieth Session* 14 *to* 30 *June* 2005,*Tome III*,*Choice of Court*,Intersentia 2010,p. 376.

⑤ Council Decision 2009/397/EC of 26 February 2009 on the signing on behalf of the European Community of the Convention on Choice of Court Agreements,OJ L 133,29.5.2009. Also see"European Community Signs Hague Choice of Court Convention",http://www.hcch.net/index_en.php? act = events.details&year = 2009&varevent = 163.《里斯本条约》于 2009 年 12 月 1 日生效之后,欧洲联盟取得法律人格,并完全取代欧洲共同体。

⑥ See 2014/887/EU:Council Decision of 4 December 2014 on the approval,on behalf of the European Union,of the Hague Convention of 30 June 2005 on Choice of Court Agreements,OJ L 353,10.12.2014,pp. 5 – 8.

约》于2015年10月1日生效。① 新加坡和乌克兰分别于2015年3月和2016年3月提交签署文件。2016年10月公约适用于新加坡。目前,《海牙公约》已适用于墨西哥、新加坡和除丹麦外的所有欧盟成员国。②

目前,阿根廷、澳大利亚和加拿大也在积极考量加入公约的工作。国际商会等国际机构也敦促各国政府尽快批准《海牙公约》。③ 事实上,该公约为《关于内地与香港特别行政区法院相互认可和执行当事人协议管辖的民商事案件判决的安排》④提供了模板,它的影响力已经开始显示出来。

诚如参与会议的中国代表所言:"国际经济一体化必然导致私法规范和司法制度的一体化,海牙《选择法院协议公约》正是为了适应这种要求适时制定的国际公约,它会获得国际社会的接受,从而成为国际社会私法统一的一个重要的国际文件。"⑤

第二节 美、欧解决判决承认与执行问题的传统做法

一、美国的传统做法

一国法院作出的判决,可以被他国法院承认与执行,曾被认为是"革命性"思想。美国宪法以"充分诚信条款"来保证州与州之间判决的相互执行,但该条款只限于美国姐妹州之间,并不适用于美国判决在美国以外和外国判决在美国的承认与执行。

与欧洲和拉丁美洲国家不同,美国早期很少运用国际条约解决承认与执行外国判决问题,即使在美国与各国广泛签订双边友好通商通航条约的时代。1874年美国国务院曾拒绝在国际私法和判决的承认与执行领域缔结条约,⑥因

---

① 资料来源:https://www.hcch.net/en/news-archive/details/? varevent=412。

② 资料来源:https://www.hcch.net/en/instruments/conventions/status-table/? cid=98#profile。

③ See "ICC Urges Governments to Ratify Hague Choice of Court Convention", Paris, 18 October 2007, http://www.iccwbo.org/News/Articles/2007/ICC-urges-governments-to-ratify-Hague-Choice-of-Court-Convention.

④ 2006年6月12日最高人民法院审判委员会第1390次会议通过,法释〔2008〕9号。

⑤ 徐国建:《建立国际统一的管辖权和判决承认与执行制度——海牙〈选择法院协议公约〉述评》,载《时代法学》2005年第5期,第5~16页。

⑥ See David Luther Woodward, "Reciprocal Recognition and Enforcement of Civil Judgments in the United States, the United Kingdom and the European Economic Community", *North Carolina Journal of International Law and Commercial Regulation*, Vol. 8, 1983, p. 310.

为美国各州对联邦的司法介入一直十分敏感。第二次世界大战以后，美国对于承认与执行外国判决的态度才开始转变。

一般而言，美国依"礼让原则"而非"互惠原则"执行外国判决。[①] 在 1895 年的希尔顿诉盖约特(Hilton v. Guyot)案中，美国联邦最高法院列举了下述承认与执行外国判决的考量因素：(1)在外国法院，被告是否获得充分和公平的诉讼机会；(2)审理过程是否符合适当程序；(3)被告是否自愿出庭或被适当传唤；(4)该国司法制度是否给予外国人公平待遇；(5)是否有证据表明该法院或该国司法制度存在歧视；(6)该判决的取得是否出于欺诈；(7)执行判决的法院不应对案件实质内容进行审查。[②]

美国法院的判决常被外国法院拒绝，常见的理由是美国作出的高额赔偿金裁决。不过，在美国法院的外国被告通常是跨国公司，这类企业通常在美国有足够的财产用于执行美国法院的判决。对于外国的中型企业，由于它们通常在美国设有公开账户或拥有其他财产，美国判决的胜诉方要成功受偿也没有太大问题。因此，美国判决在外国的承认与执行，常常针对的是外国的小型企业或者个人被告。[③] 由于美国判决一般难以在其他国家得到执行，律师通常会建议当事人直接到美国以外的国家诉讼，以免在美国诉讼浪费时间和金钱。并且，即使美国判决符合该国的公共政策，有些国家也会对判决做实质审查。在这种情况下，这些国家实质上是执行本国法院重新作出的判决。

除此之外，其他国家的某些管辖权规则被美国认为是过度的和不合理的，例如，法国依原告的国籍行使管辖和德国依被告财产地作为管辖的根据。美国学者指责这些管辖权根据严重违背国际礼让。对于 1968 年《关于民商事裁判管辖权及判决执行的布鲁塞尔公约》(以下简称《布鲁塞尔公约》)禁止对成员国居民使用过度管辖权规则，但第 4 条第 1 款又规定可对成员国之外的当事人行使，有美国学者讥讽其为"欧洲沙文主义"，[④]另有学者认为《布鲁塞尔公约》

---

① See Matthew H. Adler and Michele Crimaldi Zarychta, "The Hague Convention on Choice of Court Agreements: The United States Joins the Judgments Enforcement Band", *Northwestern Journal of International Law & Business*, Vol. 27, 2006, pp. 3 – 4.

② See Hilton v. Guyot, 159 U. S. 113, 202 – 203 (1895).

③ See Friedrich K. Juenger, "A Hague Judgments Convention?", *Brooklyn Journal of International Law*, Vol. 24, 1998, p. 114.

④ Ibid., p. 115.

的过度管辖权规则有可能严重影响美国海外财产的利益。[①]

因此,到20世纪70年代,美国存在执行外国裁决的两种障碍:一种存在于美国和非美国诉讼之间;另一种则是仲裁与诉讼之间。这些障碍促使美国政府加入多边公约和缔结双边条约。

在多边层面,美国于1971年参与《承认与执行外国民商事判决公约》的谈判,但该公约仅3国批准而未生效。在双边层面,1976年10月美国主动向英国提出缔结相互承认与执行民事判决条约。美国试图通过这一双边条约为美国联邦法院和各州法院统一承认与执行英国判决的规则,同时力图消除1968年《布鲁塞尔公约》对包括美国在内的非成员国的不利影响,甚至歧视待遇。[②]

由于美国法院作出的赔偿金数额有时非常巨大,远远高于英国法院在相同情况下所作的赔偿金数额,这使英国对此心存疑虑。尽管美国试图解除英国对美国惩罚性和多重赔偿金的担心,同意修改条约草案而不适用于惩罚性或多重性赔偿金判决,但英国制造业和保险业仍不愿意接受美国严格的产品责任制度,英国对反垄断案件的相关判决也不放心。因此,英国在1980年退出谈判,条约以失败告终。[③] 这个结果对美国打击不小,打破了美国希望突破欧共体公约歧视规则的愿望。正如一位美国学者所言,大部分对美国管辖权的攻击其实并不是出于管辖权本身,而是担心美国民事诉讼中的其他规则,如陪审团制度、证据开示、集团诉讼、风险代理的高额酬金、有利于原告的美国实体法以及美国法院遵循的同样有利于原告的选择法律规则。[④]

---

① See Russell J. Weintraub, "How Substantial is Our Need for a Judgments-Recognition Convention and What Should We Bargain Away to Get It?", *Brooklyn Journal of International Law*, Vol. 24, 1998, pp. 172 - 173.

② 参见孙劲:《美国的外国法院判决承认与执行制度研究》,中国人民公安大学出版社2003年版,第279~293页。

③ See Peter M. North, "The Draft U. K. /U. S. Judgments Conventions: A British Viewpoint", *Northwestern Journal of International Law & Business*, Vol. 1, 1979, p. 223; Peter Hay and Robert J. Walker, "The Proposed Recognition-of-Judgments Convention between the United States and the United Kingdom", *Texas International Law Journal*, Vol. 11, 1976, pp. 421 - 459; Arthur T. von Mehren, "Recognition and Enforcement of Sister-state Judgments: Reflections on General Theory and Current Practice in the European Economic Community and the United States", *Columbia Law Review*, Vol. 81, 1981, p. 1060.

④ See Linda Silberman, "Comparative Jurisdiction in the International Context: Will the Proposed Hague Judgments Convention be Stalled?", *DePaul Law Review*, Vol. 52, 2002, pp. 319 - 320.

二、欧洲的传统做法

与美国不同，欧洲和拉丁美洲将国际公约作为其承认与执行外国判决的重要法律渊源。早在20世纪30年代，大陆法系国家如法国，普通法系国家如英国，就缔约了一系列关于承认与执行外国判决的双边条约。第二次世界大战以后，欧洲国家首先开始着手缔结判决承认与执行方面的多边公约。

1971年2月1日海牙国际私法会议完成了《外国民商事判决承认和执行公约》(以下简称1971年《海牙判决公约》)的起草工作，该公约结合了双边和多边因素，以多边磋商达成，尽管已经生效，但还需要通过双边补充协议才能发生实际效力。① 1971年《海牙判决公约》因加入国家极少而失败，主要原因除了其生效条件严苛之外，还因为1968年《布鲁塞尔公约》的影响。

当时的欧洲经济共同体(European Economic Community, EEC)希望促成成员国之间判决承认与执行的便利，他们在共同体法律之外以《布鲁塞尔公约》形式为欧共体6国设定义务。② 随着欧共体成员国数量的增加③及欧共体重要性的增强，1968年《布鲁塞尔公约》的适用范围和法律意义也随之扩大。

20世纪80年代，欧洲经济和政治的一体化进程加快，未加入欧共体的欧洲国家开始将欧共体国家作为一个整体与之缔结承认与执行判决条约。尽管这些国家分别与欧共体成员国之间也有双边条约，④但它们希望通过普遍接受承认与执行的体制来创造"欧洲司法区域"，从而简化和加速判决的承认与执行。由于欧洲自由贸易联盟(European Free Trade Association, EFTA)的某些成员国无法接受欧盟法院享有的公约解释权，它们主张起草一份与《布鲁塞尔公约》平行的公约。1988年9月16日，欧洲共同体和欧洲自由贸易联盟的成员国达成《民商事管辖权与判决执行的卢迦洛公约》(以下简称《卢迦洛公约》)，⑤其规则

---

① 1971年《外国民商事判决承认和执行公约》及其附加议定书的缔约国只有阿尔巴尼亚、塞浦路斯、荷兰、葡萄牙和科威特，尽管条约于1979年8月20日生效，但根据其第21条和第22条，因缔结国未缔结双边补充协定而未实际生效。中文译文参见中华人民共和国外交部条约法律司编：《海牙国际私法会议公约集》，法律出版社2012年版，第61~69页。

② 当时欧洲经济共同体六国为比利时、法国、联邦德国、意大利、卢森堡和荷兰。

③ 1978年丹麦、爱尔兰和英国加入欧共体，希腊于1982年加入，1989年西班牙和葡萄牙加入。

④ 这些双边条约的清单，可见于1988年《卢迦洛公约》。

⑤ See Convention on Jurisdiction and the Enforcement of Judgments in Civil and Commercial Matters-Done at Lugano on 16 September 1988, O. J. L 319, 25. 11. 1988, pp. 9 - 48.

几乎照搬《布鲁塞尔公约》。[①] 由此,欧洲大部分国家的承认与执行判决问题实际受《布鲁塞尔公约》或《卢迦洛公约》相似规则的调整,从而在欧洲建立起关于管辖权和承认与执行判决的统一体制。

1999年5月1日生效的《阿姆斯特丹条约》修改了1992年《欧洲联盟条约》(《马斯特里赫特条约》)中涉及国际私法事项的相关条款,欧共体明确取得了在民事司法合作领域的立法权。自此,欧盟国际私法不再以国际条约方式,而是采取欧共体立法方式,由欧盟机构直接制定涉及民事司法合作领域的法律措施。[②] 2000年12月22日欧盟理事会通过了《关于民商事管辖权及判决承认与执行的2001/44号条例》(以下简称《布鲁塞尔条例I》),[③]它将《布鲁塞尔公约》转化为欧盟的二级立法,同时作了部分修订和补充,于2002年3月1日生效。[④] 该条例于2015年1月10日被《1215/2012号条例》取代。[⑤] 2007年10月30日欧共体与丹麦和3个欧洲自由贸易联盟的成员国(冰岛、挪威和瑞士)签署了新的《卢迦洛公约》(以下简称2007年《卢迦洛公约》)以取代1988年《卢迦洛公约》。[⑥]

对于《布鲁塞尔公约》,成员国同意在公约中规定近乎自动承认与执行其他

---

① 当然,《卢迦洛公约》并没有就欧共体成员国之间的内部关系问题取代《布鲁塞尔公约》,《卢迦洛公约》适用于欧共体国家和欧洲自由贸易联盟国家之间的关系,以及欧洲自由贸易联盟内部国家之间的关系。并且,对这两个公约的解释和适用有时是不一致的,因为根据《卢迦洛公约》,欧共体以外的各国法院不受欧洲法院对《布鲁塞尔公约》解释的约束。

② 《里斯本条约》于2009年12月1日生效之后,欧洲联盟取得法律人格,并完全取代欧洲共同体。有关《里斯本条约》对欧盟国际私法领域的影响,可参见叶斌:《欧盟国际私法的新发展:权能扩张与欧洲化》,载《欧洲研究》2010年第5期。

③ See Council Regulation (EC) No 44/2001 of 22 December 2000 on Jurisdiction and the Recognition and Enforcement of Judgments in Civil and Commercial Matters, O. J. L 12, 16. 1. 2001, pp. 1 – 23.

④ 丹麦选择性退出欧盟民事司法合作,不适用《布鲁塞尔条例I》。2006年欧共体与丹麦单独签订条约以使《布鲁塞尔条例I》的有关条款适用于丹麦。《布鲁塞尔公约》并未失效,仍适用于有关领土。《布鲁塞尔条例I》是对《布鲁塞尔公约》的继承,下文为行文方便,在未特别说明时以《布鲁塞尔公约》为两者的通称。

⑤ See Regulation (EU) No 1215/2012 of the European Parliament and of the Council of 12 December 2012 on Jurisdiction and the Recognition and Enforcement of Judgments in Civil and Commercial Matters, O. J. L 351, 20. 12. 2012, pp. 1 – 32.

⑥ See "Strengthening Cooperation with Switzerland, Norway and Iceland: the Lugano Convention (2007)", http://europa.eu/legislation_summaries/justice_freedom_security/judicial_cooperation_in_civil_matters/l16029_en.htm.

成员国法院作出的判决，这一规定类似美国宪法的“充分诚信条款”。为了实现这种想法，《布鲁塞尔公约》采取“双重公约”模式，在规定管辖权依据的同时，也规定判决的承认与执行制度，确保判决的约束力。《布鲁塞尔公约》的成员国之所以能够相互承认对方的判决，是因为公约将管辖权根据限制在适当的范围。① 欧洲一体化进程促使超国家司法机构——欧洲法院，凌驾于各成员国法院之上，不禁使人联想到200多年前促使美国司法制度统一的马歇尔法院(Marshall Court)。

《布鲁塞尔公约》的管辖权根据遵循大陆法系传统，被告的住所地是通常的诉讼所在地。但是，公约在侵权和合同案件中规定了类似于美国长臂管辖权规则，这使那些弱势的原告，如消费者可以在其住所地起诉。另外，公约认可当事人选择法院协议的效力，同意各国对不动产及类似权利的专属管辖。对于禁止的管辖权根据，各国放弃过度管辖规则，如法国放弃《法国民法典》第14条规定的依原告法国国籍行使的属人管辖权。

英国作为较晚加入布鲁塞尔管辖权体系的国家，放弃了“短暂过境管辖权”(transient jurisdiction)。由于《布鲁塞尔公约》不仅禁止过度的管辖权规则，还将允许的管辖权根据作为强行法，英国不得不放弃拒绝管辖权方面的自由裁量权。②

但是，《布鲁塞尔公约》公开歧视非成员国当事人，只适用于被告在成员国拥有住所的情形。举例来说，尽管对于法国居民起诉英国居民的案件，法国法院不能适用过度管辖权，但对法国居民起诉中国居民的案件可以适用，由此作出的法国判决可以得到英国、德国和其他欧盟成员国的承认与执行，只要那里有属于中国居民的可供执行的财产。

---

① See Kevin M. Clermont, "An Introduction to the Hague Convention", in John J. Barceló III and Kevin M. Clermonteds., *A Global Law of Jurisdiction and Judgments: Lessons from The Hague*, The Hague, London, New York: Kluwer Law International, 2002, pp. 3 – 4.

② 参见贺晓翊：《英国的外国法院判决承认与执行制度研究》，法律出版社2008年版，第182～191页。

第三节 大判决公约的流产与《海牙公约》的缔结

一、缔结《民商事管辖权及判决公约》的努力

(一)1992~1996年的前期准备工作

缔结《民商事管辖权及判决公约》的设想,可追溯到已故哈佛大学法学院教授、著名国际私法学者冯·梅伦先生①的倡议。他提出,美国应该与各国特别是与欧洲缔结判决承认公约。② 而最好的方式是在海牙国际私法会议的框架内协商一个全球性的管辖权与判决公约。③

海牙国际私法会议自1893年成立以来,一直致力于统一国际私法规则的多边公约。1992年年初,美国国务院在研究是否可能直接与"欧共体—欧洲自由贸易联盟"商谈关于承认与执行判决的公约之后,决定促成海牙国际私法会议进行这项工作。对于美国国务院而言,求诸海牙国际私法会议比单独与"欧共体—欧洲自由贸易联盟"谈判更有吸引力,不仅因为海牙国际私法会议秘书长对公约提议很有兴趣,他能提供卓越的公约准备工作和智力支持,更重要的是,由海牙国际私法会议组织谈判,美国不用单独面对欧洲国家,即便美国与其他国家的经济、政治、历史以及地缘上的融合可能不像美国与欧洲那样紧密。

1992年5月美国国务院法律顾问艾德文·D.威廉森(Edwin D. Williamson)致函时任海牙国际私法会议秘书长乔治斯·德罗兹(Georges Droz),建议起草一部关于承认与执行外国判决的公约。④ 1992年6月参加海牙国际私法会议总务与政策特别委员会会议的美国代表提议,由海牙国际私法会议起草

---

① 亚瑟·泰勒·冯·梅伦(Arthur Taylor von Mehren),著名比较法与国际私法教授,美国哈佛大学斯托雷终身教授,1922年8月10日生于美国明尼苏达州艾伯特利,2006年1月16日辞世。冯·梅伦教授的生平和学术贡献,可参见陈卫佐:《冯·梅伦对比较法和国际私法的贡献》,载《比较法研究》2007年第6期;甘勇:《国际民事管辖权制度比较研究的大家力作:〈国际私法上裁判管辖权的比较研究〉》,载《武汉大学学报》(哲学社会科学版)2012年第5期。

② See Arthur Taylor von Mehren, "Recognition and Enforcement of Foreign Judgments: A New Approach for the Hague Conference?", *Law and Contemporary Problems*, Vol. 57, 1994, pp. 271-287.

③ See Hartley / Dogauchi Report(2007), p. 16.

④ See Ronald A. Brand, "Community Competence for Matters of Judicial Cooperation at the Hague Conference on Private International Law: A View from the United States", *Journal of Law and Commerce*, Vol. 21, 2002, p. 192.

一部关于承认与执行外国判决的公约，该建议得到积极响应。经过慎重讨论，特别委员会决定由 9 个国家专家组成的小型工作组来考虑此事。1992 年 10 月 29 日工作组开会讨论美国代表的提议，主要讨论了 3 个问题：(1) 由海牙国际私法会议实施这项工作是否适合；(2) 如果由海牙国际私法会议来起草公约，"单一公约"(single convention) 模式与"双重公约"(double convention) 模式各有什么优势；(3) 美国提议的融合前两种模式的"混合公约"(mixed convention) 模式是否更好。

为了影响工作组，美国代表提交了一个文件，包括公约的纲要和阐明混合公约的框架形式。① 工作组最后主张，由海牙国际私法会议制定一项新的关于管辖权和判决承认与执行的综合公约，并优先选择混合公约模式，尽管制定这样的公约并不容易，但在技术上是可行的。

1993 年海牙国际私法会议第十七次外交大会初步决定将承认与执行外国民商事判决列入工作日程。② 1996 年第十八次外交大会正式决定，将承认与执行外国民商事判决公约列入第十九次外交大会议程。可以说，在美国的推动下，海牙国际私法会议在 1992 ~ 1996 年为判决公约项目进行了前期准备工作。

(二) 1997 ~ 2001 年的谈判

1997 年海牙国际私法会议秘书长根据 1996 年的决议召集特别委员会。该委员会在 1997 年 6 月至 1999 年 10 月召开了 5 次会议，③最后在 1999 年 10 月的会议上，提交了"公约预备草案"并以多数票通过(《1999 年草案》)。该草案从结构到内容，与 1968 年《布鲁塞尔公约》和 1988 年《卢迦洛公约》非常相似，都是关于民商事管辖权和判决的承认与执行。该草案列举了被允许的管辖权根据，由此产生的判决可得益于公约的简化机制而被其他缔约国承认与执行。与《布鲁塞尔公约》和《卢迦洛公约》不同，《1999 年草案》允许缔约国继续采用其国内法上的管辖权根据，只要不被公约的"黑色清单"禁止即可，这些管辖根据被称为"灰色区域管辖权"。依据缔约国国内法管辖权作出的判决，如果公约

---

① See Arthur Taylor von Mehren, "Recognition and Enforcement of Foreign Judgments: A New Approach for the Hague Conference?", *Law and Contemporary Problems*, Vol. 57, 1994, p. 272.

② See The Permanent Bureau of Hague Conference on Private International Law, "Annotated Checklist of Issues to be Discussed at the Meeting of the Special Commission on Jurisdiction and Enforcement of Judgments", Preliminary Document No 1 of May 1994, available at http://www.hcch.net/upload/wop/jdgm_pd01(1994).pdf, p. 1.

③ See Nygh / Pocar Report(August 2000), Preliminary Document No 11 of August 2000, p. 26.

既未规定又不禁止，其他缔约国可以不适用公约的承认与执行规则，而依其内国法决定承认与否。

《1999年草案》遭到美国的强烈批评。尽管它采纳了美国代表提议的混合模式，但美国代表认为，该草案仍旧是《布鲁塞尔公约》的翻版。对法律传统和经济发展严重不平衡的世界各国而言，要达成全球性而非地区性公约，就不应该模仿政治和经济发展高度融合的《布鲁塞尔公约》模式。① 美国代表批评《1999年草案》没能反映各国的法律传统和司法实践，宣称该草案无法得到美国的批准。

2000年2月美国国务院司法顾问杰弗里·科瓦(Jeffrey Kovar)致函海牙国际私法会议秘书长汉斯·范·鲁先生(Hans van Loon)，明确指出美国政府不满意该草案。在这封信中，美国代表对该草案作了如下言辞激烈的批评：(1)草案从内容到形式上更像《布鲁塞尔公约》和《卢迦洛公约》，地区性公约不应成为全球性公约的范本；(2)《布鲁塞尔公约》的相关规则不能被美国接受，因为它违反了美国宪法关于正当程序的限制；(3)将所有管辖权根据分为"白色清单"和"黑色清单"，是对管辖权根据的神圣化或者妖魔化；(4)公约草案的规定涉及一些尚未确定的领域，如知识产权、电子商务和其他新技术在商业贸易中的应用。② 为了达成全球可接受的公约，美国建议采取协商一致的方式而不是以多数方式通过公约。

事实上，由于20世纪90年代因特网的普及，使全球电子商务变得越来越普遍、越来越重要，人们开始怀疑那些来自20世纪70年代《布鲁塞尔公约》的旧规则，即主要依据客观连结因素的所在地，如履行地、伤害地等，能否适用于信息可能被任何人接收的网络环境。而这个问题对于通过因特网实施的侵权案件特别重要，如网上诽谤和网络中的知识产权侵权案件。网络侵权案件除去与侵权嫌疑人和受害人有关之外，还涉及作为第三方的因特网服务提供者。在参与海牙谈判的各国实体法中，因特网服务提供者的作用及其可能承担的义务尚不确定，而因特网服务提供者普遍担心在相差迥异的法律中承担责任，如面

---

① See Arthur Taylor von Mehren, "Drafting a Convention on InternationalJurisdiction and the Effects of Foreign Judgments Acceptable World-wide: Can the Hague Conference Project Succeed?", *American Journal of Comparative Law*, Vol. 49, 2001, pp. 196 – 197.

② See Ronald A. Brand, "Community Competence for Matters of Judicial Cooperation at the Hague Conference on Private International Law: A View from the United States", *Journal of Law and Commerce*, Vol. 21, 2002, p. 197.

临不同的管辖权规则和可能的挑选法院等。除了电子商务的影响，有关知识产权组织认为海牙判决公约可能会对知识产权产生影响。[①]

由此，公约谈判者以需要更多的时间和研究来适当处理新数字媒介带来的变化为由，于2000年4月决定暂停正式谈判而进行非正式讨论，研究如何就包括知识产权和电子商务在内的具体议题达成一致意见。非正式讨论由加拿大、荷兰、苏格兰、瑞士和美国在2000年和2001年主持。[②] 其中，2001年1月的日内瓦会议专门讨论了知识产权问题。[③]

通过非正式会议，代表们开始有信心就正式谈判达成一致意见，并同意下一步工作应以协商一致的方式达成。考虑到协商一致需要更多的时间，特别委员会又在1999年10月终止了工作，代表们决定将外交会议分成两个部分。第一部分在2001年6月产生一个临时文本。[④] 但该临时文本用方括号附加了大量替代性规则、相互冲突的规则和未能达成一致的规则，使其变得非常复杂，只要一个国家表示反对，就无法就临时文本达成一致意见。判决公约项目的起草工作遭遇重大障碍，陷入流产困境。

二、《海牙公约》的起草

（一）海牙国际私法会议的政策转变

2002年4月海牙国际私法会议总务和政策特别委员会开会决定未来的工作。此时，尽管部分代表仍对全球性民商事判决公约抱有强烈意愿，但另一些代表已在2001年会议上表明无法在短时间内就所有问题达成一致。鉴于该判

---

① See Rochelle Cooper Dreyfuss, "An Alert to the Intellectual Property Bar: The Hague Judgments Convention", *University of Illinois Law Review*, Vol. 2001, pp. 421 – 456.

② See The Permanent Bureau of Hague Conference on Private International Law, "Informational Note on the Work of the Informal Meetings Held since October 1999 to Consider and Develop Drafts on Outstanding Items", Preliminary Document No 15 of May 2001.

③ See The Permanent Bureau of the Hague Conferenceon Private International Law, "Report of the Experts Meeting on the Intellectual Property Aspectsof the Future Convention on Jurisdiction and Foreign Judgmentsin Civil and Commercial Matters, Geneva, 1 February 2001", Preliminary Document No 13 of April 2001.

④ The Permanent Bureau of Hague Conference on Private International Law and the Co-reporters, "Summary of the Outcome of the Discussion in Commission II of the First Part of the Diplomatic Conference(6 – 20 June 2001) – Interim Text". 有关海牙管辖权及外国判决公约的详细情况，可参见 Samuel P. Baumgartner, The Proposed Hague Convention on Jurisdiction and Foreign Judgements: Transatlantic Lawmaking for Transnational Litigation, Mohr Siebeck, 2003。

决项目已经花了很多时间和大量努力，与会代表试图进行调和，决定改变工作方式，要求海牙国际私法会议常设局成立非正式工作组，由其起草一个能够反映成员国司法传统，可作为日后工作磋商基础的文本。会议建议工作组采用"自下而上的方式"，先从争议最少的管辖权根据开始，即"商业交易"(business-to-business transactions，B2B)中的选择法院协议。会议同时建议工作组继续考虑其他可能达成一致的管辖权根据，常设局列举了可能的备选清单，包括"一般被告所在地管辖""自愿出庭""反诉""分支机构""信托"和"人身伤害管辖"。

非正式小组由来自丹麦的阿兰·菲利普(Allan Philip)教授任主席，包括来自阿根廷、巴西、中国、埃及、欧共体、德国、意大利、日本、墨西哥、新西兰、俄罗斯、南非、西班牙、瑞士、英国和美国的代表。非正式小组计划处理"商业交易"(B2B)案件中的选择法院协议，以及"自愿出庭""反诉"和"一般被告所在地"管辖权根据。在 2002 年 10 月至 2003 年 3 月的 3 次会议中，[①]非正式小组起草了关于"商业交易"(B2B)案件中选择法院协议的文本，但未能就其他管辖权根据达成一致。

(二)公约起草和正式谈判

2003 年 4 月非正式小组将这个草案提交给海牙国际私会议总务和政策委员会，此次会议决定以这个草案作为日后工作的起点。2003 年 12 月特别委员会开会讨论非正式工作组准备的草案，产生了新的草案文本，即《2003 年公约草案》，[②]公布为第 49 号工作文件，该草案的解释报告公布为 2004 年 3 月第 25 号预备文件。[③] 2004 年 3 月美国国务院和美国专利和商标局主持非正式会议，讨论了知识产权问题。2004 年 4 月 21 日至 27 日产生了《关于排他性选择法院协

---

① 这 3 次会议的报告分别为"Report on the First Meeting of the Informal Working Group on the Judgments Project of October 2002", Prel. Doc. No 20 of November 2002; "Report on the Second Meeting of the Informal Working Group on the Judgments Project of January 2003", Prel. Doc. No 21 of January 2003; "Report on the Work of the Informal Working Group on the Judgments Project, in Particular on the Preliminary Text Achieved at its Third Meeting of March 2003", Prel. Doc. No 22 of June 2003。

② See Drafting Committee, "Draft on Exclusive Choice of Court Agreements", WORK. DOC. No 49 E(Revised) of December 2003, available at http://www.hcch.net/upload/wop/workdoc49e.pdf.

③ See Masato Dogauchi and Trevor C. Hartley, "Explanatory Reporton Preliminary Draft Convention on Exclusive Choice of Court Agreements", Preliminary Document No 25 of March 2004, available at http://www.hcch.net/upload/wop/jdgm_pd25e.pdf. 该解释报告简称为"Dogauchi / Hartley Report(2004)"。

议公约草案》(以下简称《2004 年公约草案》),[①]公布为第 110 号工作文件(修订版),该草案的解释报告为 2004 年 12 月第 26 号预备文件。[②]

这个公约草案得到了广泛支持。该文本与日本学者道垣内正人(Masato Doguachi)和英国学者特雷弗·哈特利(Trevor Hartley)联合起草的解释报告一起澄清了部分遗留问题。2005 年 1 月至 4 月,起草委员会开会为日后外交会议的讨论提供协助,为代表们提供可供选择的意见。

2005 年 6 月外交会议召开,会议选举瑞士安德烈亚斯·布赫教授(Andreas Bucher)作为第二届委员会主席,接替突然辞世的阿兰·菲利普教授。这届委员会最终完成了新公约的缔结工作。2005 年 6 月 30 日海牙国际私法会议第二十次外交会议一致同意批准《海牙公约》。[③]

三、2001 年大判决公约流产的原因

尽管判决公约由美国提议,但随着公约的起草和谈判,其进展逐步背离了美国代表的最初愿望。原因是多方面的:其一,美国的扩张性管辖权根据和惩罚性赔偿受到其他国家的强烈关注,成为众矢之的。其二,美国在海牙国际私法会议的谈判中没有压倒性谈判筹码。其三,由于大多数发达国家作出的判决在美国执行并没有实质性困难,这些国家可以对美国采取实质制衡。[④] 美国代表不无委屈地称,相互制衡的观念扭曲了谈判,欧盟和欧洲自由贸易联盟国家利用美国非互惠地承认与执行外国判决,将其作为谈判工具来限制美国的过度管辖权根据,从而使美国的目标落空。[⑤]

---

① See Drafting Committee, "Draft on Exclusive Choice of Court Agreements", WORK. DOC. No 110 E(Revised) of May 2004, available at http://www.hcch.net/upload/wop/jdgm_wd110_e.pdf.

② See Dogauchi / Hartley Report(2004).

③ See "Convention of 30 June 2005 on Choice of Court Agreements and Explanatory Report by Trevor Hartley & Masato Dogauchi", HCCH Publications, 2007, available at http://www.hcch.net/upload/expl37e.pdf.

④ See "Statement of Jeffery P. Kovar, Assistant Legal Advisor for Private International Law, Department of State", *Internet and Federal Court: Issues and Obstacles: Hearing before the Subcommittee on Courts and Intellectual Property of the Committee on the Judiciary, House of Representatives*, 106th Cong., July 29, 2000, p. 55.

⑤ See Matthew H. Adler and Michele Crimaldi Zarychta, "The Hague Convention on Choice of Court Agreements: The United States Joins the Judgments Enforcement Band", *Northwestern Journal of International Law & Business*, Vol. 27, 2006, p. 7.

导致大判决公约流产的原因很多,并且难以克服。如不同的司法制度有自己独特的习惯、程序和规则,国际贸易与投资以及新技术快速发展与传播,再如知识产权和电子商务等方面带来暂时难以解决的经济、政治和法律问题,等等。其中的深层次原因如下文所述。

(一)欧美管辖权理念之争

冯·梅伦先生批评海牙国际私法会议特别委员会的工作从一开始就以地区性公约为模板,但该地区性公约是在司法传统和文化融合高度一致的基础上产生的。《布鲁塞尔公约》的原始成员国——比利时、法国、联邦德国、意大利、卢森堡和荷兰,这些国家的经济和司法制度具有很多相似之处。在经济上,这6个国家致力于经济一体化;在司法传统上,他们都大致延续"国际私法之父"萨维尼(Saviny,1779~1861年)的"法律关系本座说",即分属于不同范畴的法律关系无论在何处提起诉讼,都应该受同一实体法调整。欧盟立法以及欧盟对国际私法规则的统一,如《合同债务法律适用的罗马公约》,更加强了这种趋势。欧盟管辖权规则的设计是为了"判决的国际一致",通过确保"判决的自由流动"和提供可预见且易于执行的管辖权规则,来促进统一市场的作用。在这样的背景下,协商一致既必要又是可行的。稍后加入欧共体的英国、爱尔兰、丹麦等国为了从经济与政治联盟中获得利益,不得不"一揽子"接受《布鲁塞尔公约》。

但是,在全球范围内,海牙国际私法会议成员国的政治、法律与经济基础差别很大,要实现像欧盟这样的经济与政治一体化,现在看来还是遥不可及的。美国学者批评海牙国际私法会议的特别委员会完全没有理解这一点,因为要达成一个全球接受的公约,对于一些根本问题,如管辖权规则应有利于原告还是被告,法官在管辖权和承认外国判决上可以有广泛还是很小的自由裁量权,必须折中不同的法律规则。

对于司法判决在现代社会中的作用,美国与大多数欧洲国家的观点存在巨大的和根本性分歧。一种看法认为,法院判决极大地促进公民社会的发展与调整;另一种看法认为,公民社会的发展问题最好交由其他非司法机制解决。美国学者则认为,持前一种看法的社会比后一种社会赋予法院更有创造力的责任和更广泛的自由裁量权。

当然,欧美之间的分歧并不是不能通过妥协来弥合。例如,《1999年草案》第33条,对于非补偿性的赔偿金(non-compensatory damages)判决,包括惩戒性或惩罚性的赔偿金(exemplary or punitive damages)在内,可以在相似或可比较的范围内得到承认与执行。[①] 2001 年临时文本更进一步,明确规定成员国可以承认原法院作出的全部赔偿金。[②] 另外,尽管第 18 条"禁止的管辖权依据"(prohibited grounds of jurisdiction)并未取得会议的一致同意,[③]但第 2 款的大部分规定都是相互妥协的结果。例如,被禁止的管辖权根据包括 3 个过度的普通管辖权,即财产无论其价值大小只要出现在一国就有管辖权(《德国民事诉讼法典》第 23 条[④]),因原告的国籍取得管辖权(《法国民法典》第 14 条[⑤])以及美国和英国的短暂过境管辖权依据(transient or tag jurisdiction)。

尽管对管辖权根据作出了一定的妥协,但它会引起进一步的复杂问题。美国的管辖权理论和实践发展一直与欧洲的理论和实践保持距离,如第 6 条(合同)和第 14 条(多个被告),依美国的观点不仅存在理论缺陷,其适用会违反美国宪法。[⑥] 并且,很多美国学者认为,缺乏一般经济活动管辖权根据是草案严重的、甚至致命的缺陷。[⑦] 另外,第 18 条(禁止的管辖权根据)第 1 款(如果被告在缔约国拥有惯常居所,并且该国与争议没有实质的联系,缔约国国内法规定的管辖权规则被禁止适用)被认为是对许可的管辖权的过度限制。

(二)双重公约与混合公约之争

美国学者批评《布鲁塞尔公约》在很多方面显然不适合作为谈判的模本,认为特别委员会一开始就不应该借鉴《布鲁塞尔公约》,而应该研究如何达成一项全球性的公约。

在最初的磋商中,美国代表反对使用《布鲁塞尔公约》的双重公约模式作为

---

① See Nygh / Pocar Report(August 2000),Preliminary Document No 11 of August 2000,pp. 117 - 121.

② See "Summary of the Outcome of the Discussion in Commission II of the First Part of the Diplomatic Conference(6 - 20 June 2001) - Interim Text",p. 26.

③ Ibid.,pp. 16 - 17.

④ See Zivilpressordnung [ZPO] art. 23(F. R. G.).

⑤ See C. Civ. Art 14(Fr.).

⑥ See Ronald A. Brand,"Due Process, Jurisdiction and a Hague Judgment Convention", *University of Pittsburgh Law Review*,Vol. 60,1999,pp. 689 - 701.

⑦ See Andreas F. Lowenfeld,"Thoughts about a Multinational Judgments:A Reaction to the von Mehren Report",*Law and Contemporary Problems*,Vol. 57,1994,p. 296. 但有些美国学者希望删除海牙公约中的这一依据,参见 Kevin M. Clermont,"Jurisdictional Salvation and the Hague Treaty", *Cornell Law Review*,Vol. 85,1999,pp. 114 - 115;Stephen B. Burbank,"Jurisdiction to Adjudicate:End of the Century or Beginning of the Millennium?",*Tulane Journal of International and Comparative Law*, Vol. 7,1999,p. 119。

特别委员会工作的基础,他们建议采用更为灵活和开放的混合公约形式。依美国代表的观点,这个公约将比双重公约更可能被广泛接受。

但特别委员会的专家们显然更熟悉或者更愿意起草单一公约和双重公约。在国家或法域之间缺乏密切关系,特别是在经济、政治和法律方面缺乏联系时,或者相互缺乏司法互信时,①采取单一公约模式是适当的。单一公约只规定间接管辖权规则,无须缔约方相互依赖的基础,其缺陷是缺乏中立机构来处理各国对其公约义务的解释和适用。

而双重公约同时规定直接管辖权和间接管辖权,并分成必须的和禁止的管辖权根据,如《布鲁塞尔公约》和《卢迦洛公约》。双重公约的好处在于,将管辖权根据确定在各成员国可以控制的范围,各国不能仅依据其国内法上的管辖权规则实施管辖。如果相关国家有比较共同的司法传统和文化、存在高度的司法互信,如果经济和政治因素有利于成员国法律传统和文化的融合,双重公约是适当且可行的。但是,如果相关国家之间法律传统和文化相去甚远,或者缺乏融合司法制度的迫切愿望或政治背景,双重公约模式就过于激进,难以被各方接受。另外,由于欧洲法院可以保证《布鲁塞尔公约》的统一解释,可以保证成员国遵守包括主张管辖权和承认与执行判决方面的义务,但国际社会没有这样的司法机构,以《布鲁塞尔公约》为范本是有疑问的。

从缔约国之间的法律与经济关系来看,单一公约和双重公约位于两个极端,混合公约则位居其中,可用于国家间政治和经济依存度相对低的情形,且不必要求统一的司法机构。美国倡导的混合公约模式,将管辖权分为必需的、禁止的和许可的三部分,②确实注意到了国际社会的现实差异。依混合公约,缔约国法院可以自由地主张或者不去主张任何既不必须也不禁止的管辖权根据;并且,一国可自由地承认与执行或者拒绝以许可管辖权根据作出的判决,只须依据本国法关于承认与执行外国判决的一般规则。

美国学者认为,混合公约的另一个好处是,给原告提供参考依据以采用什么样的管辖权根据更易于判决的承认与执行,从而可以鼓励原告及其律师采取

---

① 值得一提的是,《关于内地与香港特别行政区法院相互认可和执行当事人协议管辖的民商事案件判决的安排》采取的就是单一模式,未明确规定直接管辖权问题。尽管大陆与香港两法域之间的经济关系密切,但是由于大陆与香港之间法律传统上的差异,历史上的政治隔绝加之司法互信的缺乏,采取单一模式显然只是现实和谨慎的政策选择。

② See Arthur Taylor von Mehren, "Enforcing Judgments Abroad: Reflections on the Design of Recognition Convention", *Brooklyn Journal of International Law*, Vol. 24, 1998, p. 25.

许可的管辖权根据，从而放弃"灰色管辖权根据"。如果判决需要在外国承认与执行，原告律师需要评估运用公约的哪一种可接受的管辖权根据。而公约可以要求缔约国声明可以承认与执行的灰色管辖权，这样的规定可以使判决的承认与执行最大化。[①] 事实上，双重公约同样可以给原告避免不受公约调整的管辖权根据的机会，从而寻求公约的保障。

冯·梅伦先生认为，如果特别委员会一开始就决定采用混合公约，即使无法协商一致地确定必须的和禁止的管辖权根据，也可以通过将无法确定的根据归入"灰色区域"而解决分歧。"灰色区域"的某些管辖权根据仍可能被广泛地承认与执行。这样，各国之间的尖锐分歧被排除在公约之外，而不必影响公约的可接受性。同时，随着经济与技术的发展，"灰色区域"的管辖权根据可在公约框架内接受。[②] 因此，混合公约的价值在于既不影响许可的管辖权规则，也不影响由这些管辖权规则作出的判决的广泛效果。但 1996 年报告认为："赞成准备一个双重公约，像《布鲁塞尔公约》和《卢迦洛公约》那样，将公约的管辖权依据分成必须接受的和被禁止的。"[③]直到 1999 年 6 月 14 日，在第四阶段会议闭幕前 4 天，特别委员会才仓促接受混合公约模式。特别委员会第六十五次全体会议在讨论草案第 17 条[④]时才最终解决这个根本问题，几个专家注意到，"对国内法上管辖权作出规定，意味着现在的磋商从双重公约转向混合公约。几位专家确信他们一直致力于双重公约，而另外的专家认为，只有混合公约才能达成一项全球性公约，只有意识到这一点才是现实的"。[⑤]

尽管 1999 年 10 月的预备草案从技术上讲是混合公约，但其实质是双重公约。在参与公约谈判的国家中，有 15 国是欧盟成员国，这些国家希望新的海牙

---

① See Linda Silberman, "Comparative Jurisdiction in the International Context: Will the Proposed Hague Judgments Convention be Stalled?", *DePaul Law Review*, Vol. 52, 2002, p. 349.

② See Arthur Taylor von Mehren, "Drafting a Convention on International Jurisdiction and the Effects of Foreign Judgments Acceptable World-wide: Can the Hague Conference Project Succeed?", *American Journal of Comparative Law*, Vol. 49, 2001, p. 199.

③ See Permanent Bureau of the Conference (ed.), *Proceedings of the Eighteenth Session* (1996), Tome I, *Miscellaneous matters*, The Hague: SDU Publishers, 1999, p. 63.

④ 该草案第 17 条规定，"根据第 4 条、第 5 条、第 7 条、第 8 条和第 12 条，公约不禁止缔约国适用其国内法上的管辖权规则，只要不被公约第 18 条禁止"。

⑤ See Arthur Taylor von Mehren, "Drafting a Convention on International Jurisdiction and the Effects of Foreign Judgments Acceptable World-wide: Can the Hague Conference Project Succeed?", *American Journal of Comparative Law*, Vol. 49, 2001, p. 199.

公约与《布鲁塞尔公约》相似。[①] 美国学者批评,特别委员会顽固地坚持和渴望《布鲁塞尔公约》这个模板。确实,委员会的这个产物从理念到方法上更像一个结构紧密的双重公约,而不是自由松散的混合公约,这个草案勉强接受许可的管辖权根据,但不愿意给予其发展的灵活度和空间。更重要的是,这个草案是多数国家代表同意的结果而不是协商一致的产物。冯·梅伦先生批评特别委员会的工作高估了海牙成员国之间存在高度的一致,而不顾《布鲁塞尔公约》能够成功运转的经济、政治和机制上的不同基础,认为他们忽视了海牙公约应有的全球性背景。

美国学者对双重公约的批判,并非完全没有道理。但起草海牙公约的目的之一,便是限制美国的过度管辖权。双重公约的好处,就是扫除过度管辖权的空间,特别是美国的长臂管辖。美国主张的混合公约模式,不过是为了更多地保留自己的管辖权根据。

(三)法院与原告和被告的关系之争

除了欧美之间对公约模式的争论外,双方的对立还表现在处理管辖权的不同方法上。各国主要采取两种管辖权路径,一种着眼于法院与被告之间的联系,即一般管辖权,如《布鲁塞尔条例I》第2条关于被告住所的管辖根据;另一种则注重法院和诉讼请求之间的联系,即所谓特殊管辖权。

《布鲁塞尔条例I》、海牙《1999年草案》和2001年《临时文本》都融合了这两种管辖权规则。该草案第3条(被告的惯常居所)和第9条(被告的分支机构、代理或设施)遵循第一种方法,要求法院与被告之间的关系;第4条(选择法院)也涉及法院和被告的关系,要求被告自愿接受法院的管辖;第6条(合同)、第7条(消费者合同)、第8条(雇佣合同)、第10条(侵权或不法行为)、第11条(信托)和第12条(专属管辖)则遵循第二种方法,强调法院和诉讼请求之间的联系。

《布鲁塞尔条例I》和海牙草案的核心构架是一般管辖权,特殊管辖权是一般管辖权构架的例外,也就是所谓"原告就被告"原则的例外规则。例如,欧洲

---

① See Brand A. Brand, "Community Competence for Matters of Judicial Cooperation at the Hague Conference on Private International Law: A View from the United States", *Journal of Law and Commerce*, Vol. 21, 2002, pp. 196 – 197.

法院在解释《布鲁塞尔公约》时认为，一般管辖权优先于特殊管辖权。①

美国学者认为，美国的管辖权规则着眼于法院与被告的关系，惊讶并且疑惑《布鲁塞尔条例 I》为什么允许与被告毫无关系的特殊管辖权根据，呼吁海牙公约草案应该只明确规定与被告有关系的一般管辖权依据。② 美国学者还认为，海牙草案的特殊管辖权规则可能违背美国宪法的正当程序条款，因为该条款要求被告与法院具有联系。③ 例如，允许侵权实施地的侵权管辖依据可能违背正当程序条款，如果被告与该州没有足够的最低联系。

《1999 年草案》第 14 条规定对多个被告（multiple defendants）的管辖权属于白色清单，即可对在法院地有惯常居所的被告行使管辖。第 16 条则允许对请求补偿和分配责任的第三人被告行使管辖，如果法院对原诉讼请求有管辖权。美国反对这两个管辖权根据，认为它们不需要被告与法院的联系，从而违反美国宪法正当程序条款。为此，2001 年《临时文本》将这两个管辖根据移至"灰色区域"。④

《1999 年草案》第 6 条和第 10 条几乎照搬了《布鲁塞尔条例 I》第 5 条第 1 款和第 3 款。尽管美国的合同和侵权管辖规则与《布鲁塞尔条例 I》有相似之处，但美国的方法与大陆法系规则的最大差异在于，美国方法采取两个步骤，首先依该州的长臂管辖规则判断法院是否有管辖权；如果有管辖权，则必须判断该管辖是否符合美国宪法的正当程序条款，即分析被告的活动与法院地是否有合理的联系。因此，美国的方法最终强调法院与被告的关系。为了向美国妥协，在 2001 年 4 月爱丁堡会议中，代表们拟定新的第 6 条和第 10 条，融合了美国的"经营活动"（business activities）概念。但美国学者批评将上述第 6 条和第

---

① See Case C – 364/93 Marinari v. Lloyd's Bank plc and Zubaidi Trading Co [1995] E. C. R. – 2719, 2739.

② See Ronald A. Brand, "Community Competence for Matters of Judicial Cooperation at the Hague Conference on Private International Law: A View from the United States", *Journal of Law and Commerce*, Vol. 21, 2002, pp. 199 – 203.

③ See Matthew H. Adler and Michele Crimaldi Zarychta, "The Hague Convention on Choice of Court Agreements: The United States Joins the Judgments Enforcement Band", *Northwestern Journal of International Law & Business*, Vol. 27, 2006, p. 17.

④ See Linda Silberman, "Comparative Jurisdiction in the International Context: Will the Proposed Hague Judgments Convention be Stalled?", *DePaul Law Review*, Vol. 52, 2002, pp. 330 – 331.

10条略加修改后列入括号规则,影响了其确定性。[1]

尽管上述反对理由有一些道理,但美国管辖权规则的混乱是显而易见的。就连美国学者也认为,美国的管辖权规则,除了律师以外,正常智力的普通当事人根本不得门而入。[2] 另一位美国著名国际私法学者更是直言不讳地说,美国的管辖权"混乱不堪"(mess)。[3] 对如何区别一般管辖权和特殊管辖权规则,美国学者自己也常常难以区分。综合而言,欧美在法院与原告和被告的关系之争,反映出欧美在确定管辖权的方法上的根本差异。

四、小结

由于各国法律制度和理念的不同,起草目标宏大的管辖权和判决公约非常困难,很难使各国作出必要的妥协。事实上,起草一项被广泛接受的管辖权和外国判决承认与执行公约,其难度之大、情况之复杂远远超过了各国代表的预期。由于没有办法像欧洲法院那样对《布鲁塞尔公约》进行权威解释和统一适用,以约束所有缔约国法院,[4]海牙国际私法会议制定的国际公约在起草阶段就必须尽可能涵括、明确规定所有相关问题。

要建立被全球接受的直接管辖权和间接管辖权规则,必须在广泛协商一致的基础上起草和协商公约。但在大公约草案谈判中,欧美的分歧显而易见,双方固执己见,妥协的程度非常有限的。而在特别委员会的一系列会议上,欧盟成员国日益显示出集团优势,在谈判中日渐强势,使美国代表越发感觉缺乏谈判筹码,逐步在谈判中失去主导地位,强烈要求与会代表应具有足够的代表性,呼吁代表们应具有折中和协商一致的精神。美国学者认为,只有代表"混合"公约的妥协精神才能弥合美国和欧盟在观念和实践中的分歧。诚然,对于全球性

---

① See Ronald A. Brand, "Community Competence for Matters of Judicial Cooperation at the Hague Conference on Private International Law: A View from the United States", *Journal of Law and Commerce*, Vol. 21, 2002, p. 205.

② See Stephen B. Burbank, "Jurisdiction to Adjudicate: End of the Century or Beginning of the Millennium?", *Tulane Journal of International and Comparative Law*, Vol. 7, 1999, p. 123.

③ See Friedrich K. Juenger, "A Shoe Unfit for Globetrotting", *U. C. Davis Law Review*, Vol. 28, 1995, p. 1027.

④ 1997年特别委员会曾在某种程度上考虑是否设立像欧洲法院那样的公约解释机构,参见Castherine Kessedjian, "Synthesis of the Work of the Special Commission of March 1998 on International Jurisdiction and the Effects of Foreign Judgments in Civil and Commercial Matters", Preliminary Document No 9 of July 1998, p. 45, para. 118。

的管辖权和判决公约而言，海牙公约应该比欧盟规则更加温和，而不应该只满足法学家对于对称性和完备性的渴望。但是，美国学者所提出的“混合”公约是否能“一揽子”解决所有问题，是值得怀疑的。所谓的双重公约和混合公约之争只是表面问题，归根结底，不过是在约束各国的过度管辖权根据上讨价还价而已。美国学者强调的混合公约，正是为了保存其国内过度管辖权根据争取更多的空间。

对于是否能提起诉讼和判决能否被承认与执行，公约应为原告和被告提供可信赖的、低费用的诉讼，同时应鼓励使用更有利于被告、有利于弱方当事人的管辖权根据，防止被告被过度管辖。对于公约的起草，应当注重保护当事人的权利，考虑个案正义。总而言之，被全球广泛接受的管辖权公约，应在司法的确定性、判决的自由流动、法院的合理管辖和对被告的保护之间，寻求适当的平衡。

《海牙公约》的起草经历了漫长的政治和法律讨论，尽管起起落落，一度停滞不前，但经过巨大努力和妥协，最终还是达成了关于选择法院协议及其判决承认与执行的公约。对于公约的讨论、研究和磋商谈判经历了 13 年时间。所谓十年磨一剑，《海牙公约》来之不易。

第二章 《海牙公约》的主要内容

《海牙公约》开宗明义:“希望通过加强司法合作增进国际贸易和投资,相信在民商事项的管辖和外国判决承认和执行上统一规则能够加强这种合作,相信增进这种合作尤其需要国际法律机制提供确定性,并保障商业交易当事人达成的排他性选择法院协议的有效性以及根据这种协议进行诉讼产生的判决的承认和执行。”① 其目的是使国际商业交易中的排他性选择法院协议尽可能有效。起草者希望,公约在处理选择法院协议上能像1958年《纽约公约》处理仲裁协议一样发挥作用。②

《海牙公约》给当事人在商事仲裁之外的另一种选择,与国际商事仲裁相比,选择法院解决某些争议有时更为合适。根据海牙国际私法会议2002年第18号预备报告的意见,与仲裁条款相比,选择法院协议在某些情况下对当事人更为合适:(1)在诉讼中,当事人可以就争议提起上诉;(2)仲裁中没有正式的证据规则;(3)对案件争议的发现通常受到仲裁本身的限制,并且很大程度上来自仲裁员的自由裁量;(4)与仲裁员相比,法官有时更有预见性,更可能遵循前例;(5)仲裁并不总是比诉讼便宜、快速,在一些案件中仲裁的灵活性可能导致更为拖沓和更耗费金钱,而且在当事人仅为了执行一项

---

① 参见公约的序言部分。

② See Hartley / Dogauchi Report(2007), p. 21, para. 1.

并无争议的债务时,仲裁就显得多余;(6)关联仲裁没有合并执行力,除非仲裁作出国允许合并关联仲裁事项;(7)仲裁裁决是不公开的,而法院裁决是一种公开记录,这对法律发展的透明性是有益的,这使政府有理由鼓励诉讼。①

从结构上来看,《海牙公约》是有限的"双重公约"。"有限"是相对于早先的公约草案范围而言,只涉及国际民商事案件中的协议管辖案件;"双重"则是指公约包括协议管辖权和判决承认与执行的双重规则。

为了达到目的,《海牙公约》制定了三项基本规则:(1)被选法院应当审理案件;(2)所有其他法院都应拒绝管辖;(3)被选法院作出的判决应被其他缔约国法院承认与执行。②

这3项规则是公约的核心,公约其他所有条款都服务于它们。③《海牙公约》第5条是针对被选法院的条款,它规定排他性选择法院协议指定的法院有管辖权并应行使该管辖权;第6条是针对所有其他缔约国法院的条款,它规定这些法院应中止或驳回诉讼;第8条规定排他性选择法院协议指定的缔约国法院作出的判决应得到承认与执行。

尽管这3项规则是核心规则,它们也不是完全绝对的。《海牙公约》在每条义务之外均作了例外规定。当然,如果例外过于宽泛和模糊,就会减损公约的意义。在灵活性与确定性之间寻求平衡,成为外交大会讨论公约时最重要的任务。

另外,《海牙公约》规定,缔约国可以声明,其法院将承认和执行非排他性选择法院协议指定的其他缔约国法院作出的判决。这是通过磋商达成的成果,因为大多数行业使用的争议解决条款依据非排他性选择法院条款。如果缔约国行使这个声明选择,将极大扩大其法院判决得到其他缔约国法院承认和执行的益处。④

---

① See Avril D. Haines, "Choice of Court Agreements in International Litigation: Their Use and Legal Problems to Which They Give Rise in the Context of the Interim Text", Preliminary Document No 18 of February 2002, pp. 4 – 5.

② See Hartley/Dogauchi Report(2007), p. 21.

③ See "Minutes No 1 of the Second Commission", Meeting of Tuesday 14 June 2005, in Permanent Bureau of the Conference (ed.), *Proceedings of the Eighteenth Session* (1996), Tome I, Miscellaneous matters, The Hague: SDU Publishers, 1999, p. 566.

④ See Ronald A. Brand, "The New Hague Convention on Choice of Court Agreements", *ASIL Insights*, Vol. 10, 2005, p. 5.

《海牙公约》分为5章共34条:第一章第1~4条为范围和定义;第二章第5~7条为管辖权;第三章第8~15条为承认与执行;第四章第16~26条为一般条款;第五章第27~34条为最后条款。

第一节 《海牙公约》的适用范围

与1958年《纽约公约》相比,《海牙公约》的适用范围是颇为狭窄的。与《纽约公约》笼统规定适用于商事仲裁不同,《海牙公约》是通过极为明细的排除清单,将大量事项排除在其适用范围之外。①

尽管国际商事仲裁协议和国际选择法院协议都是对一个或数个国家民商事司法管辖权的排除,但两者对司法管辖权的排除程度不同。前者尽管也排除法院的管辖,但仍处在一国司法监管之下,法院在一定条件下可行使撤销仲裁裁决的权力,当事人仍有可能从法院获得救济。但国际选择法院协议不同,如果判决不必在该国承认与执行,则完全排除了该国的司法管辖,除非某些特殊情况,当事人完全可以遁形于该国司法监管之外。从执法者的角度,如果承认国际选择法院协议,一国法院可能无法对相关争议行使司法管辖权;从当事人的角度,如果该国承认这样的协议,则丧失从该国获得司法救济的机会。正因如此,各国立法者和法院倾向于对国际选择法院协议进行更为严格的控制,即对选择法院协议的有效性进行更严格的审查。

尽管各国普遍承认选择法院协议的合法性,同时也规定了很多例外,如选择法院协议不得规避一国的专属管辖权。事实上,公约的适用范围与选择法院协议的合法性问题有着密切的关系。公约通过缩小适用范围,减少各国对被选法院协议某些问题合法性的疑问,以便为选择法院协议的效力提供确定性和可预见性。

《海牙公约》适用于国际商事合同案件,而不适用于消费者和雇佣合同(《海牙公约》第2条第1款)。《海牙公约》第1条以肯定方式规定公约适用于国际民商事案件,这与《纽约公约》的规定没有特别的差异。但第2条以负面清单方式,将可能涉及专属管辖权、传统上不适用于选择法院协议的事项、受其他公约调整的事项以及各国未能达成一致的事项一一列举出来,将它们排除在公

---

① 参见叶斌:《2005年海牙〈选择法院协议公约〉适用范围之评析》,载《华中农业大学学报》(社会科学版)2006年第2期。

约适用的范围之外。正是这些负面清单,使公约的适用范围成为最为庞大和复杂的规则。

《海牙公约》第 1 条将适用范围限定于国际性案件。第 1 条第 1 款一般性地将公约适用范围限定于 3 种情形:公约只适用于国际案件;若不声明适用于非排他性选择法院协议,公约只适用于排他性选择法院协议;只适用于民商事项。

一、案件的国际性

《海牙公约》第 1 条第 2 款和第 3 款区分两种案件的国际性:一是直接管辖权的"国际性";二是间接管辖权的"国际性",即判决承认与执行的国际性问题。[①] 在这两种案件中,"国际性"的判断标准是不同的。

(一)直接管辖权的"国际性"与第 19 条声明条款

《海牙公约》第 1 条第 2 款规定,除非当事人均是同一缔约国的居民(不论该国法院是不是被选法院,也不论该国法院是否有合法管辖权),并且与争议有关的所有其他因素(不考虑被选法院)仅与该国有联系,则可以判定案件是国际性的。这意味着,公约的管辖权规则既适用于当事人是不同缔约国居民的情形,又适用于与争议有关的其他因素与其他国家有联系的情形。可见,公约排除了"纯国内案件"的适用。与会代表认为,由于其他国家对一国纯国内案件的结果并无合法利益,该国的国内法应毫无限制地适用于这些案件。[②]

需要注意的是,尽管《海牙公约》第 1 条第 2 款通过排除法来界定"国际性",以排除对"纯国内案件"的适用,但该公约并不当然"禁止"缔约国法院对其他缔约国纯国内案件的管辖。假设西班牙的两家公司签订了一项仅在葡萄牙履行的合同,双方当事人在墨西哥均没有公约意义上的居所,但在墨西哥有可供执行的财产。出于某些特别考虑,双方当事人选择与该合同有关的争议由墨西哥法院排他性地管辖。依《海牙公约》第 1 条第 2 款,当事人居住在西班牙且与争议有关的所有因素仅与西班牙有关,墨西哥法院可能会认为案件是西班

---

① 《海牙公约》第 1 条第 2 款,为第二章的目的,除非当事人均在同一缔约国居住并且当事人的关系以及与争议有关的所有其他因素,无论被选择法院的所在地,均只与该国有关,一起案件就是国际性的;第 3 款,为第三章的目的,只要寻求承认和执行一项外国判决,该案件就是国际性的。

② See Dogauchi/Hartley Report(Dec. 2004), Preliminary Document No 26 of December 2004, p. 7, para. 10.

牙的国内案件而不适用公约。这时,如果被告默示墨西哥法院的管辖,墨西哥法院可能依其国内法规定行使管辖,其管辖依据不是源于《海牙公约》,而是法院地的国内法。因此,《海牙公约》并不禁止缔约国对其他缔约国的纯国内案件的管辖。[①] 其第19条同时允许缔约国排除限制本国管辖别国国内案件的声明。[②]

(二)承认与执行案件的"国际性"与第20条声明条款

《海牙公约》第1条第3款从判决的承认与执行角度专门定义了"国际性":只要被请求承认与执行的判决来自外国法院,该案件就是国际性的。这意味着,即使对于某国纯国内案件做出的判决,如果在其他缔约国申请承认与执行,则在被请求国看来,该案件就是国际性的。因此,公约在管辖权和判决的承认与执行阶段的适用范围是不同的,承认与执行的范围显然大于管辖权的适用范围。

换言之,被《海牙公约》第1条第2款排除的纯国内判决,属于公约承认与执行的适用范围。假设墨西哥法院对西班牙的某个纯国内案件作出了一项判决,当事人在中国有可供执行的财产,如果胜诉人向中国人民法院申请承认与执行该判决,尽管《海牙公约》不适用于墨西哥法院对原案的管辖,但中国人民法院应适用公约的判决承认与执行规则,解决该判决的承认与执行问题。如果当事人向西班牙法院申请承认与执行该判决,则"可能"因为案件不是国际性而被拒绝承认与执行。之所以说"可能",是因为《海牙公约》第20条允许缔约国作出限制承认与执行的声明,即对外国法院关于纯国内案件作出的判决,可以拒绝承认与执行。

二、"民事或商事"的含义

"民事或商事"(civil or commercial matters)在海牙国际私法会议的公约中运用了很长时间。该术语第一次出现在1896年《民事诉讼程序公约》(Convention on Civil Procedure)第1条、第5条和第17条。此术语当时立即引起争议,并在1904年第四次会议上因限制过多被删除。此后,该术语开始在海牙国际私法会议制定的其他公约中使用,最有名的是1965年《关于向国外送达

---

① See Hartley/Dogauchi Report(2007), p. 29, para. 42.

② See Hartley/Dogauchi Report(2007), p. 65, para. 232.

民事或商事司法文书和司法外文书公约》(以下简称《海牙送达公约》)[①]和1970年《关于从国外调取民事或商事证据的公约》(以下简称《海牙取证公约》)。[②] “民事和商事”(civil and commercial matters)则出现在1971年《民事和商事外国判决的承认与执行公约》中。这里用连接词“和”代替“或”并没有实质变化,并不表明公约只适用于既具有民事性质又具有商事性质的事项。[③] 中国学者一般将“民事或/和商事”简称为“民商事”。

《海牙送达公约》和《海牙取证公约》得到普通法系和大陆法系国家的广泛接受,如中国、美国和英国都是这两个公约的缔约国。从1896年起,早期的公约并未对“民事或商事”作出定义。与这种传统相一致,《海牙公约》也没有对“民事或商事”下定义。在大陆法系国家,各国对它们的定义存在细微的差别,尽管“民事或商事”在大陆法系国家都排除公法事项。而在英国和爱尔兰这样的普通法系国家,“民事”并非技术性用语,可以有多种含义,在最广泛意义上仅排除刑事。[④]

《海牙公约》对“民事或商事”的限定与同类型的国际公约采用类似标准,按公约报告,其限定的主要目的是笼统地将公法和刑法排除在外。[⑤] 但结合《海牙公约》第2条第5款,政府、政府代表或任何代表政府的个人作为合同一方时,诉讼并不排除在公约之外。《海牙公约》之所以同时使用民事和商事用语,是因为民事和商事在民法典和商法典分立国家被视为独立和并行的概念,使用这一术语并不妨碍某些国家将商事诉讼视为民事诉讼的下位概念。要注意的是,出于不同原因,一些明显属于民商事的特别事项被《海牙公约》第2条排除适用。

与《1999年草案》不同的是,《海牙公约》第1条未明确将税收、关税和行政

---

① 《海牙送达公约》中文译文,见《全国人大常委会关于批准加入〈关于向国外送达民事或商事司法文书和司法外文书公约〉的决定》,1991年3月2日通过,载《中华人民共和国最高人民法院公报》1991年第3期。

② 《海牙域外取证公约》中文译文,见《全国人民代表大会常务委员会关于我国加入〈关于从国外调取民事或商事证据的公约〉的决定》,1997年7月3日通过,载《全国人民代表大会常务委员会公报》1997年第4期。

③ See Nygh/Pocar Report(August 2000),Preliminary Document No 11 of August 2000,pp. 30–31.

④ See Nygh/Pocar Report(August 2000),Preliminary Document No 11 of August 2000,p. 31.

⑤ See Hartley/Dogauchi Report(2007),p. 30,para. 49.

事项排除在外。[①] 之所以如此，是因为这些事项显然不属于民事或商事事项。只有当国家或其他公法主体成为合同主体时，才需要在公法和私法之间划定严格的界限。

《2003 年公约草案》解释报告指出，该公约主要适用于"商业交易"（B2B），[②]但《2004 年公约草案》的解释报告放弃了这种说法，[③]2007 年的公约解释报告完全不提及这个问题。这是可以理解的，一方面，要给"商业交易"作准确、简洁的定义并不容易；[④]另一方面，《海牙公约》对适用范围明确规定了负面清单，如果将公约的适用对象定位于"商业交易"（B2B）缺乏精确性。

三、排除公约适用的情形

《海牙公约》第 2 条列举了排除公约适用的特殊事项。第 1 款将消费者合同和雇佣合同排除在外；第 2 款详细列举了 16 项特殊事项；第 3 款规定，以上问题作为先决问题而非诉讼标的时，该诉讼仍属于公约的适用范围；第 4 款将仲裁及其相关诉讼排除在外；第 5 款、第 6 款主要涉及政府豁免问题，公约采取"有限豁免"立场，政府作为协议当事人的事实并不当然排除公约的适用，但公约并不影响国家自身及其财产的特权和豁免。

总结第 2 款的 16 项排除事项，概括地说，《海牙公约》不适用于传统家庭法问题，并将各国公认为专属管辖权的法人的能力、不动产及其租赁、核损害赔偿责任和公共机构注册的效力排除在外；公约也不适用于运输问题，包括公路、铁路、空运和部分海事问题；还不适用于反托拉斯问题，人身伤害及非因合同关系引起的有形财产损害或侵权；对于知识产权，公约排除两种情况：一是版权和邻接权之外的其他知识产权的有效性，二是非因合同引起的对版权及邻接权以外其他知识产权的侵权案件。

---

① See Hartley/Dogauchi Report(2007), p. 30.

② See Dogauchi/Hartley Report(March 2004), Preliminary Document No 25 of March 2004, p. 7, para. 8.

③ See Dogauchi/Hartley Report(Dec. 2004), Preliminary Document No 26 of December 2004, p. 7, para. 8.

④ 根据 2002 年第 20 号报告，工作组曾讨论过 2000 年临时文本中的选择法院条款的 B2B 定义问题，对于是采取列举法，还是排除法，当时并无定论。See Andrea Schulz, "Report on the First Meeting of the Informal Working Group on the Judgments Project-October 22 – 25, 2002", Preliminary Document No. 20 of November 2002, p. 10.

另外,《海牙公约》第21条允许缔约国作出声明,将与缔约国有特别利益的事项排除在外,并允许缔约国基于互惠而将公约适用于非排他性选择法院协议(第22条)。

(一)出于对弱方当事人的保护

《海牙公约》第2条第1款排除公约对消费者合同和雇佣合同的适用,都是基于对合同弱方当事人的保护,避免消费者和被雇佣者远离本国远赴外国诉讼。

1. 消费者合同

一些国家通常适用强行法对消费者给予特殊保护,这些国家不承认要求消费者在外国提起诉讼的选择法院协议的效力。《海牙公约》第2条第1款第(a)项要求,公约不适用于当事一方为主要以个人、家庭或家庭生活目的的自然人(消费者)的选择法院协议。《海牙公约》这项排除性规定既包括消费者与消费者合同,也包括消费者与非消费者之间的合同。①

《海牙公约》用括号注释的方式对“消费者”作了简单定义。该定义与1980年联合国《国际货物销售合同公约》第2条第(a)项、1986年海牙《国际货物销售合同法律适用公约》第2条第(c)项和《布鲁塞尔条例I》第15条第1款中的规定相同。消费者必须满足两个要件:(1)自然人,也就是说,法人或非法人组织不是消费者;(2)以个人、家庭或家庭生活为目的,这种“目的说”以当事人的目的为判断标准,而不以物品或服务的性质来判断。

因此,自然人之间不以消费为目的的国际交易和非自然人之间的消费品国际交易,如自然人以生产为目的的国际交易和公司跨国消费品交易,均属于公约的适用范围。

结合《海牙公约》第2条第2款第(l)项和第(k)项,非消费者之间因合同关系引起的有形消费品国际财产损害侵权或不法之诉,结合《海牙公约》第2条第5款,政府向非自然人跨国采购合同引起的合同违约和有形财产损害侵权之诉,都属于公约的适用范围。

2. 雇佣合同

出于对被雇佣者的保护,《海牙公约》第2条第1款第(b)项排除适用涉及单独或集体雇佣合同的选择法院协议。这项排除也适用于由雇佣关系引起的侵权诉讼,例如,被雇佣者在工作中发生的人身伤害。公约以与消费者合同相

① See Hartley/Dogauchi Report(2007), p. 30, para. 50.

同的理由排除其适用。所谓单独雇佣合同,是指单个雇主与单个雇员之间的单个合同;所谓集体雇佣合同,是指单个雇主或多个雇主与多个雇员或代表雇员的工会组织之间的单个合同。①

值得一提的是,不论选择法院协议是否订立在纠纷发生之后,《海牙公约》都把与消费者和雇佣合同有关的诉讼排除在外。就此而言,《海牙公约》与《布鲁塞尔条例I》的适用范围是不一样的。《布鲁塞尔条例I》第23条和第27条分别允许消费者和雇佣者在争议发生之后订立选择法院协议。

(二)《海牙公约》第2条第2款排除的16种事项

《海牙公约》第2条第2款以负面清单方式将一些涉及公共利益或专属管辖权事项,以及属于其他条约调整的事项排除在外。这些排除事项按性质可以作如下分类。

1. 自然人法律能力和家属法事项

《海牙公约》第2条第2款第(a)项排除自然人的身份或资格事项(status and capacity of natural persons),即自然人的法律能力问题;该款第(b)项、第(c)项和第(d)项排除有关婚姻、扶养、遗嘱和继承等涉及自然人身份和财产的家属法事项(family law and succession)。

自然人的法律能力除了由国际人权公约规定外,应当由其本国实体法和冲突法来解决。对于家属法问题,涉及一国的公共秩序,各国尚不愿承认涉及人身关系的选择法院条款。另外,海牙国际私法会议已在一系列公约中对这些问题作了规制,如1996年海牙《关于父母责任和儿童保护措施的管辖权、法律适用、承认、执行和合作公约》。② 对于第(c)项中的"婚姻类似关系"一语,系指法律承认的非婚伴侣,包括与婚姻关系相类似的民事合伙和同性婚姻。③

2. 破产事项及法人的能力

《海牙公约》第2条第2款第(e)项排除了破产、和解和类似事项。依该公约报告,"破产"(insolvency)包括个人破产和法人破产时清理或清算,非因破产而导致的清理或清算则由第(m)项法人的解散条款处理。"和解"

---

① See Hartley/Dogauchi Report(2007), pp. 30 – 31, para. 51.

② 《关于父母责任和儿童保护措施的管辖权、法律适用、承认、执行和合作公约》于1996年10月19日订于海牙,2002年1月1日生效。中文译文参见中华人民共和国外交部条约法律司编:《海牙国际私法会议公约集》,法律出版社2012年版,第172~183页。

③ See Nygh/Pocar Report pp. 32 – 34.

(composition)系指由债务人与债权人签订的债务延期履行合同的和解程序。“类似事项”(analogous matters)包括可协助破产个人或实体重获债务偿还能力的其他方式,如《美国联邦破产法》第十一章所用的方式。① 需要指出的是,仅与破产直接有关的事项才被排除在公约之外。例如,在甲国注册的 A 公司借钱给在乙国注册的 B 公司,借款合同包含指定由丙国法院管辖的选择法院条款。如果 A 在甲国宣告破产,《海牙公约》可适用于向 B 提起的诉讼,但不适用于破产财产管理问题,如不同债权人的顺序问题。②

《海牙公约》第 2 条第 2 款第(m)项排除了包括法人的合法性、无效和解散及法人机关决定的效力。法人由国家的主权机关认可成立,自然应由法人的成立地国法院管辖,由此与法人能力有关的问题因为法人成立地国具有专属管辖权而被排除在公约之外。③

3. 全部运输事项和 5 类海事事项

《海牙公约》第 2 条第 2 款第(f)项排除适用全部运输事项,无论是客运还是货运,无论是海上运输、公路运输、铁路运输还是航空运输。第 2 条第 2 款第(g)项又专门排除了 5 类海事事项:海洋污染(marine pollution)、海事诉讼的责任限制(limitation of liability for maritime claims)、共同海损(general average)、紧急拖船(emergency towage)和紧急救助(emergency salvage)。

《2004 年公约草案》仅将海事运输排除在外。之所以将海事运输排除在外,主要是因为《海牙规则》(Hague Rules on Bills of Lading)的成员国可能不愿意接受提单中的选择法院条款。如果选择法院条款指定由非海牙提单规则成员国管辖,有可能发生船主规避《海牙规则》中的强行法规则,而这不是《海牙规则》成员国愿意看到的。④

对于其他方式的运输问题,国际公路运输联合会(International Road Transport Union,IRU)在对《2004 年公约草案》提交意见时指出,其条款与 1956 年日内瓦《公路运送货物合同公约》和 1973 年日内瓦《公路运送乘客和行李合

---

① See Hartley/Dogauchi Report(2007),p. 31,para. 56.

② See Hartley/Dogauchi Report(2007),p. 32,para. 57.

③ See Hartley/Dogauchi Report(2007),p. 34,para. 70.

④ See Dogauchi/Hartley Report(Dec. 2004),Preliminary Document No 26 of December 2004,p. 10,para. 25.

同公约》相冲突，从而违反1969年《维也纳条约法公约》，如影响第三方利益等。[①] 这种条约上的冲突是因为运输合同的特殊性引起的。考虑到这一点，《海牙公约》将所有运输问题都排除在外，以照顾运输合同的特殊性。

除上述运输问题之外，第2条第2款第(g)项排除的5类海事事项已被联合国国际贸易法委员会(United Nations Commission on International Trade Law, UNCITRAL)列入新的立法项目，包括海运在内的海事问题将被“一揽子”解决。海牙国际私法会议无意对此重复立法。另外，影响第三方利益的诉讼(如船主的责任范围或一般海损)也会引发特殊问题，需要海牙国际私法会议制定公约形成专门规则。[②]

但是，根据公约解释报告，其他海事问题仍属于公约的适用范围，如海事保险(marine insurance)、非紧急拖驳和救助(non-emergency towage and salvage)、造船(shipbuilding)、船舶抵押和留置(ship mortgages and liens)等。[③]

4. 不动产物权及其租赁

除了法人和公共注册之外，不动产物权(rights *in rem* in immovable property)被普遍视为专属管辖权而排除当事人选择管辖。在不少国家的国内法和《布鲁塞尔公约》《卢加诺公约》及《布鲁塞尔条例I》中，不动产物权属于专属管辖而禁止当事人选择法院，因为一国不会允许别国法院决定本国境内不动产物权的归属。

关于不动产的租赁(tenancies in immovable property)，很多国家都给予承租人以特别保护，如大陆法系的“买卖不破租赁原则”对不动产租赁权常常给予近乎物权的保护。为了避免各国对租赁进行不同的法律定性，不动产租赁被明确排除在公约适用范围之外。[④]

---

① See International Road Transport Union (IRU), "Preliminary Draft Convention on Exclusive Choice of Court Agreements: Infringement of the Convention on the Contract for the Internatioanal Carriage of Goods by Road (CMR Convention), Done in Gneneva on 19 May 1956, of the Convention on the Contract for the international Carriage of Passengers and Luggage by Road (CVR Convention), Done in Geneva on 1 March 1973, and of the Vienna Convention on the Law of Treaties (Vienna Convention), Done in Vienna on 23 May 1968", in "Comments on the Preliminary Draft Convention on Exclusive Choice of Court Agreements", Preliminary Document No. 29 of May 2005, pp. 20 – 30.

② See Dogauchi/Hartley Report (Dec. 2004), Preliminary Document No. 26 of December 2004, pp. 10 – 11.

③ See Hartley/Dogauchi Report (2007), p. 32, para. 59.

④ See Hartley/Dogauchi Report (2007), p. 34.

5. 知识产权问题

知识产权问题是公约谈判中最为棘手的问题之一。中国代表曾试图将知识产权问题完全排除在公约适用范围之外。各国谈判代表曾列举不同的知识产权，试图以知识产权是否需要注册来决定是否适用公约的标准。《海牙公约》第2条第2款第(n)项和第(o)项处理知识产权问题，它仅排除两种情况：第(n)项排除版权及其相邻权以外的知识产权的有效性，第(o)项排除非因合同引起的版权及其相邻权以外知识产权的侵害。这两种特殊情况以外的其他与知识产权有关的大量诉讼类型，都属于公约的适用范围(见表1)。

表1 《海牙公约》关于知识产权案件的适用范围

诉讼内容	以选择法院协议提起的涉及知识产权的诉讼		
	诉讼缘起	版权和相邻权	其他知识产权
知识产权的有效性	无论诉讼是否与合同有关	版权和相邻权的有效性(无论提起侵权之诉，还是合同之诉)	其他知识产权的有效性
知识产权有效性以外的知识产权诉讼	因合同引起	因合同引起的版权和相邻权诉讼(无论提起侵权之诉，还是合同之诉)	因合同引起的其他知识产权诉讼(无论是侵权之诉，还是合同之诉)
	非因合同引起	非因合同引起的版权和相邻权诉讼(只能提起侵权之诉)	非因合同引起的其他知识产权诉讼

说明：除先决问题以外，阴影部分适用《海牙公约》。

(1)知识产权的有效性：区分版权及邻接权与其他知识产权

与版权及邻接权有效性有关的诉讼(copyright and related rights)，无论是否因合同引起，是合同之诉还是侵权之诉，都适用《海牙公约》。[①] 相邻权一般包括表演者(如演员和音乐家)的演出权、录音产品(如磁带和光盘)的录制权和广播电视机构对广播电视节目的广播权。版权与相邻权的区别：版权基于创造新作品产生，如歌曲的编曲和书籍的写作；相邻权则保护作者以外其他人对已存在作品的特别使用(如通过表演、广播电视或录制)，保护广播电视工作者、表演者或录制者对作品的额外贡献。根据《伯尔尼公约》，版权和相邻权是不需要

① See Hartley/Dogauchi Report(2007), p. 34.

注册的,这是公约将其单独对待的原因之一。

关于版权及邻接权以外的其他知识产权(intellectual property rights other than copyright and related rights)的有效性问题,由于这些类型的知识产权都需要注册,为了与第 2 条第 2 款第(p)项相一致,它们的效力不适用《海牙公约》。

不过,根据公约解释报告,即使依据选择法院协议所作的判决依该公约是可承认与执行的,关于知识产权有效性的判决不产生物权的绝对效力(*In rem* effect)。[①]

(2)知识产权的合同之诉与侵权之诉

对于知识产权侵权案件,在有些国家,当事人仅得为事实辩护,由法院来认定是违约还是侵权。另一些国家则由当事人选择提起违约之诉还是侵权之诉,当事人可以为了取得较高的赔偿而选择有利的诉讼类型。为了扩大适用范围,《海牙公约》第 2 条第 2 款第(o)项将与合同争议有关的知识产权问题,除去版权与相邻权之外的知识产权的效力问题,都纳入适用范围,无论当事人提起违约之诉还是侵权之诉。因此,因合同引起的知识产权侵权案件,除去第(n)项对版权及邻接权之外的知识产权的有效性问题的排除,都属于公约的适用范围。对于与合同无关的侵权诉讼,公约将版权及邻接权诉讼保留在内,而排除其他知识产权的侵权案件。

版权及邻接权以外的其他知识产权侵权,除因合同引起的诉讼之外,都被排除在公约之外。原因在于,《海牙公约》只适用于基于排他性选择法院条款而产生的管辖权,除合同违约之外,权利人不太可能与权利侵害人作出选择法院的行为。选择法院条款一般仅出现在知识产权正常交易合同中,对公约的适用只可能是因知识产权合同引发的诉讼。因此,即使把非因合同引起的其他知识产权侵权诉讼纳入公约的适用范围,也没有多大意义。

这里所谓"因合同引起知识产权诉讼",包括为强制执行实体权利的诉讼、为取得违约赔偿金的诉讼、为取得清偿约定版税的诉讼、对合同解释的诉讼、对解除合同的诉讼、为声明合同不存在的诉讼和为取得依照合同无义务的声明的诉讼等,这些诉讼都属于公约的适用范围。公约有意广泛涵盖知识产权交易合同,特别是特许协议和知识产权转让协议,与知识产权有关的分配合同、联合投

---

① See Hartley/Dogauchi Report(2007), p. 34, para. 72.

资协议和代理协议,除去版权和相邻权之外其他知识产权的有效性问题,都包括在内。[①]

6. 人身伤害和与合同无关的侵权问题

人身伤害及非因合同引起的有形财产损害分别被《海牙公约》第 2 条第 2 款第(j)项和第(k)项排除在公约之外,仅因合同引起的侵权问题可适用公约。

人身伤害侵权和非因合同关系引起的有形财产损害侵权,往往涉及一国的强行法,或者导致公法的适用,如刑事法律。对于这两种国际侵权案件,一国司法主权通常不允许当事人选择管辖法院,一方面是为了表示本国司法主权对当事人的属人保护;另一方面是为了避免可能因协议引起对弱方利益的损害。将这两种侵权问题排除在公约范围之外,是由它们的特殊性质决定的。

有些国家的法律认为,由当事人合同关系引起的非合同之诉,因为独立于主合同而不应该适用合同中的选择法院协议。[②] 这个理由同样适用于仲裁协议。[③] 但是,精明的原告可能会滥用这一规则,以非合同之诉来避免合同中的选择法院条款。这无疑会导致平行诉讼,从而耗费当事人的时间和金钱,浪费司法资源。为此,《海牙公约》最终还是纳入了与合同有关的侵权问题,对于提起合同之诉还是非合同之诉,则由当事人或法院选择。

7. 反托拉斯或竞争事项

所谓反托拉斯或竞争事项,是根据美国谢尔曼法和克莱顿法、《欧洲联盟条约》第 81 条和第 82 条或者其他国家的相似法律提起的诉讼。美国称其为"反托拉斯法"(anti-trust law),欧洲国家一般称其为"竞争法"(competition law),但该术语不包括大陆法系所谓的"不正当竞争"(unfair competition)。[④]

对于反托拉斯诉讼,如果其性质完全受公法调整,可以直接依《海牙公约》第 1 条第 1 款将其排除在外。不过,反托拉斯事项也可以成为私人诉讼的对象。如在美国、欧盟、中国等许多国家,都可以提起违反反托拉斯或竞争法的侵

---

① See Hartley/Dogauchi Report(2007), pp. 35 – 36.

② See Avril D. Haines, "Choice of Court Agreements in International Litigation: Their Use and Legal Problems to Which They Give Rise in the Context of the Interim Text", Preliminary Document No. 18 of February 2002, p. 8.

③ See Richard Garnett, "Enforcing International Arbitration Agreements in Australia", *Commercial Dispute Resolution Journal*, Vol. 2, 1995, pp. 94 – 96.

④ See Hartley/Dogauchi Report(2007), p. 32, para. 60.

权赔偿之诉。[①] 即使相关诉讼只是发生在私人之间,无论是合同之诉,还是侵权之诉,都会影响到公共利益。因此,《海牙公约》第2条第2款第(h)项明确将反托拉斯或竞争事项排除在适用范围之外。[②]

欧洲法院在"卡里奇有限公司诉克里恩"(Courage Ltd v. Crehan)案[③]确立的规则为:被迫接受一项违背欧盟竞争法的合同条款的经济弱势方,可以向对方当事人主张赔偿。该规则的目的是为经济弱势方伸张正义和使公共利益受益。但该规则可能导致经济强势方通过选择法院协议指定非欧盟成员国法院来管辖,同时选择该国法律来解决争议,从而规避这项规则。[④]

但竞争问题并不当然全部排除在公约之外,如果某人依合同起诉被告,被告辩称合同因违反反托拉斯法或竞争法无效,该诉讼仍属于公约的适用范围,因为反托拉斯或竞争法问题不是诉讼的标的,而是先决问题。[⑤]

8. 核损害责任

不少国际公约对核损害责任(nuclear liability)作了专门规定,包括1960年《关于核能领域第三方责任的巴黎公约》及其2004年修订案、1963年《关于核能领域第三方责任的布鲁塞尔补充公约》及其1997年修订案、1963年《关于核损害民事责任的维也纳公约》及其1997年修订案、1988年《关于适用维也纳公约和巴黎公约的联合议定书》和1997年《核损害补充赔偿公约》。[⑥] 这些公约都规定,核事故发生地国对因该事件引起的赔偿诉讼拥有专属管辖权。[⑦] 例如,1997年《核损害补充赔偿公约》第8条第1款规定,"除本条另有规定外,对于与核事件所造成核损害有关的诉讼的管辖权仅属于发生核事件的缔约方的法院"。对于《海牙公约》与其他国际文件的关系,《海牙公约》第26条规定其他国际公约优先于该公约。

但这些公约没有得到主要拥核国的加入或批准。截至2013年1月1日,美

---

① See Hartley/Dogauchi Report(2007), pp. 32 – 33, para. 62.

② L. Radicati di Brozolo, "Antitrust Claims: Why exclude them from the Hague Jurisdiction and Judgments Convention", *European Competition Law Review*, Vol. 25, 2004, pp. 780 – 788.

③ See Case C – 453/99 Courage Ltd v Crehan [2001] E. C. R. I – 6297.

④ See Dogauchi/Hartley Report(Dec. 2004), Preliminary Document No 26 of December 2004, p. 11.

⑤ See Harley/Dogauchi Report(2007), p. 33, para. 63.

⑥ 参见 OECD 核能机构网页(http://www. oecd-nea. org/law/legal-documents. html # agreements)和国际原子能机构网页(http://www. iaea. org)。

⑦ See Harley/Dogauchi Report(2007), p. 33, para. 64.

国、中国、日本和加拿大都不是1960年《关于核能领域第三方责任的巴黎公约》的缔约方。① 尽管1963年《关于核损害民事责任的维也纳公约》有38个成员国，但美国、中国、日本、德国、法国、加拿大都没有加入，英国签署但未批准。② 1997年《核损害补充赔偿公约》也仅有阿根廷、摩洛哥、罗马尼亚和美国4个成员国，尚未达到生效条件。③

尽管大多数拥核国家没有批准这些公约，不适用核损害责任专属管辖规则。但由于核损害责任影响面广泛，涉及公共利益和政治因素，对于在本国发生的核损害事故，大多数国家都不愿意当事人选择法院，将核损害争议提交给其他国家法院管辖。因此，公约排除对核损害责任的适用，除非它是先决问题。

9. 公共登记的有效性

《布鲁塞尔条例Ⅰ》第22条第3款和《1999年草案》第12条都把公共登记（public registers）是否有效的诉讼作为登记地法院的专属管辖权。登记注册的效力是否是"民商事"问题容易引起争论。为避免分歧，《海牙公约》第2条第2款第(p)项明确将其排除在外。④

四、与公约适用范围有关的其他问题

(一)先决问题

《海牙公约》第2条第3款指出，"尽管有第2款之规定，当与该款有关的问题仅为先决问题且非诉讼对象时，此诉讼并不排除在公约适用范围之外。特别是，如果第二款排除的事项不是诉讼对象，则该事项作为抗辩方式的单纯事实并不使诉讼排除在本公约之外"。

因此，《海牙公约》第2条第3款排除的16种事项如果作为先决问题且不是诉讼对象，仍属于公约的适用范围。所谓"先决问题"（preliminary question），是指并非诉讼对象，但法院不得不决定以便作出判决的问题。例如，原告以专利特许协议为由主张赔偿，被告辩称专利无效而不应支付。这时，专利的有效性就是一个先决问题，法院必须先解决它才能决定主要问题。被诉违约的自然

---

① See http://www.oecd-nea.org/law/paris-convention-ratification.html.

② See http://www.iaea.org/Publications/Documents/Conventions/liability_status.pdf.

③ See http://www.iaea.org/Publications/Documents/Conventions/supcomp_status.pdf.

④ See Harley/Dogauchi Report (2007), p. 36, para. 82. Also see Nygh/Pocar Report (August 2000), Preliminary Document No. 11 of August 2000, p. 68.

人辩称自己无订立协议的能力，案件的主要问题是他是否对违约承担责任，而先决问题是他是否具有订立选择法院协议的能力。

有些国家禁止当事人在某些情况下对先前已裁定的先决问题重新提起诉讼，美国称为"争点排除"（issue preclusion）或"间接禁止反言"（collateral estoppel），[①]英国称为"争点禁止反言"（issue estoppel）；而在有些国家，这些问题可以被重新提起诉讼。这里的先决问题既可以是先决问题的裁决，也可以是因先行裁决作出的判决。对此，《海牙公约》第10条规定，对与公约排除事项有关的先决问题的裁决不应被承认与执行；而对基于与公约排除事项有关的先决问题的先行裁决作出的判决，被请求法院可以拒绝承认与执行。当然，对于与公约排除事项无关的先决问题的承认与执行，依公约或依被请求国的国内法决定。

（二）仲裁及相关程序

《海牙公约》明确排除仲裁及其相关程序，目的是确保公约不妨碍国际社会已有的仲裁公约。

（三）政府和国际组织的豁免权问题

《海牙公约》第2条第5款规定，政府、政府办事处或任何代表国家的个人作为当事人的事实并不使诉讼排除在公约范围之外。当合同当事人涉及政府或其他公共管理机构时，并不仅因为公共管理机构而使其不具有民商事性质。当然，如果公共管理机构使用政府权力使一方加入合同，该合同可能就不具有民商事性质。例如，如果政府管理部门将被拘留人员释放是基于他签署了一份缴付大量金钱以使其不被审判的协议，该协议与刑事诉讼有紧密关系而被排除在公约之外。

对于政府的豁免权，《海牙公约》第2条第6款规定，公约完全不影响主权国家、主权国家实体或国际组织的特权和豁免。

（四）保险及再保险合同

根据《海牙公约》第3条对排他性选择法院协议的定义，选择法院协议有可能涉及第三人。《海牙公约》第17条第1款明确规定，对于保险或再保险合同提起的诉讼，不因为公约不适用的事项与保险或再保险合同有关系而排除在公约之外。如果诉讼因涉及旅客和货物运输、不动产物权和租赁等排除事项的保

---

① 参见孙劲：《美国的外国法院判决承认与执行制度研究》，中国人民公安大学出版社2003年版，第93页。

险和再保险合同引起,该诉讼并不当然排除在公约的适用范围之外。① 值得一提的是,欧盟在加入公约的声明中,虽然排除适用某些保险合同,但又以详细的正面清单声明适用于包括再保险合同、争议发生后的选择法院协议等在内的保险合同。②

(五)声明条款

《海牙公约》在第四章一般条款中规定了缔约国可以采取的4项声明,以便缔约国缩小或者扩大公约的适用而使公约获得更广泛的接受。根据1969年《维也纳条约法公约》第21条,保留的法律效果对另一当事国来说,其与保留国的关系按同一范围改变有关规定;缔约国可以对别国提出的保留提出反对。③由于保留极其复杂,公约并未使用"保留"而采取"声明"术语,目的是不鼓励任何保留,对是否允许保留保持沉默,这似乎有意避免将声明解释为保留。

《海牙公约》第19条和第20条仅限制声明作出国法院的单方行为,并没有像第21条和第22条那样明确将法律效果及于其他缔约国。依其第19条规定,声明缔约国法院可以拒绝裁决争议与被选法院所在国无实质联系的案件;依其第20条规定,声明缔约国法院可以拒绝承认与执行另一缔约国作出的实质属于被请求国纯国内案件的判决。

《海牙公约》第21条是关于特殊事项的声明条款。公约草案规定:缔约国可以对与石棉(Asbestos)有关的涉及各国重大利益的问题作出声明。为便于各国加入公约,它将此条普遍化,允许缔约国在加入公约时对涉及本国重大利益的特殊事项作出声明,并没有对"特别事项"作出限定,完全由缔约国自行决定。这一声明条款非常重要,反映了各国对国际民商事规则统一立法求同存异的谨慎态度。欧盟就是根据该条对某些类型的保险合同作了声明。④

《海牙公约》第22条允许缔约国对非排他性选择协议作出互惠声明,其目的是扩大公约的适用范围。该声明只规定被请求法院在特定情况下的判决承认与执行规则,不涉及管辖权规则。

上述声明条款一方面照顾了各国的司法习惯和国家利益;另一方面又尽可

---

① See Hartley/Dogauchi Report(2007),p. 63. 也可参见徐国建:《建立国际统一的管辖权和判决承认与执行制度——海牙〈选择法院协议公约〉述评》,载《时代法学》2005年第5期。

② 资料来源:https://www. hcch. net/en/instruments/conventions/status-table/notifications/?csid = 1044& disp = resdn。

③ 参见李浩培:《条约法概论》,法律出版社2003年版,第165~168页。

④ 参见《1999年公约草案》。

能统一规则，显示了国际条约的灵活和妥协。

第二节 《海牙公约》的协议管辖规则

一、排他性选择法院协议

《海牙公约》第 3 条规定：为本公约的目的：(a)"排他性选择法院协议"系指双方或者多方当事人签订的、符合第(c)项要求、为解决与特定法律关系有关的、已经或者可能发生的争议，而指定某个缔约国的法院或者某个缔约国的一个或者多个特定法院并排除任何其他法院管辖的协议。(b)除非当事人另有明示约定，指定某个缔约国的法院或者某个缔约国的一个或者多个特定法院的选择法院协议应被视为排他性的。(c)一项排他性选择法院协议必须用以下方式缔结或者记录(concluded or documented)：(i)以书面形式；或者(ii)以其他任何联系方式，且该方式能提供可获取的信息，使其日后可予使用。(d)构成合同一部分的排他性选择法院协议应被视为独立于合同其他条款的一项协议。排他性选择法院协议的有效性不能仅因合同无效而受到影响。

上述规定明确了排他性选择法院协议(exclusive choice of court agreements)的 5 个要件：(1)必须是两个或两个以上的当事人之间的协议；(2)必须满足《海牙公约》第 3 条第(c)项规定的形式要求；(3)必须指定一个或多个特定法院以排除其他法院的管辖；(4)被指定的法院必须为缔约国法院；(5)指定法院必须以裁决已经发生或可能引起的与特定法律关系有关的争议为目的。

(一)两个或两个以上当事人之间的协议

选择法院协议不得单方面制定，应该是当事人的合意。因此，单方面制定的法院选择将不受公约调整，如信托人在信托证书上对法院的选择，就不是当事人之间的合意。

关于是否构成合意的法律适用问题，在解释 1968 年《布鲁塞尔公约》第 17 条的类似条款时，欧洲法院曾以欧共体法中的自治规则来判断，而不以缔约国的国内法为准据法。[①] 与此做法不同，《海牙公约》将缔约国的法律作为判决协

① 例如，在 1976 年的"科尔扎尼诉鲁瓦"(Colzani v. RÜWA)案中，如果当事人只是在合同纸张的一面签名，除非他在写有选择法院协议的合同反面签字作出明示，欧洲法院将认为当事人并未同意反面的选择法院协议，本案中裁决应依据欧共体法而不是成员国国内法。See Case 24/76 Estasis Salotti and Colzani v. RÜWA [1976] E. C. R. –1831.

定是否构成合意的依据，公约的不同条款对此作了明确规定：《海牙公约》第5条第1款、第6条第(a)项和第9条第(a)项以被选法院地法为依据；《海牙公约》第6条第(b)项以受理案件的法院地法为依据；《海牙公约》第9条第(b)项以被请求法院地法为依据。

如果双方当事人同意选择法院协议，第三人从一方当事人继受权利和义务，这位没有明示同意该协议的第三人是否受选择法院协议的约束，应依缔约国的国内法决定。①

（二）形式要件问题

这是一项必要且充分的规定，即如果不满足该条规定的选择法院协议不受公约调整。判断协议形式要件的依据不是缔约国的国内法而是公约之规定。根据公约解释报告，缔约国法院不能因为以下原因拒绝承认选择法院协议的效力：协议以外国文字书写；条款未采用特别的粗体形式；条款是小写的或者当事人未在主合同之外单独签字。②

《海牙公约》第3条第(c)项规定了两种形式，即选择法院协议应以书面形式，或者通过任何其他能提供可获取的信息，使其日后能够使用的联系方式③订立或者记录(concluded or documented)。当协议采取书面订立或者书面记录，其形式效力不依赖于当事人的签字，尽管缺乏签字会使协议的证明变得困难。第二种形式试图涵盖传输或存储信息的电子手段，包括所有可被获取以使日后可提交的信息类型，如电子邮件和传真。

公约并不要求选择法院协议一定是书面的，口头的选择法院协议也是允许的，但须以书面或者电子通信方式记录(documented)。大会最终拒绝使用草案的措辞“evidenced in writing”(书面为证)，而采用“documented in writing”(书面记录)，理由是“以书面为证”容易使人误认为第3条第(c)项是一条证据规则。相应地，《海牙公约》法文版采用“documenté par écrit”，而非“confirmé par écrit”。因此，其形式要求是“记录”而不一定必须“以文件形式证明”。④

---

① See Hartley/Dogauchi Report(2007), p. 38.

② See Hartley/Dogauchi Report(2007), pp. 40 – 41.

③ 该规定的措辞受1996年《联合国贸易法委员会电子商务示范法》(UNCITRAL Model Law on Electronic Commerce 1996)第6条第1款的启发。See Hartley/Dogauchi Report(2007), p. 41.

④ 条法司版中文译文为：“一项排他性选择法院协议必须用以下方式缔结或者以文件形式证明。”参见中华人民共和国外交部条约法律司编：《海牙国际私法会议公约集》，法律出版社2012年版，第205页。

根据公约解释报告,如果选择法院协议是口头的,且其中一方将其做成书面,并不妨碍做成书面的一方从中获得优势,如被选法院地恰好是其本国。公约解释报告强调,无论如何,初始的口头协议必须得到双方的同意。[①]

(三)排他性的推定

《海牙公约》第3条第(b)项规定了一条重要规则,除非当事人另有明示约定,指定一个缔约国法院(或者一个缔约国的一个或多个特定法院)的选择法院协议被认为是排他的。

其核心内容是,选择法院协议可以概括地指向某一缔约国法院,也可以指向某一缔约国的一个或多个特定法院。因此,指定争议由法国法院裁决的协议根据本公约被视为排他性,即使协议并没有指定由法国哪一个法院来审理案件。在这种情况下,法国的法律有权决定由哪个法院来审理案件。[②] 根据此规则,原告可以选择在法国法院提起诉讼。如果协议指定了法国的特定法院,如巴黎商事法院,该协议也被认为是排他性的。如果协议指定同一缔约国的两个或两个以上的特定法院,如"巴黎商事法院或里昂商事法院",该协议也是排他性的。[③]

在实践中,通常有以下几种类型的选择法院协议:(1)指定一国的一个或者几个法院,并排除其他国家法院的管辖权;(2)指定一国的一个或者几个法院,但不表明排除其他国家法院的管辖;(3)指定几国的法院均可管辖,无论有无排除其他法院管辖权的字眼,当事人实际上仍可在不同国家法院起诉。事实上,选择法院条款是对已相互形成重叠的多个国家民事诉讼管辖权的选择,其目的当然是要排除其他国家法院的管辖。所谓"排他性",是指选择一国的法院(无论该国一个或数个法院)而排除所有其他国家法院的管辖权。这里的"排他"是指排除"所有他国法院",而非排除"其他法院"。"非排他性"是指数国法院均可行使管辖。

公约解释报告举例说明如下:以下条款将被视为排他性选择法院条款:与合同有关的诉讼,甲国法院享有管辖权;与合同有关的诉讼应向甲国法院提起。

---

① See Hartley/Dogauchi Report(2007), p. 41.

② 参见2005年《海牙公约》第5条第3款第(b)项。

③ 根据2005年《海牙公约》的规定,一项指定甲仅可以在巴黎商事法院起诉乙,而乙仅可以在里昂商事法院起诉甲的协议,也是排他性的选择法院协议。如果指定的两法院不在同一缔约国,则另当别论。

以下条款被视为非排他性：与合同有关的诉讼甲国法院享有非排他性管辖权；与合同有关的诉讼可以向甲国法院提起，但这并不排除向任何有合法管辖权国家的法院提起诉讼。[①]

排他性选择法院协议的优点在于当事人以自治方式在多个管辖权中选择一个国家的法院对争议行使管辖，有利于增强当事人对案件结果的预见性和确定性。非排他性选择法院条款却仅有排除某些特别国家法院管辖的意义，不具有对结果的可预见性和确定性。

（四）被指定的缔约国法院

这一规定为互惠条件，公约仅将选择法院协议适用于缔约国法院，指定非缔约国法院的那类协议不在公约范围之内，除非缔约国依公约作出特别声明。

值得注意的是，《海牙公约》中的"État/State"尽管通常译为"国家"，但也包括复合法域国家有独立法律制度的领土区域（territorial unit），还可以指"区域经济一体化组织"（Regional Economic Integration Organisations）。其第25条第1款规定，"État/State"既可以指作为一个整体的国家，如加拿大、中国、英国或美国；也可以指其中的部分领土，如加拿大的安大略省、中国香港特别行政区、英国苏格兰或美国新泽西州。因此，指定由美国法院管辖的条款和由新泽西州法院管辖的条款都是排他性选择法院协议。当然，依《海牙公约》第5条第3款，公约不影响缔约国法院对管辖权的内部分配规则，一项指定由新泽西州法院管辖的条款是排他性的，该条款不影响案件是由州法院还是位于该州的联邦法院管辖。根据《海牙公约》第29条第4款，"État/State"还可以指欧盟这样的区域性国际组织。[②] 依修订后的《海牙国际私法会议章程》第3条，区域经济一体化组织是指完全由主权国家构成的国际组织，其成员国已将处理某一范围的事项的权限让渡给该组织，包括可就有关事项作出对其成员国有约束力决定的

---

① See Hartley/Dogauchi Report (2007), p. 40.

② 欧盟于2007年4月3日成为海牙国际私法会议的成员方，参见 Andrea Schulz, "The Accession of the European Community to the Hague Conference on Private International Law", *International and Comparative Law Quarterly*, Vol. 56, No. 4, 2007, pp. 939 – 949; Hans van Loon and Andrea Schulz, "The European Community and the Hague Conference on Private International Law", in Bernd Martenczuk and Servaas van Thiel (eds.), *Justice, Liberty, Security: New Challenges for EU External Relations*, Brussels University Press, 2008, pp. 257 – 299。2009年12月1日《里斯本条约》生效之后，欧洲联盟取得法律人格，取代并继承欧洲共同体在海牙国际私法会议的成员资格。

权限。[①] 因此,"État/State"一词在公约中具有多层含义。

(五)解决与特定法律关系有关的争议

选择法院协议可以将争议限定在已经发生的争议,也可以包括将来发生的争议,只要争议与特定法律关系有关。换言之,协议可以是事前订立的,也可以是纠纷发生之后订立的。根据公约适用的范围,争议的起因不限于合同之债,包括由特定法律关系引起的非人身侵权之诉。因此,当事人合伙协议中的选择法院条款可以包括当事人之间与合伙有关的侵权之诉。在具体案件中是否可以这么做,应该依协议来决定。[②]

二、非排他性选择法院协议

如果缔约国不依声明条款作出扩展到非排他性选择法院协议(non-exclusive agreements)的声明,公约只适用于排他性的选择法院协议。如果适用于非排他性选择法院协议,则需要平行诉讼(*lis pendens*)规则。

由于一些国家希望将《海牙公约》扩展至非排他性选择法院协议,该建议被部分采纳,成为《海牙公约》第22条的声明条款。根据该条,一国可以声明承认与执行依非排他性选择法院协议作出的判决。[③] 在管辖权阶段,非排他性选择法院协议会导致平行诉讼;在判决的承认与执行阶段,通常没有问题。例如,选择法院协议约定纽约和伦敦都有管辖权,当事人在纽约诉讼而未在伦敦提起诉讼,此时没有平行诉讼,因此没有理由因为管辖权协议是非排他性而不承认与执行纽约法院的判决,第22条第2款为此提供了可能。正是由于这个声明条款,最后公约的名称从"排他性选择法院协议公约草案"改为《选择法院协议公约》。

《海牙公约》第22条对非排他性选择协议作了定义,它与排他性选择协议的区别在于,当事人指定一个或多个缔约国的一个或几个法院,但不排除其他

---

① 《海牙国际私法会议章程》于1951年10月31日订于海牙,1955年7月15日生效。1951年版本仅接受国家为其成员。为使欧洲共同体成为其成员,2005年6月30日,大会通过《海牙国际私法会议章程修正案》。中华人民共和国国务院于2006年9月7日接受其修改,修改于2007年1月1日对中国生效,并同时适用于中国香港和澳门特别行政区,参见2006年9月7日国务院《关于决定接受〈海牙国际私法会议章程修正案〉的批复》,国函〔2006〕93号,《国务院公报》2006年第32期。

② See Hartley/Dogauchi Report(2007),p. 39.

③ See Hartley/Dogauchi Report(2007),pp. 66 - 68.

国家法院的管辖。《海牙公约》第 1 条第 1 款规定公约适用于排他性选择法院协议，是否适用于非排他性选择法院协议，交由缔约国依声明而定，这种声明只是承认与执行判决时的特定条件。

三、选择法院协议的独立性

《海牙公约》第 3 条第（d）项规定，为了确定选择法院协议的效力，作为合同一部分的排他性选择法院协议必须视为独立于合同其他条款的协议，其效力不能仅仅以合同无效为由来否定。因此，选择法院协议的效力必须依据《海牙公约》第 5 条第 1 款、第 6 条和第 9 条规定的标准，单独判定。由此，被选法院有可能判定主合同无效，却不否定其中的选择法院协议的效力。当然，主合同无效的原因也可能同样使选择法院协议无效，这完全依赖于个案情况。它与仲裁协议的独立性是一样的。

根据普通法的对价原则，合同无对价则无效力，合同各方当事人必须获得某物，作为他向另一方当事人承诺的回报。如果将选择法院协议视为独立的合同，也会产生对价问题。[①] 一般地，如果张三和李四约定由甲国法院排他性管辖日后相关合同争议，李四不在别处诉讼的承诺就构成张三相对承诺的对价，反之亦然。

四、被选法院的管辖权

《海牙公约》第 5 条是公约的关键条款之一，它规定了被选法院行使管辖的义务，除非选择法院协议依被选法院地法是无效的。在判断协议的效力时，被选法院可以适用本国冲突规范指引的实体法来确认其效力。《海牙公约》第 5 条要求，排他性选择法院协议指定的法院在受理争议之后应审理案件，法院不能以其他国家的法院更合适（不方便法院）或其他法院先受理案件（平行案件）为由拒绝审理案件。《海牙公约》第 5 条的主要例外是，如果根据被选法院地法（包括其国际私法）选择法院协议无效，被选法院无须审理案件。

（一）排除适用“不方便法院原则”

《海牙公约》第 5 条第 2 款明确排除“不方便法院原则”（*forum non conveniens*），法院不得以存在更合适的法院为由拒绝管辖。

---

① See Dogauchi/Hartley Report（Dec. 2004），p. 20，para. 82.

不方便法院原则赋予法院以在其他法院审理可能更方便为由拒绝审理案件的权力。[①] 如果存在选择法院协议，该原则可以用于驳斥原告依协议在被选法院起诉。这种情况下很少裁定中止案件，因为法院在评估适当法院的因素时往往不利于选择法院协议。例如，在中国香港特别行政区法院审理案件时，不方便法院原则可以有效地抗辩排他性选择法院协议，法院要求被告举证存在比被告选择的法院更明显适当的法院。[②] 而澳大利亚、英格兰、新西兰、加拿大、以色列和美国这样的普通法系国家，以及苏格兰[③]和魁北克[④]这样的受普通法系影响的民法法系地区，不方便法院原则都可用于反对执行选择法院协议。[⑤] 并且，即使在日本这样的民法法系国家，也采用类似不方便法院的"特殊情况考虑"允许法院驳回诉讼。根据《海牙公约》第 5 条第 2 款，不允许使用不方便法院原则。

（二）不影响被选法院地的内部管辖权分配规则

《海牙公约》第 5 条第 3 款规定，公约不影响缔约国的内部管辖权分配规则，也不影响与事项或诉讼请求数额有关的管辖权规则。因此，如果当事人指定由某专利法院管辖，但其纠纷与国际货物买卖有关，被选法院不能依公约审查案件。

对于是否移交案件到正确的法院，需要依据国内法。《海牙公约》第 5 条第 3 款第（b）项规定，在被选法院拥有是否移送案件的自由裁量权时，应对当事人的选择予以适当考虑（due consideration）。也就是说，在国内法无特别规定时，法院仍须尽可能考虑当事人的意愿。

---

① See James J. Fawcett, "General Report", in James J. Fawcett (ed.), *Declining Jurisdiction in Private International Law: Reports to the XIVth Congress of the International Academy of Comparative Law*, Oxford: Clarendon Press, 1995, pp. 10 – 26.

② Yu Lap Man v. Good First Investment Ltd. (1998) HKLRD (Yrbk) 104; T & K Electronics Ltd. v. Tai Ping InsuranceCo. Ltd. (1998) 1HKLRD 172.

③ See Paul Beaumont, "Great Britain: *Forum Non Conveniens*", in James J. Fawcett (ed.), *Declining Jurisdiction in Private International Law: Reports to the XIVth Congress of the International Academy of Comparative Law*, Oxford: Clarendon Press, 1995, pp. 207 – 221.

④ Civil Code of Quebec § 3135.

⑤ See James J. Fawcett, "General Report", in James J. Fawcett (ed.), *Declining Jurisdiction in Private International Law: Reports to the XIVth Congress of the International Academy of Comparative Law*, Oxford: Clarendon Press, 1995, pp. 10 – 21.

(三)选择法院协议的有效性

除选择法院协议的形式要件以外,对于在被选法院进行的诉讼,公约并没有规定协议有效性的实质要件。对于弱方当事人,特别是格式合同中的弱方当事人和不公平交易的当事人,在被选法院诉讼时是否能够给予充分的保护,是有疑义的。这个问题将在后面详细论述。

五、未被选法院的义务

《海牙公约》第6条给缔约国法院规定的另一个义务是,未被选法院必须限制其管辖权,这从另一方面保障了选择法院协议的效力。但该条也规定了多项例外。第一项例外是协议无效(null and void),如果协议无效,被选法院可能拒绝管辖时,受理案件的法院可以行使管辖,以免出现管辖权的消极冲突。如果被选法院没有义务管辖,其他法院也就没有权力拒绝管辖。判断协议无效的法律是被选法院地法,这有助于避免管辖权冲突,促进司法的确定性。因为以被选法院地法来确定协议的有效性,不同的受案法院将对协议有效性作出相同的判断。

第二项例外是依受理案件法院地法,当事人缺乏签订选择法院协议的能力(incapacity)。公约还允许以协议导致明显的不公正(manifest injustice),明显违反受理案件法院地的公共政策(manifestly contrary to the public policy)和协议因当事人不可控制的原因而不能合理地履行(incapable of performance)为由,否定选择法院协议的有效性。

第六项例外是,如果被选法院决定不受理案件(case not heard),受理案件的法院也可以管辖。一般而言,这种情况经常发生在协议无效的情况下,但前者依被选法院地法,后者有赖于受案法院自己的裁判。

六、案件与诉讼地的联系问题

一般而言,如果诉讼地与案件具有实质联系,如被选法院地是合同履行地、某方当事人的主营业地等,往往便于当事人收集证据和举证;相对中立法院而言,法院查明外国法的任务较轻;由于诉讼地与案件具有一定联系,受案法院一般难以拒绝管辖。但是,反对这一观点的学者认为,要求诉讼地与案件具有联系,限制了当事人选择中立法院的可能,在现实生活中,双方当事人可能不愿意到对方的法院诉讼而选择第三国法院。

对于选择第三国法院,可能因为当事人之间为了避免各自法院对本国当事人的偏袒而选择中立法院,也可能因为被选择法院对于解决某种类型的案件非常有经验或者有一定的国际影响,如一些金融机构因为英格兰商事法院法官的专业性通常在合同中选择英格兰法院作为管辖法院。[①] 但是,被选择的第三国法院可能适用不方便法院拒绝管辖,也可能出现当事人合谋规避某国强制性规则的情形。因此,不同国家对这个问题的实践有较大差别。

(一)不同实践

1. 争议须与被选法院有联系

在某些国家,被选法院可能以法院与当事人或争议没有足够的联系为由拒绝管辖。例如,如果案件与瑞典的联系微弱,瑞典法院有权驳回诉讼。[②] 同样,丹麦法院在将其内国法适用于选择法院条款时,如果选择法院条款指定的法院与争议没有联系,丹麦法院将不执行该条款。[③]

瑞士也是如此,依 1987 年《瑞士联邦国际私法》第 5 条第 3 款,即使有效的选择法院条款指定瑞士法院管辖,法院也可以因案件与法院地联系微弱而拒绝受理案件,除非依州法或有关瑞士法,一方当事人在该州或瑞士拥有住所、惯常居所或机构。[④] 但是,如果当事人在瑞士有住所、习惯居所或营业部,或者瑞士法律是解决争议所应适用的法律,当事人所选择的瑞士法院不得拒绝管辖。因为瑞士法的适用可能建立在与争议的客观联系或者法律选择之上,在其他情况下,当事人选择的法院有权(但无义务)拒绝管辖。该法避免与案件毫无联系的法院被双方当事人合意选择管辖法院的协议条款指定为管辖法院。[⑤] 第 5 条第

① See Andrew Clark, "A Toast from Wall Street: Examines London's Pre-eminence in Bank Litigation", *Financial Times*, Dec. 19, 1995, p. 9.

② See James J. Fawcett, "GeneralReport", in James J. Fawcett (ed.), *Declining Jurisdiction in Private International Law: Reports to the XIVth Congress of the International Academy of Comparative Law*, Oxford: Clarendon Press, 1995, pp. 18 – 19.

③ See Philip S. Thorsen et al., "Forum Selection Agreements under Danish Civil Law", in Suzanne Rodriguez and Bertrand Prell (eds.), *International Judicial Assistance in Civil Matters*, Ardsley, N. Y.: Transnational Publishers, 1999, p. 78.

④ 值得一提的是,只有在争议一方当事人在《卢迦洛公约》成员国拥有住所,瑞士法院作为被选法院时才依《卢迦洛公约》必须接受管辖权。因此,如果日本公司和美国公司协议选择瑞士法院作为他们的管辖法院,《卢迦洛公约》将不适用,瑞士法院将适用瑞士法处理此选择法院条款的可执行性。

⑤ 参见陈卫佐:《瑞士国际私法法典研究》,法律出版社 1998 年版,第 36 页。

3 款反映出立法者试图避免瑞士法院受理大量与瑞士毫无联系的案件。但瑞士安德烈亚斯·布赫教授(Andreas Bucher)认为,这种担心似乎有点过度了,因为就拒绝管辖而言,法院可以通过提高诉讼费来避免案件过多。他还认为,当事人希望在瑞士这样的第三国中立法院解决争议,或者因为法院的高素质而选择瑞士法院管辖,这对瑞士是有益的。①

如果法院认为,外国的被选法院与争议和当事人缺乏联系,法院就可以不顾选择法院协议而对案件行使管辖。例如,韩国最高法院曾拒绝执行两家韩国公司指定纽约法院管辖的选择法院协议。韩国最高法院还曾支持低等法院遵循该案的判决,尽管存在选择法院协议,但争议与纽约法院没有合理的联系。韩国法院还认为,不适当或不公正的任何选择法院协议都是无效的。② 美国法院也有相似的判例,一家美国公司在联邦法院起诉德国钢铁制造商违约和侵权之诉,地区联邦法院认为,合同中指定由德国法院管辖的选择法院条款是不合理的,因为与争议有关的所有证据和活动都发生在美国,该判决后来得到上诉法院的支持。③

2. 争议无须与被选法院存在联系

法国并不要求被选法院地与争议具有某种联系。在 1978 年 12 月 19 日的案件中,法国最高法院判定法国公司和德国公司指定瑞士法院管辖的协议有效。④ 在 1990 年 10 月 10 日的案件中,列支敦士登公司与毛里求斯公司的商业合同中含有指定由巴黎商事法院管辖的条款,巴黎上诉法院承认了该条款的效力。⑤ 但是在法国,被选法院地与争议是否需要某种联系曾经是执行《布鲁塞尔公约》和《卢迦洛公约》第 17 条的争议点。⑥

---

① See Andrea Bucher, *Droit international privé suisse*, Bâle et Francfort-sur-le-Main: Helbing & Lichtenhahn, 1998, p. 71.

② See Avril D. Haines, "Choice of Court Agreements in International Litigation: Their Use and Legal Problems to Which They Give Rise in the Context of the Interim Text", Preliminary Document No. 18 of February 2002, p. 5.

③ CopperweldSteel Co. v. Demag-Mannesmann-Bohler, 578 F. 2d 953 (3rd Cir. 1978).

④ V. Cass. com. 19 dec. 1978, *Clunet* 1979. 366, n. Gaudemet-Tallon, *Rev. Crit.* 1979. 617, n. Huet.

⑤ Paris 10 oct. 1990, R. C. 605 (1991).

⑥ See Avril D. Haines, "Choice of Court Agreements in International Litigation: Their Use and Legal Problems to Which They Give Rise in the Context of the Interim Text", Preliminary Document No. 18 of February 2002, p. 5.

欧盟法院的判例表明,《布鲁塞尔公约》不要求当事人选择的法院必须与争议具有一定的联系。1980 年 1 月 17 日的"泽格尔"案(Zelger)认为,《布鲁塞尔公约》第 17 条"不考虑诉讼与被选法院之间有任何客观联系"。大陆法系学者认为,这个结论有助于当事人选择"中立"的法院来处理他们之间的争议。[①] 依《布鲁塞尔公约》,欧盟成员国法院作为被选法院时必须接受管辖权,而这只适用于一方当事人在欧盟国家拥有住所的情形。

在美国,纽约州曾废除在被告或争议与法院地有联系时只允许对外国法人诉讼的法律。[②] 其后,纽约颁布了一项减轻选择法院协议联系要求的成文法。[③] 此外,堪萨斯高等法院判决,通过在合同中加入选择法院条款,当事人有效地排除任何以对人管辖权为由对被选法院的抗辩。[④] 但是,美国有一些法院并不考虑选择法院作为被告接受管辖权的证明。例如,美国佛罗里达法院在"麦克雷"(McRae v. J. D. /M. D)案中裁定,管辖权条款不足以对州外的被告建立对人管辖,因为佛罗里达长臂管辖规则未规定可因合同的提交而创设管辖权。[⑤]

(二)依被选法院地法判断

如果当事人希望选择真正中立的法院解决其合同关系引起的争议,或希望得益于特定法院法官的专业性,能选择与争议或被告没有联系的法院提起诉讼可能是重要的。事实上,典型国际选择法院协议的当事人通常是在当事人住所地之外选择法院。[⑥]

2001 年《临时文本》第 4 条允许缔约国法院对已经存在有效的选择法院条款的案件主张管辖,无论争议或被告与被选法院地是否有联系。2000 年"奈与

---

① Hélène Gaudemet-Tallon, *Compétence et Exécution des Jugements en Europe*, *Règlement n° 44/2001 Conventions de Bruxelles et de Lugano*, 3e édition, Paris: LGDJ, 2002, p. 110.

② NY Bus. Cor. Law § 1314(b)(1) – (5) and NY Banking Law § 200(b).

③ NY Gen. Oblig. Law § 5 – 1402.

④ Vanier v. Ponsoldt, 251 Kan. 88, 833 P. 2d 949, Kan. (1992).

⑤ McRae v. J. D. /M. D, 511 So. 2d 540(Fla. Sup. Crt 1987). 该案中,尽管争议中的当事人来自美国不同州,但相同的理由适用于外国被告。澳大利亚也有相似的判决,参见 Mondial Trading Pty Ltd v. Interocean Marine Transport Inc. 60 ALJR 277, 65 ALR155(1985)(Dawson J, High Court of Australia)。转引自 Avril D. Haines, "Choice of Court Agreements in International Litigation: Their Use and Legal Problems to Which They Give Rise in the Context of the Interim Text", Preliminary Document No. 18 of February 2002, p. 6。

⑥ See William W. Park, *International Forum Selection*, Kluwer Law International, 1995, pp. 13 – 14.

珀卡的联合报告”(Pocar/Nygh Report)曾肯定地表示:“被选法院与各方当事人、争议事项或者法院之间,不必有任何联系。”①大陆法学者在评论公约草案时也认为,当事人可能因为法院与争议没有联系、更加中立而选择该法院,这样的选择应该得到尊重。②

根据《海牙公约》第 3 条的规定,排他性法院选择协议并未要求争议与被告或诉讼地具有实际联系。不仅如此,公约甚至允许一国对别国纯国内案件行使管辖,除非缔约国依《海牙公约》第 19 条提出保留。

在公约起草时,这个问题在选择法院协议实质效力中一并讨论。一些国家的代表认为,法院的司法任务繁重,浪费公共资源来审理与被选法院地没有联系的案件,是不适当的,这类案件不如交由仲裁。不少代表认为,这类案件并不常见,没有必要在公约中特别规定。另一些代表强烈建议加入案件与被选法院的联系规定,建议由国内法来决定缔约国法院是否审理案件,以一般“例外条款”解决这个问题,或者规定声明或保留条款。这些可能的联系因素是一方当事人的惯常居然、合同的履行地、当事人选择的法律、可供执行判决的财产所在地。这个问题在当时存在严重分歧。③

由于案件与争议是否具有联系是选择法院协议有效性的实质要件之一,根据《海牙公约》第 5 条第 1 款,该问题交由被选法院地的法律来判断。

七、选择法院协议的形式要件

选择法院协议的形式要件是对当事人之间合意的外部要求,是当事人真实合意表示的重要保证。如果选择法院协议未能满足一定的形式要求,将难以证明当事人是否实际就管辖权达成一致。一般而言,形式要件涉及选择法院协议的形式、内容、书写的位置、证明的方式和语言要求。

选择法院协议可能因形式或程序性原因被认定无效。例如,《瑞士联邦国际私法》第 5 条强调选择法院协议确定一个具体的法院。在比利时,如果某些

---

① See Nygh/Pocar Report(August 2000), Preliminary Document No. 11 of August 2000, p. 43.

② See Georges A. L. Droz, “Preliminary Draft of the Convention on Jurisdiction and Foreign Judgments in Civil and Commercial Matters: Provisions of Jurisdiction”, in J. J. Barceló and K. M. Clermont(eds.), *A Global Law of Jurisdiction and Judgments: Lessons from The Hague*, Kluwer Law International, 2002, pp. 15 – 36.

③ See Andrea Schulz, “Report on the First Meeting of the Informal Working Group on the Judgments Project-October 22 – 25, 2002”, Preliminary Document No. 20 of November 2002, p. 8.

合同中的管辖权条款不是以荷兰语写成的,就是无效的。欧洲法院在“大象鞋业有限公司诉皮埃尔·雅克曼”(Elefanten Schuh GmbH v. Pierre Jacqmain)[①]案中认为,因为《布鲁塞尔公约》第17条关于形式效力的条件是必要且充分的,比利时法院不得以选择法院协议未以佛兰芒文写成为由认定其无效。各国对于选择法院协议的形式要件有不同规定,这些差异可能导致协议无效而违背当事人的意愿。2001年《临时文本》第4条第2款规定的选择法院协议的形式效力必须满足的4个条件,与《布鲁塞尔条例I》并无二致,它们都在协议的形式问题上排除适用有关国家的国内法。

其他可能引起形式效力问题的合同,如网上销售合同的形式不可能符合传统以纸张为基础的要件,譬如,“书面”、“签字”和“原件”。对于确立电子数据信息满足如何协议的必要条件,拉丁美洲国家的立法规定是不一致的。例如,哥伦比亚法曾完全遵循联合国国际贸易法委员会《电子商业示范法》的“功能等同原则”(functional equivalent approach),[②]而墨西哥法规定,只要数据信息或电子方式可归于受约束的当事人并且可为日后参考所获取,就满足书面的要求。而阿根廷和巴西在公约起草时尚未规定数据信息能否替代传统纸张为基础的书面要件。[③] 因此,电子文件在这些国家法院是否具有法律效力还不清楚。为了解决这个问题,公约沿用了联合国《电子商务示范法》的“功能等同原则”。

(一)公约的选择法院协议形式要件

《海牙公约》第3条规定了两种可选择的形式要件规则:(1)必须是用书面缔约或记录;(2)必须是通过任何其他能提供可获取的信息,使其日后能够作为参考的联系方式缔约或记录。

依公约解释报告,“公约的形式要求是必须且充分的,在适用公约时不得再依据缔约国的内国法。当协议采取第一种形式时,即采用书面协议或协议的确认书,其形式效力不依赖于当事人的签字。公约规定的第二种形式试图涵盖传

---

① Case 150/80 Elefanten Schuh GmbH v Pierre Jacqmain [1981] E. C. R. -1671.

② “功能等同原则”将电子通信视为等同于纸面通信所依据的各项标准。特别是,其中规定了电子通信为满足传统的纸面系统中的某些概念(如“书面”“原件”“经签名”和“记录”)所要实现的目的和功能而需要满足的具体要求。参见“1996年《贸易法委员会电子商业示范法及其颁布指南》,附1998年通过的附加第5条之二”,载 http://www.uncitral.org/uncitral/zh/uncitral_texts/electronic_commerce/1996Model.html。

③ See Robert M Kossick, “The Internet in Latin America: New Opportunities, Developments, and Challenges”, *Florida Journal of International Law*, Vol. 13, 2001, p. 269.

输或存储信息的电子手段,包括所有可获取以便日后可提交的信息类型,包括电子邮件和传真”。另外,解释报告称“缔约国法院不能因为以下原因拒绝承认选择法院协议的效力:协议以外国文字书写;条款未采用特别的粗体形式;条款是小写的或者当事人未在主合同之外单独签字”。①

值得注意的是,公约并不排斥标准格式合同中的选择法院条款,并没有对这种条款给予严格的限制,即对未经当事人实际同意的选择法院协议仍可能适用公约的规定,除非缔约国对此作出保留。

(二)欧洲法院的严格解释

欧洲法院对选择法院协议的形式要件做了非常严格的解释。《布鲁塞尔条例I》第23条要求选择法院协议必须满足4种特定形式:(1)书面;(2)口头但有书面证明;(3)符合当事人之间已经建立的习惯;(4)符合商业惯例。在1976年的“科尔扎尼诉鲁瓦”(Colzani v. RÜWA)案中,欧洲法院要求书面协议的要件必须得到严格解释,即使外在证据显示当事人意图选择法院。法院最终判定一般销售条件中包含的选择法院条款不被视为书面协议,除非合同文本的正面明确提示在文本背面存在一般销售条款。法院特别强调,这种书面要求的目的正是保证当事人选择法院的合意得到清楚明白的证明。② 但这种情况无法证实一方当事人是否真正同意管辖权条款。在“塞古拉诉博纳克达瑞安”案③中,欧洲法院认为对于口头达成的销售合同,要满足公约的形式要件就应该在合同书面确认书中附加一项提示,表明一般销售条件已被另一方接受。另外,欧洲法院又在“贝尔贺费尔”(Berghoefer v. ASA)案④中认为,如果以口头协议指定管辖权,要满足公约形式要件,一方当事人必须收到另一方以书面作出的协议确认书且不反对。

欧盟成员国法院也对选择法院协议的书面形式施加严格的规定。例如,爱尔兰最高法院曾拒绝将一方当事人的货物买卖发票中的选择法院协议扩大到相同当事人之间潜在的专属分销合同纠纷,爱尔兰法院在该案中强调依欧盟选择法院协议规则,此类协议必须是被仔细审察和严格解释。法国、德国和其他

① See Hartley/Dogauchi Report(2007), pp. 40 - 41.

② Case 24/76 Estasis Salotti and Colzani v. RÜWA [1976] E. C. R. - 1831.

③ Case 25/76 Segoura v. Bonakdarian [1976] E. C. R. - 1851.

④ Case 221/84 Berghoefer v. ASA [1985] E. C. R. - 2699.

欧盟成员国法院对“书面协议”进行严格地解读。[①] 对于合同后的书面证明（如确认函和提单）中的选择法院协议，[②]一般销售条件中包含但未加注明的选择法院协议，[③]以及缺乏在合同成立时相对人知晓一般销售条件内容的证据，[④]法国法院表现出对这种选择法院协议的排斥态度。另外，提单背后载明的选择法院条款在扩展至第三方时，法国法院会要求一些特别的接受行为。[⑤] 合同文本背面的选择法院条款往往面临形式无效的风险，特别是条款形式与其他用语并不特别突出时。法国法院也严格审查印制的选择法院格式条款，通过分析协议在合同或合同相关文件中的位置，以判断对方在签约时是否实际知晓选择法院协议。[⑥]

而对当事人的习惯和商事惯例，欧洲法院将此留给成员国法院解释。尽管欧盟成员国法院可以自由裁量商事惯例是否满足选择法院协议的形式要求，但各国法院并不太愿意对此作出裁决。[⑦] 一般认为，习惯是当事人在相似合同事项上的重复性约定；[⑧]惯例主要用于判断选择法院协议实际存在的充分性、协议的做成语言、条款在合同文本中的位置，以及包括或涉及选择法院协议的文件是否需要签署。[⑨] 欧洲法院在“莱茵碎石有限公司”（Mainschiffahrsts v. Les Gravières Rhénanes）案[⑩]中认为，尽管《布鲁塞尔公约》引进了灵活的规则，但规则的目的仍然是保证当事人实际上同意管辖条款，以此来保护弱方当事人，避免其在未加注意的情况下受混入合同中的管辖条款约束。

（三）美国法院的放任态度

与欧洲法院的做法不同，美国法院几乎不要求选择法院协议具备明示形式要件，不完备或模糊的书面证明并不一定导致协议无效。美国法院通过当事人

---

① See e. g. , Cass. com. , Feb. 27, 1996, Rev. Critique Droit Int'l Prive 1996, 734, note Gaudemet-Tallon.

② Cass. 2e civ. , Feb. 30, 1980, Gaz. Pal. 1980, 2, 494, note Dupichot.

③ Cass. 1e civ. , June 30, 1992, D. 1994, 169, note Guez.

④ CA Paris, June 29, 1993, D. 1993 inf. rap. , 248.

⑤ Cass. Com. , Dec. 8, 1998, Rev. Critique Droit Int'l Privé, 536, note Gaudemet-Tallon(1999).

⑥ CA Aix-en-provence, Jan. 22, 1992, 26, 29 note Beignier.

⑦ HélèneGaudemet-Tallon, *Compétence et exécution des jugements en Europe*, *Règlement n° 44/2001 Conventions de Bruxelles et de Lugano*, 3e édition, Paris: LGDJ, 2002, p. 108.

⑧ Case 159/97Castelletti v. Hugo Trumpy SpA [1999] E. C. R. I – 1597.

⑨ Case 159/97Castelletti v. Hugo Trumpy SpA [1999] E. C. R. I – 1597.

⑩ Case C – 106/95 MSG v. Gravières Rhénanes [1997] E. C. R. I – 911.

的意图,包括合同履行方式、交易习惯和商事惯例这些非书面证明来补充证明协议的存在。这种对形式要件的放任,意味着不需要当事人签署选择法院协议或签署包括选择法院条款的合同,甚至不必以书面做成选择法院协议。① 同样,纯口头选择法院协议也是形式有效和可执行的。② 对选择法院条款的位置也没有特别的要求,美国法院曾执行过在格式合同文本(如订货单)背面的选择法院条款,即使该条款以小号字印刷而成。在后契约文件(如订单确认函)背面的选择法院协议也可能是形式有效的。由于美国法院对当事人施加严格的义务去阅读和了解合同条款的含义和内容,法院一般基于当事人已经知晓条款而去执行包含在一般销售条件里的选择法院条款,而且选择法院协议的语言并不影响其形式效力。③

八、选择法院协议的实质要件及其法律适用

即使选择法院协议原则上可执行且满足形式要件,一国法院仍可能拒绝执行不符合实质要件的选择法院协议。但实质要件的内容,不同法系的划分并不一致。大陆法系一般采用抽象的法律行为模式,认为合同生效的要件包括:行为人具有相应的民事行为能力、意思表示真实、不违反法律强制性规定或公序良俗、标的确定和可能。其中,意思表示真实的要件一般包括欺诈、胁迫和明显的不公平等。

在有些国家,明确限制或排除对于某类合同中的选择法院条款,如消费者合同、雇佣合同、保险合同、特许合同。有些国家可能对选择法院条款做一般的公共秩序审查或者合理性检验,从而使违反这些要求的条款无效。另外一些国家,将公共秩序(*ordre public*, public policy)、善良风俗(*buon costume*, gute Sitten)、诚实信用等(*bona fide*, Treu und Glauben)适用于包括选择法院协议在内的所有协议。由于各国对于选择法院协议实质要件的分类不一,可以简单将选择法院协议的实质效力分为合意的真实性、合意的品质和合意的内容。

(一)公约起草时对实质要件及其法律适用的讨论

在公约起草过程中,选择法院协议的效力其及法律适用一直是讨论的重

---

① Evolution Online Sys. Inc. v. Koninklijke Nederland N. V., KPN, 145 F. 3d 505, 509(2d Cir. 1998).

② W. G. Nichols, Inc. v. Kmart Corp., 2001 U. S. Dist. LEXIS 24131(E. D. Pa. 2001), p. 4.

③ Paper Express, Ltd. v. Pfankuch Maschinen GmbH, 972 F. 2d 753, 757 – 758(7th Cir. 1992).

点。各国代表对与此有关的所有问题,几乎都存在分歧。①

选择法院协议可能因未满足实质效力的条件被认定无效。各国对于选择法院协议的实质效力的定义是不一样的。② 在一些国家,合理性问题被视为实质效力,在另一些国家,不公平或使特定合同中管辖权条款无效的规则被视为实质效力。但是,一般都包括当事人欠缺能力、错误、不当代理、欺诈和胁迫。大体上,只要诉讼当事人声称选择法院协议不存在实质上的法律约束力,就引起协议的实质效力问题。

对于协议的程序或形式效力,将国内法中关于合同形式的规则纳入公约中,可以对执行选择法院协议产生更大的统一。但相关的实体法通常不能如此,因为公约不打算影响各国的实体法,也不打算适用国内法规则。但是,公约可以提供统一规则,决定什么样的法院有权裁定特定问题,什么样的法律应该适用。③ 如果一方当事人因为欺诈而完全误解管辖权协议的性质和影响,依受案地法无效的问题,就难以证明强迫当事人在被选法院诉讼是正当的。参考《纽约公约》对这个难题的处理,其第 2 条允许缔约国法院对案件行使管辖,尽管存在仲裁协议,只要受案法院认定协议无效、不可执行或不能履行。

2001 年 6 月的外交会议曾讨论当事人未参加谈判的协议,这种协议的一方当事人往往有压倒对方的议价能力,还有自由职业者和网上小型非营利性软件包销售涉及的指定陌生且遥远的法院的协议。一些人认为,允许法院以不公平为由否定选择法院协议的有效性,会降低公约的有效性,因为难以预见哪些管辖权可能被认定为公平;另一些代表则认为,不应该阻碍受案法院用这个理由质疑协议的效力。

《1999 年草案》第 4 条第 2 款规定了选择法院协议的形式要件,但没有在公

---

① Andrea Schulz, "Reflection Paper to Assist in the Preparation of a Convention on Jurisdiction and Recognition and Enforcement of Foreign Judgments in Civil and Commercial Matters", Preliminary Document No. 19 of August 2002, available at http://www.hcch.net/upload/wop/jdgm_pd19e.pdf, p. 7.

② Stephen O'malleyand Alexander Layton, *European Civil Practice*, Sweet & Maxwell, 1989, p. 568.

③ 海牙判决公约计划并不打算处理法律选择问题,只包括管辖权和判决承认与执行,但是 2001 年 6 月外交大会期间讨论了选择法院协议中的法律选择问题,因此使之纳入海牙公约成为可能。See the Interim Text, art. 4; Forum Clauses in B2B Contracts-Report from Informal Working Group, Working Document No. 28, for the Nineteenth Session (June 8, 2001).

约中规定应该满足的实质效件,如合意有效的条件。根据特别委员会的意见,这个问题交由国内法解决,对实质效力的法律适用问题交由受案地法(包括其国际私法规则)。① 这同样体现在2001年《临时文本》第4条第4款的选择性规则中。但是,各国代表对此意见不一。有人建议,应该在第4条第1款后加入一句,即第1款在括号中的规定,"选择法院协议是否因为缺乏合意(如因欺诈或胁迫)或者无能力而无效,应该依据包括国际私法在内的国内法"。该建议性规定旨在确保选择法院协议的效力由受案法院地法的国内法支配,同时确保将实质效力限定在影响当事人的合意和能力上,而不包括合理问题和公共秩序问题。同样,有关合同效力的一般原则应该毫无限制地适用于合意和能力问题。但各国代表对此建议未达成一致性意见。

这两个公约草案的方法都认为合意问题和当事人的能力问题适用法院地法,包括其国际私法。它们的不同之处是,第1款的建议限制合意和当事人的能力,而第4款扩展至任何与形式无关的事情,包括选择法院协议合法性的所有问题。

在起草《海牙公约》时,谈判代表曾讨论是否应该制定公约自治性的实体规则,即和形式要件的规定一样,在公约中规定选择法院协议的实质要件。代表们对选择法院协议实质要件的内容有不同意见。一部分代表认为,将实质要件区分为合意、当事人能力和其他问题,适用不同的法律;另一部分代表认为,各国对实质要件的定性不同,难以对实质要件问题进行区分,不如全部交由受案法院地法来决定。②

公约报告人认为,公约可以建立自己的合法性标准,排除国内法的适用。有两种方式可以考虑:一是由公约规定的自治规则来调整选择法院协议的合法性;二是由法院地冲突法规则指引的国内法调整能力和合意问题。这样一来,需要解决以下3个问题:(1)是否有必要区分选择法院协议的实质要件。(2)如何划分这两种实质效力问题。例如,欺诈可能导致与缺乏合意一样的不合理条款,也可能引起公共政策上的考量。未经协商的合同或附合合同中的选择法院条款是否成为合同的一部分,这个问题既涉及合意问题,也涉及合法性或合理

---

① See Nygh/Pocar Report(August 2000),Preliminary Document No. 11 of August 2000,p. 42.

② See Andrea Schulz,"Reflection Paper to Assist in the Preparation of a Convention on Jurisdiction and Recognition and Enforcement of Foreign Judgments in Civil and Commercial Matters",Preliminary Document No. 19 of August 2002,p. 7.

性问题。另外,国内法对于当事人年龄的要求,也可能同时引起协议的合法性问题和当事人的能力问题。(3)如何解决选择法院协议实质效力的法律适用问题。①

1. 公约是否应该制定关于实质效力的实体规则

代表们曾普遍认为,公约应该制定有关选择法院协议实效要件的实体规则,不应只调整管辖权、判决的承认与执行,还应涉及冲突规则甚至实体规则,这对实现公约的目的是绝对必要的。但是,常务委员会当时的研究,并不涉及当事人的能力和合意问题。另外,各国对合法性问题的标准不一,各国及国际层面的立法活动,特别是对于因特网引起的问题,表现出在公约中建立关于实质效力(除合意和当事人能力之外)的自治性标准的倾向。但公约最终没有制定关于协议实质效力的实体规则。

2. 选择法院协议实质效力的划分问题

对于实质要件内容的分类,代表们态度不一。欺诈或胁迫问题是否应该包括在"合意"中,从而交由法院地的冲突法指引的国内法解决,或者将其归入合法性范畴,从而在公约中制定明确的自治规则。

不仅如何划分实质效力存在困难,各国对区分实质要件和形式要件的定性方式也各不相同。如果像 2001 年《临时文本》第 4 条第 4 款那样,简单地采取这两个术语,仍然留下概念的不确定性。以《布鲁塞尔公约》第 17 条为例,由于该公约对选择法院协议的形式要件和实质要件未作区分,成员国法院一再将这个问题提交至欧洲法院,是否由国内法来区分哪些问题属于选择法院协议的形式问题。

3. 选择法院协议实质效力的法律适用问题

如果对选择法院协议实质效力的问题不作区分,是否可以在公约中对所有的实质问题制定自治规则,或者将其全部交由受案法院地法来调整,或者交由被选法院地法来调整,无论被选法院是否实际受案。

如果区别对待选择法院协议实质效力的不同问题,则存在下列疑问:当事人的合意和能力能否依实际受案法院地法的冲突规则指引的内国法?或者,被选法院地法指引的法律选择规则,包括其国际私法,是否可以作为另一个选项?

---

① See Andrea Schulz, "Reflection Paper to Assist in the Preparation of a Convention on Jurisdiction and Recognition and Enforcement of Foreign Judgments in Civil and Commercial Matters", Preliminary Document No. 19 of August 2002, pp. 8 – 9.

对于当事人的合意和能力以外的其他实质效力问题，公约可以制定自治性规则，从而排除对合意和能力之外的实质问题适用任何内国法。

在起草选择法院协议实质效力的自治规则时，公约需要考虑如何处理目前各国国内法对特定领域中使用选择法院协议的限制。这些限制涉及不同的情形，可能与当事人不能自行约定排除的专属管辖权有关，也可能涉及当事人的议价能力，如有些国家限制消费者合同、雇佣合同、特许合同、保险合同、代理合同中的选择法院条款。工作组认为，要么将相关的事项排除在公约适用范围之外，要么将其保留在公约内，但对其规定必要的限制，包括限制不公平的 B2B 合同，如涉及中小企业的合同、特许合同、未经协商的标准合同或附合合同。[①] 值得注意的是，1999 年和 2001 年草案在“白色清单”中就规定了这种限制，如第 7 条消费者合同管辖权、第 8 条雇佣合同、第 12 条专属管辖权。

考虑到各国对于诸如合理性、公正、公共政策等术语的不同定义，仅采用《1999 年草案》第 4 条的术语无法实现公约在各国之间的统一适用。工作组认为，一种做法是将实质效力分为“合法性”和“合意及能力”，分别受不同国家的法律调整，前者适用公约的自治规则，后者适用法院地法冲突法指引的内国法，任何一般合法性检测方法，如合理性、公平、公共秩序保留，都尽可能地在公约中直接定义，从而保证公约尽可能一致地解释和适用。另一种做法是不在公约中制定任何标准，并且禁止使用任何国内法上的标准。如果这个建议不被采纳，则可采用公共政策条款来包括所有的例外情况。并且可以考虑区别只适用于选择法院协议的标准和国内法适用于所有类型协议的标准，如公共政策、公序良俗、诚实信用等。[②]

（二）《海牙公约》的被选法院地法规则

《海牙公约》最终采取的方法是将这个问题分为两种情况来处理。一种情况是根据《海牙公约》第 5 条第 1 款，一项排他性法院选择协议所指定的缔约国法院对该协议所适用之争议享有管辖权，除非该协议依该国法律是无效的。即由被选法院受案时，依被选法院地法来决定，包括其冲突法规则。公约以被选

---

① See Andrea Schulz, "Reflection Paper to Assist in the Preparation of a Convention on Jurisdiction and Recognition and Enforcement of Foreign Judgments in Civil and Commercial Matters", Preliminary Document No. 19 of August 2002, p. 10.

② Ibid., p. 11.

法院地法来判定协议的效力，目的是加强结果的确定性和可预见性。

另一种情况是非被选法院审理案件时，除当事人的能力依法院地法外，依被选法院地法判断协议的效力，同时规定了不公正和公共秩序例外条款、不可抗力例外条款和防止管辖权消极冲突的条款。根据《海牙公约》第6条，非被选法院只有在以下情况下才能审理案件：(1)依被选择法院所在国的法律，该协议无效；(2)依受案法院所在国的法律，一方当事人缺乏订立协议的能力；(3)协议生效导致明显的不公正，或者明显违反受案国的公共秩序；(4)基于当事人不能控制的特殊理由，该协议不能合理地得到履行；(5)被选法院决定不审理该案。

1. 协议无效的法律适用问题

为了增强可预见性，工作组曾建议将合意问题交由当事人选择的法律，或者在未作法律选择时由被选法院地的内国法决定。鉴于不同国家对于实质要件的分类不同，不可能就实质效力，特别是合法性的法律适用达成统一，有代表建议不要将合意和其他实质要件问题归入不同的法律，建议受案地法应该决定选择法院协议的所有实质效力。①

另一些代表则认为，将所有实质要件的法律问题交由受案地法不利于增加司法的确定性，降低了公约对选择法院协议的适用，因此主张合意问题交由当事人选择的法律，未选择时适用被选法院的内国法。这种观点认为，要避免在公约中包括"明显的不公正"条款，可以将当事人的合意和能力问题交由受案地法。但是，在持这种观点的代表中也有些人坚持，合法性问题应该只依据被选法院地法或当事人选择的法律，不适用受案地法。另外，他们还希望公约澄清

---

① Andrea Schulz, "Report on the Second Meeting of the Informal Working Group on the Judgments Project-January 6 – 9, 2003", Preliminary Document No. 21 of January 2003, available at http://www.hcch.net/upload/wop/jdgm_pd21e.pdf, p. 11.

当事人是否有权对于选择法院协议的实质效力进行法律选择。① 尽管代表们试图解决实质效力的标准问题并且规定统一的冲突法规则，但这些建议因为无法取得可预见性和可行性而被搁置。

最终，为了尽可能不规定选择法院协议的实质效力问题，公约采取了不同的路径，不单独规定选择法院协议的实质要件，而是在被选法院的管辖权和其他法院的义务中分别规定法律适用问题和例外条款。为了取得最大的确定性和可预见性，公约规定原则上由被选法院地法来判定协议的实质有效性，被选法院以外的其他法院只能依公约规定的例外条款或法律适用条款来拒绝执行选择法院协议。

2. 当事人的能力

对于选择法院协议是否有效，依《海牙公约》第 5 条、第 6 条和第 9 条，所有缔约国法院都应该适用被选法院地法。根据《海牙公约》第 6 条第（b）项，受案法院还可以适用其本国法（包括冲突规则）来决定当事人的能力问题（*capacity*）。由于缺乏能力也是导致协议无效的原因，这意味着当事人的能力问题同时适用被选法院地法和受案地法。

公约并不区别当事人能力的具体内容，如当事人是否具有行为能力、是否有权代表合同当事人等。代表们在讨论时指出，在商业交易案件（B2B）中，当事人的能力常常是指当事人能否以公司的名义行事。

起草者承认，难以在公约中创制统一的实体法规则。即使对于当事人能力的冲突规则，起草者发现，制定让所有缔约国都接受的统一冲突规则也显得过

---

① 参见 2003 年第 21 号预备文件附录草案第 5 条第 2 款可选项 2－4，参见 Andrea Schulz，"Report on the Second Meeting of the Informal Working Group on the Judgments Project-January 6－9，2003"，Preliminary Document No 21 of January 2003，p. iv。代表们在建议公约不决定当事人的能力的法律适用之外，又提供了 5 条选项供讨论。选项 1：公约不决定选择法院协议的效力。选项 2：当事人可以决定选择法院协议应适用的法律，包括选择法院协议的效力问题；当事人未选择法律时，受案地法（包括其国际私法）应决定选择法院协议的效力。选项 3：当事人可以决定选择法院协议应适用的法律，包括选择法院协议的效力问题；当事人未选择法律时，被选法院的内国法应该决定选择法院协议的效力。选项 4：当事人可以决定选择法院协议应适用的法律，包括选择法院协议的效力问题；当事人未选择法律时，受案地法应该决定该选择法院协议是否有效、不可执行或不能履行。选项 5：受案地法应决定该协议是否有效、不可执行或不能履行。在以上选项中，第 2 项、第 3 项、第 4 项规定当事人对于选择法院协议的实质效力可以选择法律。在 5 个选项中，在当事人未选择法律时，只有第 3 项将效力交由被选法院的内国法，第 2 项、第 4 项、第 5 这三个选项则交由受案地法。第 4 项或第 5 项参照了 1958 年《纽约公约》第 2 条第 3 款，而第 2 条则采用《海牙公约》的一般术语。

于野心勃勃。[①] 起草者认为,将这个问题只交由被选法院地法解决是不明智的,因为这限制了其他国家法律审查中国问题的机会。一些国家的代表倾向于冲突法规则,而非完全交由内国法决定。一致的意见是包括受案地法或被选法院地法中的国际私法规则。[②] 因此,公约最终允许受案地依其国内法(包括冲突规则)来决定当事人的能力。

3. 例外条款

对于合意问题,工作组曾讨论了几种方案,包括完全不制定规则,或者交由被选法院地法或受案地法来判定,或者制定统一的实体规则,或者只交由被选法院来决定。由于无法制定实体规则,完全由被选法院来决定也不可行,工作组曾建议采用这样的规则,"在当事人未做法律选择时,应由被选法院的内国法来决定当事人是否就协议达成合意"。在某些个案中,选择法院协议是排他性的。如果指定多个法院,工作组建议所有被选法院地法应该依次解决合意问题。只要依其中一个法院地法协议是有效的,就应认为有效(*favor habilitatis*)。[③]

一些代表强烈建议采用一般性"例外条款",如在个别案件中不公平、不正义、拒接司法(denial of justice)和不合理等使选择法院协议无效的理由;另一些代表则认为这种方案会损害确定性和可预见性。[④]

1965 年 11 月 25 日海牙《选择法院公约》第 4 条第 3 款规定:"如果以滥用经济权利或其他不公平方式取得,该选择法院协议应该是无效或可被撤销的。"[⑤]1984 年 3 月 24 日《美洲国家之间关于国际领域外国判决域外效力的管

---

① See Dogauchi/HartleyReport(March 2004), p. 23; Dogauchi/HartleyReport(Dec. 2004), p. 28; Hartley/Dogauchi Report(2007), p. 47, para. 150.

② See Andrea Schulz, "Report on the First Meeting of the Informal Working Group on the Judgments Project-October 22 – 25, 2002", Preliminary Document No 20 of November 2002, available at http://www.hcch.net/upload/wop/jdgm_pd20e.pdf, p. 7.

③ See Andrea Schulz, "Report on the First Meeting of the Informal Working Group on the Judgments Project-October 22 – 25, 2002", Preliminary Document No. 20 of November 2002, p. 7.

④ Ibid., p. 8.

⑤ 1965 年海牙《选择法院公约》是单一公约,不涉及判决的承认与执行,从未生效,其中译文参见中华人民共和国外交部条约法律司编:《海牙国际私法会议公约集》,法律出版社 2012 年版,第 57 ~ 60 页。

辖权公约》[①]第1条第(D)项规定，选择法院条款是有效的，只要此管辖权不以滥用的方式取得。这两个公约都强调协议的缔结过程，并非结果。因此，不少代表认为，在其本国法中，当事人合意是否有效的问题被当成是否不公平或滥用方式问题，没有必要单独对此进行规定；对于包括选择法院条款的未实际协商的标准合同，如一键成交协议(click-wrap agreement)问题，实际上是合意的效力问题。[②]

另一些代表认为，需要例外条款来规定这个问题。如果选择法院协议的取得或其结果是不公平、不公正、不合理的或类似情形，就应该否定其效力。反对者认为，这可能再度引入某些不方便法院原则中的因素，如美国法院认定条款不合理的标准与适用不方便法院原则相似。而反驳此说法的人援引美国法院"不来梅号"(Bremen)案判决，只要不存在不合理和不公平，协议就不可能无效。但是，反对者认为，不公平、不正义和不合理的概念过于宽泛，像《纽约公约》第2条第3款就没有任何关于此类的规定。根据《纽约公约》，仲裁协议不能因为不公平而被认定无效。事实上，在《纽约公约》起草前，曾讨论将所有效力问题，包括正义和公平问题，都交给各国国内法决定。[③]

对于是否明确规定以公共秩序为由拒绝执行选择法院协议问题，1999年草案没有规定。2000年"奈与珀卡联合报告"认为，公约的管辖权部分不应规定一般的公共秩序例外。[④] 但大多数代表认为，其本国法院对任何案件都会适用公共秩序审查。工作组采纳这种观点，在公约中加入一般性公共政策例外，不会增加不确定性，也不会增加法院的自由裁量权。工作组这个结论是建立在多数代表观点之上的，也就是公共秩序例外不应只适用于限制合意或选择法院协议，而应该适用于所有的管辖权依据。通常而言，公共秩序只指法院所在地的公共秩序。有一些代表认为，尽管所有的例外条款都应该严格限制适用，但单纯的公共秩序条款仍然太过狭窄，需要加入特定条款。公约最后对此并未达成一致意见。

对于未经协商的合同条款，特别是电子合同中的"一键成交协议"(click-

---

① Inter-American Convention on Jurisdiction in the International Sphere forthe Extraterritorial Validity of Foreign Judgments of 24 May 1984(the La Paz Convention).

② See Andrea Schulz, "Report on the First Meeting of the Informal Working Group on the Judgments Project-October 22 – 25, 2002", Preliminary Document No. 20 of November 2002, p. 9.

③ Ibid.

④ See Nygh/Pocar Report(August 2000), Preliminary Document No. 11 of August 2000, p. 42.

wrap agreements)和“一开成交协议”(shrink-wrap agreements),一些国家将之定性为是否存在有效的合意,另一些国家只是将其作为应适用一般使合同无效的原因,如不公正、不合理及公共秩序等。有人建议,对于选择法院协议的无效,也可采取灵活措施,不论这个问题在其国内法中是如何规定的。为此,工作组建议,合意问题交由当事人选择的法律,如果当事人没有选择,就适用被选法院的国内法。①

由于各国国内法对上述合意问题、合同条款不公正和不合理问题、公共秩序问题的定性存在很大差异,这些问题本身不仅概念模糊,其含义还相互交叉。为了避免争议,取得妥协,公约最终将“不公正”例外和“公共秩序”例外都纳入协议无效的理由,并且加了“不可抗力”和“防止管辖权消极冲突”等条款。其中,不公正和公共秩序例外条款,可以通过扩大解释而认为包括协议的合意问题。

(1)明显的不公正

公约允许受案法院以明显的不公正和明显地违反公共秩序为由,否定选择法院协议的效力而审理案件。在有些国家,公共秩序可以包括不公正。英美法系国家多倾向于使用不公正例外,大陆法系国家一般扩大公共秩序的内涵。为此,公约将这两个例外合并规定,以协调英美法系和大陆法系的合同效力问题,由处理具体案件的法官或律师选择适用,其效果应是一致的。

公约报告列举了以下明显不公的情形:由于外国法院偏见或贿赂事件,一方当事人在外国法院未得到公正审判;由于特别的原因,一方当事人受对方阻挠而未能在被选法院起诉或应诉;选择法院协议的缔结出于欺诈。尽管解释报告没有举例说明未加实际谈判的协议,但缔约国可以将其解释为明显的不公正。

(2)明显地违反受案地公共秩序

根据公约报告,这里的公共秩序是国际公共秩序,是指一国的基本法律原则,不能仅因为外国法院可能违反受案国的强制性规则而否定选择法院协议的效力。与不公正例外条款一样,公约报告声称,不允许受案法院仅因为选择法院协议不受国内法约束而否定其效力。②

---

① See Andrea Schulz, “Report on the Second Meeting of the Informal Working Group on the Judgments Project-January 6 - 9, 2003”, Preliminary Document No. 21 of January 2003, p. 10.

② See Harley/Dogauchi Report(2007), p. 48.

(3)不能履行

尽管选择法院协议不能履行十分罕见,但并非不可能,如因战争被选法院失去审判职能、被选法院国消失等根本性改变。在这种情况下,当事人就可以免除这种协议的约束。这种情况可以视为合同落空(doctrine of frustration)、不可抗力或情势变更(Wegfall der Geschaftsgrundlage)等相似理论,即不可归因于当事人的原因而发生的不可预见的根本性改变,以至于无法履行。

(4)被选法院决定不审理该案

这个条款旨在避免当事人得不到司法救济,如果被选法院决定不审理该案,其他法院就可以行使管辖权。

在英国法院审理的"卡瓦略诉赫尔·布莱斯有限公司"(Carvalho v. Hull Blyth Ltd.)案中,①涉及公约所称的"不公正例外"和"不能履行例外"。该案中,原告卡瓦略为葡萄牙人,被告赫尔·布莱斯有限公司在英格兰注册,其全部业务都在安哥拉,原告在英格兰法院提起诉讼。该案合同包括一条指定由安哥拉罗安达地区法院管辖的选择法院条款。在合同签订时,安哥达尚是葡萄牙的海外殖民省。1979 年安哥达独立,原告葡萄牙人逃离安哥达,随后其在安哥达的全部财产被安哥达政府国有化。

该案原审法院拒绝中止诉讼,得到上诉法院的赞同。法院以两条理由拒绝中止诉讼:其一,尽管当时确有所谓的罗安达地区法院,但该法院事实上并非选择法院条款中当事人预期的法院。在合同成立时,安哥拉还是葡萄牙司法制度的一部分,罗安达地区法院的法官为葡萄牙人,该地区法院的上诉法院是里斯本的最高法院,另外合同适用葡萄牙法。而此时,时过境迁,当事人选择的法院事实上已不复存在,英格兰法院认为无法执行合同中的选择法院条款。其二,原告因不能冒生命危险前往罗安达参与诉讼,故无法在罗安达得到公正审理。此案也引出一个新的问题,即如何判断被选法院的改变。这个问题并不好解决,例如,假设当事人指定由前民主德国的某法院管辖,在德国统一后,英格兰法院是否应执行此选择法院协议,就难以判断了。

(5)例外条款的局限性

值得注意的是,上述例外条款不针对被选法院,只针对被选法院以外的其他法院。如果原告在被选法院起诉,依《海牙公约》第 5 条第 1 款,法院依被选

---

① Carvalho v. Hull Blyth(Angola)Ltd[1979] 1 WLR 1228;[1979] 3 ALL ER 280;[1980] 1 Lloyd's Rep. 172(CA,England).

法院地法对选择法院协议的有效性作出判断。对于那些格式合同中未知悉选择法院条款的当事人而言,如果被选法院地法承认这类协议的有效性,如美国法院,当事人就无法选择,必须去美国法院诉讼,并且美国法院作出的判决可能依公约而被其他缔约国法院承认与执行。在这种案件中,未知悉选择法院条款的当事人就得不到应有的保护。

如果将当事人未实际知晓的格式合同中的选择法院条款作为当事人之间的合意,即作为选择法院协议的实质要件来处理,这种弱方当事人就得不到公约的保护。因为在这种情况下,不公正和公共政策例外条款不能适用于被选法院地法,以实质要件来抗辩的效果是有限的。

由此可见,《海牙公约》给予的保护机制只能在被选法院以外的其他法院诉讼时起作用,而不作用于被选法院的诉讼。公约的保护机制不如《布鲁塞尔条例》那么充分,因为欧洲法院的严格解释同样适用于被选法院和其他法院。一方面,公约对于选择法院协议的形式要件过于宽泛,未能排除格式合同中的选择法院条款;另一方面,公约对选择法院协议的实质要件及法律适用规则又不一定能对此提供充分保护。可以说,公约提供的是一种低级的间接保护,这是《海牙公约》的缺陷。

需要指出的是,公约的缺陷并不在于被选法院地法规则本身,其主要症结在于选择法院协议的形式要件过于宽泛。即使不采用被选法院地法来判断选择法院协议的实质效力,也不是当然有助于实现实体正义,反而增加了有损判决一致性的可能性。为了保护弱方当事人,弥补公约存在的问题,较为妥当的办法是修改《海牙公约》第 3 条的形式要件,对书面或者以书面为证加以严格的限制,排除格式合同中的选择法院协议。保留公约的被选法院地法规则,如果对形式要件的解释能像欧洲法院那样,明确排除未经实际协商的选择法院条款,就能兼顾判决的一致性和个案的正义。

由于各国关于选择法院协议实质效力的实体规则不同,有可能发生当事人在使用选择法院条款时,较为集中地选择某地法院管辖。譬如,弱方当事人可能会更倾向选择欧洲国家的法院,因为欧洲法院对选择法院协议的书面要件作严格解释,这种解释可能会影响成员国法院的适用取向。[1] 而强势当事人可能

---

① 这里只是提出一种规则相互影响的可能性,在涉及欧盟国家但不适用《布鲁塞尔条例 I》的情况下,欧洲法院对书面要件的严格解释的方法能否扩张到 2005 年海牙《选择法院协议公约》,要看实践的实际发展。

更愿意选择美国法院，因为美国法院更倾向于承认格式合同中选择由其自己管辖的条款，而依公约美国法院无法以不方便法院为由拒绝管辖。

第三节　判决的承认与执行规则

判决的承认与执行规则也是《海牙公约》的重要组成部分。与管辖权规则相比，各国承认与执行外国判决的规则差异性更大。① 公约的承认与执行规则反映了各国的妥协与统一。根据《海牙公约》第 8 条第 1 款规定，承认与执行仅得以本公约指定的理由予以拒绝。公约规定的拒绝理由是穷尽性的，缔约国法院不得以任何其他理由拒绝承认与执行判决。公约在规定例外情形的同时，又将拒绝承认与执行的理由限制在公约控制的范围内，这有助于确保判决最大限度地得到缔约国的承认。

一、承认与执行的根据

（一）依选择法院协议作出判决

《海牙公约》第 8 条第 1 款是 3 个关键条款之一。该款前半句规定，排他性选择法院协议指定的缔约国法院作出的判决应在其他缔约国得到承认与执行。② 因此，承认与执行的首要条件是因排他性选择法院协议获得判决的事实。承认与执行排他性选择法院协议指定的缔约国法院作出的判决，是一项重要的公约义务。

该款后半句规定承认与执行仅得以公约规定的理由予以拒绝。如果找不到公约规定的拒绝理由，缔约国法院不得拒绝排他性选择法院协议指定的缔约国法院作出的判决。可见，陈述公约规定的拒绝理由是法院在拒绝承认判决时的一项公约义务。

比较《2004 年公约草案》与公约正式文本，本款的修改之大，使整个公约的格局发生了变化。《2004 年公约草案》第 9 条第 1 款虽然规定“承认与执行仅

---

① See Andreas F. Lowenfeld, *International Litigation and the Quest for Reasonableness*, Oxford: Clarendon Press, 1996, p. 136.

② 不过，《海牙公约》解释报告指出，缔约国没有义务执行其国内法律制度不存在的救济措施，如非金钱救济判决。缔约国应依其国内法尽可能地给予外国判决最大限度的效力。See Hartley/Dogauchi Report(2007), p. 37, para. 89.

得以下列理由拒绝”,但第10条对先决问题又规定了其他的拒绝理由。这不仅在立法技术上产生了问题,也减损了该规定的效力,公约草案本身前后矛盾可能使缔约国法院不受该规定的限制而扩大拒绝承认与执行的理由。公约正式文本则规定“仅得以本公约规定的理由予以拒绝”,将整个公约所有的拒绝理由纳入该规定中。该规定将公约规定的先决问题、赔偿金问题、保险与再保险合同、声明排除事项以及公约未提及的问题都包括在内,公约一方面规定例外情形;另一方面又利用该规定将拒绝承认与执行的理由限制在公约可以控制的范围内,确保判决最大限度地得到缔约国的承认。有关拒绝承认与执行的理由都受本款规定的约束。

因此,除公约列举的理由之外,缔约国法院不得以其他任何理由拒绝承认与执行选择法院协议指定的法院作出的判决。毫不扩张地说,其他和判决承认与执行有关的条款都是对该款的补充。

(二)有效及可执行判决

《海牙公约》第8条第3款规定,一项判决只有在作出地国有效,才应得到承认,只有在作出地国可执行,才应得到执行。这里清楚地对承认与执行作了区分。“承认”是指被请求法院接受作出地国法院对权利和义务作出的判定,如果原法院裁决原告拥有或者没有某项特定权利,则被请求法院应给予承认。“执行”是指对被请求法院司法程序的申请,以保证被告遵守由作出地国法院作出的判决。例如,如果作出地国法院判定被告必须支付原告1000欧元,被请求法院应确保这笔款项交付原告。因此,对判决的执行必定伴随或先行存在对判决的承认。当然,承认不一定必然导致执行。例如,如果原判决国法院裁定被告对原告无金钱债务,被请求法院只须简单承认这项裁决即可;如果原告就同一诉因在被请求法院再次起诉,对外国判决的承认就足够结案。

根据这种区分,不难看出《海牙公约》第9条第3款为什么说一项判决只有在作出地国有效才应得到承认。所谓“有效”,是指具有法律效力或执行力(legally valid or operative)。如果没有效力,就不构成一项关于当事人权利义务的有效裁定。因此,如果判决在作出地国没有效力,该判决就不应得到任何其他缔约国的承认。如果判决的效力已在作出地国终止,该判决不应再被其他缔约国承认。

同样,如果判决在作出地国无强制执行力,该判决不应在其他国家执行。当然,一项判决有可能即将在作出地国生效,却由于未决诉讼而没有执行力。在这种情况下,只有作出地国解决未决诉讼问题后才能得到其他缔约国的执行。此外,如果判决的执行力已在作出地国终止,该判决不应被其他缔约国执行。①

在这里,判决的有效性与可执行性是判决承认或执行的必要条件,如果判决未生效或不可执行,则可依公约拒绝承认或执行。值得注意的是,公约对判决确定性的规定仅要求判决有效或有执行力,并不要求原判决是终局判决。

(三)对判决的审查

1. 禁止被请求法院作实质性审查

尽管《海牙公约》允许在承认与执行之前对原判决作必要的审查,但第8条第2款禁止对判决的实质内容进行审查。该规定是此类公约的标准条款,如1968年《布鲁塞尔公约》第29条。如果没有这一规定,外国判决可能被请求法院进行实质审查(*révision au fond*),而使被请求法院客观上变成了外国原判决国法院的上诉法院,②这是原判决国法院不愿意看到的。因此,原判决国法院对案件实质(the merits of the case)的认定,无论是对事实问题还是法律问题,都不得作为被请求法院的审查对象。

2. 对协议管辖权依据的审查

《海牙公约》第8条第2款的第二句规定,除非缺席判决,被请求法院应受原判决法院为确认管辖权所作之事实认定(finding of fact)的约束。这里的管辖权是依公约取得的协议管辖权。由于法院管辖权源自选择法院协议,此规定适用于认定涉及协议形式或实质效力的事实,包括对当事人缔约能力的认定,也适用于与协议范围有关的任何事实之认定。

因此,如果被请求法院适用《海牙公约》第9条第(a)项或第(b)项,必须接受原判决国对协议效力或当事人能力这种事实的认定。但不受原判决国对其他事实的司法评估。例如,如果原判决国法院裁定由电子方式订立的选择法院协议满足《海牙公约》第3条对协议的形式要求,被请求法院可以以信息的可达性未满足公约的要求为由作出相反的裁定。③

但是,这种审查与《海牙公约》第9条第(c)项、第(d)项和第(e)项规定的不承认的理由是不同的,这3种情况不涉及管辖权问题,仅涉及公共秩序和程序公正。因此,被请求法院应自己决定被告是否被传唤,是否存在程序上的欺

---

① See Hartley/Dogauchi Report(2007),p. 52.

② See Hartley/Dogauchi Report(2007),p. 50,para. 165.

③ See Hartley/Dogauchi Report(2007),p. 50.

诈以及审判是否公正。

当然,在保障程序公正方面,这与第9条第(e)项又有相同之处。例如,如果被告以原判决的程序与被请求国的程序正义的基本原则不相容,声称他不能到原判决国抗辩是因为政治原因被监禁,原判决国否认这一点的认定将不能约束被请求法院。[①]

3. 关于原判决国的审查

《海牙公约》第8条第4款规定,如果判决是原判决国的审查对象或者申请普通审查的时限未过,承认与执行可以延期或拒绝。这意味着,被请求法院可以推迟承认与执行,如果判决可能被作出地国的另一法院撤销或修改。但是,如果判决在作出地国可执行,被请求法院不一定要拒绝。当然,本款仅适用于原判决国对判决的执行没有因上诉而中止的情形,如果判决被中止,第8条第3款有关既判力的规定应得到适用。

考虑到一些国家对执行外国判决持积极态度,公约规定,如果这种判决随后被判决作出地国撤销,被请求法院就应取消执行程序。在这种情况下,被请求法院可以要求判决的债权人(judgment-creditor)提供担保,以确保判决的债务人(judgment-debtor)不会因此受到损害。[②]

如果法院不愿立即执行判决,《海牙公约》第8条第4款给予法院选择的余地,即法院可以延期而中止执行程序或者拒绝执行有关判决。例如,一些大陆法系国家限制法官对案件的中止,如果法院欲中止执行程序,则可援引本款。如果法院选择拒绝执行,不妨碍在原判决国澄清案件后,当事人在该法院重新申请执行判决。因此,这种情况下的拒绝意味着对判决驳回而不损害判决的效力。[③]

4. 判决作出国对案件的移交

《海牙公约》第5条第3款规定,公约不影响缔约国法院之间的内部管辖权分配规则,当被选法院对是否移送案件享有自由裁量权时,应适当考虑给予当事人选择的自由。《海牙公约》第8条第5款与之相呼应,规定对判决的承认与执行也适用于案件移送时的情形。

该款但书指出,如果法院不顾当事人在该国及时地反对移交案件,被请求

---

① See Hartley/Dogauchi Report(2007), p. 51.

② See Hartley/Dogauchi Report(2007), p. 52.

③ See Hartley/Dogauchi Report(2007), p. 52.

法院可以拒绝承认与执行该国法院作出的判决。这是对当事人意思自治的保护，因为案件移交本身可能违背当事人的意愿而破坏选择法院协议。据此，如果当事人在原判决国及时表示反对，被选法院国应适当尊重当事人对移送的反对。被请求法院可以以此为由拒绝承认与执行这种判决。

二、拒绝理由

《海牙公约》第 8 条第 1 款规定，被请求法院仅得以公约规定的理由拒绝承认与执行。第 9 条与第 8 条相互呼应，规定了 7 项可以拒绝的理由。除此之外，公约还在其他条款中规定了可以拒绝的理由。因此，这 7 项理由并不是穷尽性的。

需要注意的是，公约用“可以”而不是“应当”，当出现可拒绝的情形时，公约不强行要求被请求法院承认或执行相关判决，也不妨碍法院这么做。在这些情况下，对判决的拒绝并非缔约国的公约义务，而是被请求国依其国内法自行决定。当然，拒绝的理由仅得以公约规定。换言之，依公约的理由来拒绝，才是缔约国的公约义务。

《海牙公约》第 9 条第(f)项和第(g)项都涉及不一致判决，可以合并为一项来规定，为了与公约规定保持一致，下面按第 9 条第(a)项至第(g)项的顺序分别论述。

(一)协议无效

《海牙公约》第 9 条第(a)项规定，如果依照被选法院地法排他性选择法院协议是无效的(*null and void*)，可拒绝承认与执行。协议无效也是《海牙公约》第 6 条规定的未被选法院应中止或驳回诉讼的情形之一。

但是，该规定后面补充“除非被选法院认定协议有效”，表示被请求法院不能代替被选法院对此作出判断。因为原判决国法院作出判决的事实，并不意味着该法院认为选择法院协议有效，它可以依据其国内法的其他管辖根据审理案件。本款规定的目的，在于避免不同缔约国法院对协议效力作出相互矛盾的裁决，应依被选法院国的法律来统一判断协议的效力，而且必须尊重被选法院对此作出的裁定。①

(二)当事人缺乏订立合同的能力

《海牙公约》第 9 条第(b)项规定，拒绝的理由可以是当事人欠缺订立合同

① See Hartley/Dogauchi Report(2007), p. 54, para. 183.

的能力(*incapacity*)。与第6条第(b)项相呼应,本项规定的拒绝理由以被请求国法律认定当事人订立协议的能力。这两者都要求当事人订立合同的能力由法院地法(包括国际私法规则)判定。不过,这两种情况下的法院是不同的,第6条第(b)项指违背管辖权协议的法院,第9条第(b)项则指被请求承认与执行被选法院所作判决的法院。[①]

(三)送达程序缺陷

《海牙公约》第9条第(c)项规定的拒绝理由涉及对当事人送达的缺陷。如果被告未被适当通知,公约允许被请求法院不承认相应的判决。它分为两种情况:一是涉及被告的利益;二是涉及通知国的利益。公约的"通知"(notification)是在一般意义上使用的,并非法律或技术概念。[②]

1. 出于对被告的保护

《海牙公约》第9条第(c)项设计了一项标准,以确保被告得到适当通知。它规定,如果载有诉请实质因素(essential elements of the claim)的起诉书或同等文件,没有充分及时地通知被告,被请求法院可以拒绝承认与执行由此作出的判决。

但是,这条规则不适用于被告出庭陈述案件而没有对通知作出抗辩的情形,也就是说,如果被告本可以在原审法院对通知作出抗辩而没有抗辩,就不能在被请求法院以此为由申请拒绝承认与执行该判决。它仅适用于被告尽管被通知并且出庭,但没有给他足够的时间为抗辩做准备这种情况。[③]

2. 出于对送达地国的保护

许多国家并不反对在没有当局的参与下在其领土送达外国传票。因此,如果日本律师要在英格兰送达日本传票,他可以直接到被告家送达传票。但其他国家,尤其是一些民法法系国家,持有不同观点,他们通常视送达传票为主权行为或公务行为,认为未得到允许在其领土内送达传票损害了该国主权。如1965年《海牙送达公约》[④]第13条规定,文书发往国在其认为执行请求将损害其主权或安全时,可拒绝执行。据此,该公约的缔约国法院可以拒绝承认以损害其

---

① See Hartley/Dogauchi Report(2007), p. 54, para. 184.

② See Hartley/Dogauchi Report(2007), p. 54, note 223.

③ See Hartley/Dogauchi Report(2007), p. 54, para. 186.

④ 《关于向国外送达民事或商事司法文书和司法外文书公约》于1965年11月15日订于海牙,1969年2月10日生效,中文译文参见中华人民共和国外交部条约法律司编:《海牙国际私法会议公约集》,法律出版社2012年版,第49~56页。

主权方式送达传票而取得的外国判决。另外,有些国家拒绝承认因直接送达传票而作出的判决。例如,1998 年 4 月日本最高法院曾作出一项判决,认为日本律师按中国香港特别行政区律师要求所作的直接送达程序不符合《海牙送达公约》的规定,也不满足日本《民事诉讼法》第 118 条第 2 款有关送达的要求。①

考虑到上述问题,公约规定,当传票以违反被请求国公共秩序的方式通知被告时,被请求法院可以拒绝承认与执行相关判决。不过,与不承认的其他根据不同,第 9 条第(c)项仅适用于在传票送达地国的承认与执行。②

(四)程序上的欺诈

《海牙公约》第 9 条第(d)项规定的拒绝理由是因程序上欺诈(*fraud*)而取得的判决。欺诈是指故意欺骗或故意行恶,这里的欺诈不是实体法上的欺诈,仅涉及程序问题。例如,原告故意向错误地址送达传票,或故意导致传票被送达至错误地址;原告故意向被告提供错误的审理时间和地点信息;一方当事人向法官、陪审员或证人行贿,或隐瞒证据等。欺诈也可能与选择法院协议本身有关,如原告在伪造文件上假冒被告的签名。对本规定而言,欺诈可能由任何一方当事人或法院所为。③

(五)公共秩序保留

《海牙公约》第 9 条第(e)项规定,承认与执行判决如果明显与被请求国“公共政策”(public policy)不相容,包括形成判决的诉讼程序与被请求国“程序公正”(procedural fairness)的基本原则相冲突,被请求国可以拒绝承认与执行。

第 9 条第(e)项前一部分重申了此类公约常常规定的“公共秩序保留”,并以“明显地”作为限定,这是海牙国际私法公约的惯常做法。该规定给缔约国法院在判决承认与执行方面巨大的自由裁量空间。例如,对于惩罚性赔偿金,《海牙公约》第 11 条并不统一各国对惩罚性赔偿金的承认与执行规则,缔约国法院可以以惩罚性赔偿金违背本国的公共秩序为由拒绝承认与执行。

《海牙公约》第 9 条第(e)项后一部分将程序公正作为特殊的公共秩序,特别规定具体案件在程序上的严重错误,从而避免侵犯承认判决的法院地程序法

---

① 日本最高法院 1998 年 4 月 28 日判决,载日本最高裁平成 9 年 10 月 31 日判决民集 52 卷 3 号 853 页。该判决的概要与全文,参见 http://www. courts. go. jp/search/jhsp0030? hanreiid = 52536&hanreiKbn = 02,英译文参见 *Japanese Annual of International Law*, No. 42, 1999, p. 155.

② See Hartley/Dogauchi Report(2007), p. 54, para. 187.

③ See Hartley/Dogauchi Report(2007), p. 55, para. 188.

的一般准则。

《海牙公约》第9条第(c)项、第(d)项和第(e)项规定的拒绝理由有相当多的重叠,它们部分或全部涉及程序公正。[①] 例如,由于原告的欺诈,传票未送予被告且被告不知晓诉讼,第(c)项、第(d)项和第(e)项规定的拒绝理由都可以援引。程序公正在不同国家有不同含义,如正当程序(due process of law)、自然正义(natural justice)或要求公正审判的权利(the right to a fair trial)。在一些国家,程序公正是宪法性规定,承认在程序上存在根本违反这一原则的情形由此获得的外国判决可能违反这些国家的宪法。如《美国宪法》第五修正案和第十四修正案涉及正当程序。1950年《保护人权与基本自由公约》(以下简称《欧洲人权公约》)第6条规定了公正审判的权利。欧洲人权法院在2001年"佩莱格里尼诉意大利"(Pellegrini v. Italy)案的判决中认为,《欧洲人权公约》第6条禁止缔约国法院承认由非缔约国作出的、其诉讼程序违反第6条的判决。[②] 这意味着,《欧洲人权公约》的成员国都不能承认一项违反公正审判权利的判决,无论判决作出国是否是该人权公约的成员国。[③]

(六)与被请求国的判决不一致

《海牙公约》第9条第(f)项和第(g)项规定的拒绝理由都与不一致判决(inconsistent judgments)有关,都涉及相同当事人之间依公约寻求承认与执行的判决与另一判决之间的冲突。在这里,公约区别对待被请求法院作出的判决和其他国家法院作出的判决,给予被请求国法院判决优先效力。

第9条第(f)项涉及被请求国法院作出的判决与被请求承认的判决不一致的情形。在这种情况下,被请求国的判决无论是否先做出都优先于其他国家法院做出的判决,即使它比被选择法院所作的判决后做出,并且无须诉因相同。[④]

如果法院判决与依选择法院协议所作判决相冲突,只有当该法院认为应适用第6条的排除情况时才引起第9条第(f)项适用的判决冲突。如果不符合适用条件,即未被选的法院有义务中止或驳回诉讼时,审理该案将违反《海牙公约》。但是,如果满足第6条规定的排除情况,依据选择法院协议被请求法院可以基于《海牙公约》第9条第(a)项、第(b)项或第(e)项拒绝承认相关判决,因

① See Hartley/Dogauchi Report(2007), p. 55, para. 190.

② Pellegrini v. Italy [2001] ECHR Rep. VIII 369.

③ See Dogauchi/Hartley Report(Dec. 2004), pp. 32 – 33.

④ See Hartley/Dogauchi Report(2007), pp. 55 – 56, para. 192.

为第6条的所有排除情况都在第9条的上述规定中得到反映。因此,最可能适用第9条第(f)项的情形是,认为判决冲突的法院错误地认为依第6条其有权审理案件。在这种情况下,公约允许被请求法院依选择法院协议拒绝承认判决以避免在同一国做出不一致的判决。[①]

(七)与外国判决不一致的情形

《海牙公约》第9条第(g)项涉及判决由外国法院作出的情形。如果满足下列条件,法院可以拒绝承认与执行依选择法院协议所作的外国判决:(1)依选择法院协议作的判决后于相冲突的判决;(2)当事人相同;(3)诉因相同;(4)相冲突的判决满足在被请求国承认的必要条件。[②]

对于判决的不一致,《2004年公约草案》提出了两种观点:第一种观点认为,第9条第(f)项仅适用于两判决在裁决上的冲突,而不涉及论证上的冲突,也不涉及对先决问题的裁决;第二种观点认为,后面的冲突也可能包括在内。[③]从《海牙公约》最后文本第9条与第10条的联系和立法逻辑来看,公约实际上采纳了第二种观点。因此,《海牙公约》第9条第(f)项和第(g)项可以理解为同样适用于判决与先决问题的冲突问题。

三、先决问题

在对国际民商事案件作出最终判决之前,法院往往要对案件所涉先决问题的不同事实问题或法律问题先行裁定。如在专利侵权案中,需要先裁决专利的效力,这就是对先决问题[④]的初步裁决。初步裁决为最后判决铺平道路,被请求法院在承认外国判决时,是否也要承认对先决问题的裁决呢?

在大陆法系国家,判决(judgment)的效力通常只及于对诉讼请求的最后裁定——判决主文(法国:dispositif;德国:Tenor;奥地利:Spruch)。[⑤] 但在普通法系国家,如英国的禁止反言规则(issue estoppel)和美国的间接禁止反言(collateral estoppel)或争点排除(issue preclusion)规则,要求法院在某些情况下

---

① See Dogauchi/Hartley Report(Dec. 2004),p. 33.

② See Hartley/Dogauchi Report(2007),p. 56,para. 193.

③ See Dogauchi/Hartley Report(Dec. 2004),p. 33.

④ 对于先决问题,民法法系和普通法系采用不同的术语和基本概念,容易引起误解。例如,普通法系学者不称“先决问题”(incidental questions),而称其为“争点”(issues)。

⑤ See Dogauchi/Hartley Report(Dec. 2004),p. 37.

承认在先前判决中对先决问题的裁决。[①] 这包括两种情况：一种是原判决和对先决问题的裁决都由同一国法院作出；另一种情况是原判决和对先决问题的裁决由不同国家的法院作出。

（一）对先决问题的裁决

《海牙公约》第 10 条涉及对先决问题的裁决，第 1 款明确规定，如果被《海牙公约》第 2 条第 2 款或第 21 条排除适用的事项在诉讼中作为先决问题产生，对这些先决问题的裁决不被承认与执行。根据公约解释报告，公约并不妨碍缔约国根本其本国法承认这些裁决。[②] 公约之所以这样规定，是因为那些被排除出公约适用范围的事项具有特殊性质，缔约国一般不希望当事人对这些事项协议选择法院；如果承认对这些先决问题的裁决，将会削弱《海牙公约》第 2 条第 2 款和第 21 条的意义。另外，该款规定与《海牙公约》第 2 条第 3 款规定排除事项作为先决问题并不排除适用公约的规定，是前后照应的，虽然排除事项作为先决问题时的诉讼包括在公约的适用范围，但对这些事项的裁决依公约却不予承认与执行。

《海牙公约》一方面将一些事项排除在适用范围之外；另一方面又对这些事项引起的先决问题作出规定，这可能引起条约之间的矛盾，即与其他规定某个排除事项的条约相冲突。为此，《海牙公约》第 26 条规定本公约不影响其他条约在缔约国的适用。因此，在本公约下，不承认与执行的情形不影响缔约国依其他条约承认与执行。

需要指出的是，《海牙公约》在第 9 条第（f）项和第（g）项中涉及不一致判决的两种情况，根据《海牙公约》第 4 条第 1 款对"判决"的定义，对先决问题的裁决可能属于判决。根据《海牙公约》第 10 条第 1 款的措辞，公约并不禁止对排除事项之外的先决问题的裁决的承认与执行，当先决问题裁决与某判决不一致时，《海牙公约》第 9 条第（f）项和第（g）项可以理解为也适用于这种情况。对于这一点，公约草案报告在解释第 9 条第（f）项和第（g）项时，认为这种观点是对不一致判决的广义理解，将扩大这两款规定的适用范围，进而增加了拒绝承认与执行的理由。[③]

---

① "请求排除"与"争点排除"的区别，参见孙劲：《美国的外国法院判决承认与执行制度研究》，中国人民公安大学出版社 2003 年版，第 93 ~ 95 页。

② See Hartley/Dogauchi Report(2007), p. 56, para. 195.

③ See Dogauchi/Hartley Report(Dec. 2004), p. 33.

(二)根据先决问题裁决作出的判决

与第10条第1款不同,《海牙公约》第10条第2款、第3款和第4款不是对先决问题裁决的拒绝,而是对以相关先决问题的先行裁决为依据作出判决的拒绝。前者拒绝的是先行裁决,后者拒绝的是基于先行裁决作出的判决。缔约国法院可以以此为由拒绝承认与执行这种判决。这3款是对《海牙公约》第9条的补充,即另外的、可供援引的、公约规定的拒绝理由。

1. 关于《海牙公约》第2条第2款排除事项的先决问题的判决

《海牙公约》第10条第2款规定,对于以对《海牙公约》第2条第2款排除事项作出裁决为基础作出的判决,缔约国被请求法院可以拒绝承认与执行。

2. 关于《海牙公约》第21条声明排除事项的先决问题的判决

《海牙公约》第10条第4款规定,对于以对公约第21条声明排除事项作出裁决为基础作出的判决,缔约国被请求法院可以拒绝承认与执行。从逻辑上看,《海牙公约》将第2款和第4款分立,与第1款并不协调,因为第1款包括两种排除事项,而第2款和第4款分别涉及这两种排除事项,将第2款和第4款合并规定可使公约更为协调和简洁。

3. 关于知识产权先决问题的判决

《海牙公约》第10条第3款特别涉及知识产权(不包括版权及其邻接权)的有效性作为先决问题的情况,对于以该先决问题裁定为基础作出的判决,被请求法院仅可以在两种情况下拒绝和拖延。这两种情况都是将知识产权的效力问题交由依据其法律产生的国家决定,肯定知识产权的原审国法律对知识产权效力的专属管辖:(1)知识产权依一国法律产生,被请求的裁定与该国有管辖权的机关对知识产权效力所作的判决或决定不一致;(2)有关知识产权效力的诉讼在该国尚在审理之中。

《海牙公约》专门就知识产权作为先决问题单立一款进行规定,主要意图是对先决问题裁定不予承认和执行再作一个例外规定,也就是例外的例外。① 在《海牙公约》第一章适用范围的条款中,公约有意将知识产权侵权案件纳入调整范围,对于版权及邻接权以外的知识产权的效力尽管不适用公约,但依公约可以承认对其效力的先行裁决。《海牙公约》只规定两种拒绝承认与执行理由,将知识产权的效力交由知识产权依据其法律产生的国家的有权机关决定,同时禁

① 参见徐国建:《建立国际统一的管辖权和判决承认与执行制度——海牙〈选择法院协议公约〉述评》,载《时代法学》2005年第5期,第10页。

止其他国家以知识产权效力是先决问题为由拒绝承认与执行相关判决。

四、赔偿金问题

在《海牙公约》的起草过程中，有关赔偿金的规定一度变动很大，最后正式文本与《2004 年公约草案》采用的措辞相去甚远。

（一）关于赔偿金的拒绝理由

《2004 年公约草案》试图尽可能承认与执行原判决中包括惩戒性或惩罚性（exemplary or punitive damages）的非补偿性赔偿金（non-compensatory damages）。该草案第 15 条以被请求法院可能作出的相同或相当金额赔偿金为底线，来判断赔偿金是否得当，并允许对过分赔偿金进行限制。由于国际商事案件的当事人往往以赔偿金为诉讼标的物，如果依该草案规定，以被请求法院在相同情况下可能作出的赔偿金为衡量标准，包括非补偿性赔偿金的判决要在不承认非补偿性赔偿金的国家得到承认与执行，就遇到很大的问题。因为被请求法院可援引该草案第 15 条第 2 款第（a）项，认定赔偿金是过分的而作出较低的赔偿金裁定。反之，不包括非补偿性赔偿金的判决要在承认非补偿性赔偿金的国家得到承认与执行，被请求法院可援引该草案第 15 条第 2 款第（b）项认为该赔偿金低于该法院在相同情况下可能判决的金额而拒绝承认这项判决，这无疑会使公约的目的落空。

公约抛弃了以被请求法院在相同情况下作出赔偿金判决的标准。依《海牙公约》第 11 条第 1 款规定，当赔偿金不能补偿当事人实际损失或所受伤害时，判决可以拒绝执行，即使该赔偿金包括了惩戒性或惩罚性赔偿金。据此，公约实际上回避对惩罚性赔偿金作统一性的规定。根据该款，可以得出以下关于赔偿金的推论：（1）拒绝的理由以当事人的实际损失或所受伤害为衡量标准；（2）赔偿金可以只是补偿性的，也可以包括惩戒性或惩罚性赔偿金；（3）赔偿金不能补偿当事人实际损失或所受伤害时，法院可以拒绝，但拒绝不是强制性的；（4）如果原判决赔偿金不能弥补当事人的实际损失或所受伤害，法院可以采取其他方式，如作出新的较高的赔偿金裁判，而达到拒绝的程度。

但是，由于《海牙公约》第 11 条并未对惩罚性赔偿金作出明确的规定，缔约国法院可以援引第 9 条第（e）项以公共秩序为由拒绝惩罚性赔偿金。由于公约在赔偿金问题上只列出了 1 项拒绝理由，如果被请求法院不援引公共秩序保留作为理由，《2004 年公约草案》中所规定的过高赔偿金、较高赔偿金、较低赔偿金只要能够补偿当事人的实际损失或所受伤害，就都应根据公约承认与执行。这就会引起两个问题：一个是依哪一国的法律来审查当事人的损失，公约没有明确规定；另一个是如果被请求法院重新对赔偿金作出判决，即使不改变原判决的其他裁定，也会在实际上减损原判决的效力，因为当事人的诉讼目的主要是获得金钱赔偿。

（二）诉讼费用和开支

《海牙公约》第 11 条第 2 款还涉及诉讼费用和开支问题，它规定，被请求法院必须考虑作出判决的法院判出的赔偿金是否以及在何种程度上包括了与诉讼有关的费用和开支。该款规定考虑了不同国家在诉讼成本和费用上的实践差异。在多数国家，原告在胜诉后可要求补偿诉讼费用，因此包括诉讼费用和开支的赔偿金往往是一大笔金额。但是，各国关于诉讼费用的规则又大相径庭。很多国家的诉讼费用包括律师费，但在美国，诉讼费用通常不包括律师费。为了对此作出弥补，美国法院常常判给较高的赔偿金，有时还特别指定其中一部分作为惩罚性赔偿金。① 为此，法院应考虑将判决金额与包括费用的总额进行比较，并且法院也应该考虑判决作出国的一般律师费用。②

五、保险及再保险合同

《海牙公约》第 17 条将保险及再保险合同（contracts of insurance and reinsurance）作为一般条款规定，这是在起草公约的最后阶段加入的条款。该条既适用于管辖权问题，也适用于判决的承认与执行问题。公约之所以将该问题单独规定，是为了避免缔约国以保险及再保险合同涉及公约不适用的事项，或者涉及赔偿金问题为由，不作出裁决，或者拒绝承认与执行相关判决。③

《海牙公约》第 17 条第 1 款明确规定，公约适用于保险及再保险合同的诉讼，无论其是否涉及与公约不适用的事项。第 17 条第 2 款规定，对保险或再保险合同项下责任的判决，不得以合同项下责任包括：（1）公约不适用的事项；（2）可能依第 11 条作出的赔偿金裁决与赔偿被保险人或被再保险人的责任有关为由，而限制或拒绝承认与执行。

---

① See Dogauchi/Hartley Report（Dec. 2004），p. 45.

② See Dogauchi/Hartley Report（Dec. 2004），p. 46.

③ Andrea Schulz，"Report on the Meeting of the Drafting Committee of 18 – 20 April 2005 in Preparation of the Twentieth Session of June 2005"，Preliminary Document No. 28 of April 2005，available at http://www.hcch.net/upload/wop/jdgm_pd28e.pdf，p. 4.

由于第17条只是规定不得拒绝的理由，公约的上述规定并没有将保险及再保险合同与其他合同的诉讼作出特别区分，而只是对其特别重申，以免减损公约的适用范围和效力。对于保险及再保险合同的其他情形，只要不满足公约其他条款规定的拒绝理由，被请求法院就不得拒绝。概言之，保险及再保险合同诉讼并不因为其涉及第三人的特殊性，而在判决的承认与执行问题上有特别之处。

六、涉及承认与执行的声明

（一）限制承认与执行的声明

《海牙公约》第20条规定，缔约国可以作出限制承认与执行的声明（Declarations）。第20条声明条款涉及被请求法院国纯国内案件的判决，如果当事人都居住在被请求国，除被选法院所在地之外，当事人的关系和所有与争议有关的其他因素仅与被请求国有联系，声明国法院可以拒绝承认与执行另一缔约国法院作出的判决。

《海牙公约》第1条第2款仅就其第二章管辖权而设，只对管辖权方面的国际性作限制，而不适用于《海牙公约》第三章判决的承认与执行。第1条第2款排除了选择法院协议指定的缔约国纯国内案件的管辖权，但对承认与执行而言，第1条第3款情况下的案件因具有国际性而属于公约适用范围。因此，是否要承认第1条第2款排除情况下的外国判决，《海牙公约》第20条允许缔约国通过声明，请求国法院拒绝承认与执行别国对自己纯国内案件的判决。

举例来说，对于甲国的纯国内案件，即当事人都居住在甲国，当事人的关系和与争议有关的其他因素都仅与甲国有关，如果当事人通过选择法院协议指定由毫无关联的另一缔约国乙国法院排他性管辖有关争议，对于《海牙公约》第1条第2款管辖权而言，这种情况排除在公约适用范围之外。但对《海牙公约》第1条第3款而言，如果乙国法院依选择法院协议的指定作出判决（乙国未按第19条做出声明且依其国内法法院对这种情况有管辖权），[①]当事人欲在甲国或者丁国申请承认与执行这项判决，该判决对于甲国和丁国而言都是外国判决，由此属于国际性案件而属于公约的适用范围。如果当事人欲在丁国申请判决的承认与执行，并且丁国也是公约的缔约国，依公约，该判决应得到承认与执

---

① 2005年《海牙公约》第19条允许缔约国作出限制管辖权的声明，如果被选法院所在国与当事人或争议之间并无联系，缔约国法院可以拒绝裁决该排他性选择法院协议所提交的争议。该声明条款仅涉及管辖权问题，与第20条的内容相比不要求当事人的居所问题。

行。如果当事人欲在甲国申请承认与执行判决，甲国对于别国判决自己的纯国内案件是否给予承认，取决于该国是否依《海牙公约》第20条做出声明。

值得注意的是，尽管公约仅定义“国际案件”（international case），未使用“国内事项”（internal matters），无论是国际还是国内案件，公约都以当事人的居所作为判断标准。换言之，公约以当事人的居所为连结点来确定案件的国际属性。

（二）关于非排他性选择法院协议的互惠声明

《海牙公约》第22条允许缔约国基于互惠而承认与执行因非排他性选择法院协议而产生的判决，并规定应该承认与执行的情形。由于非排他性选择法院协议在实践中经常使用，对此进行规定有助当事人使用选择法院协议来解决他们之间的争议，也扩大了公约的适用范围。

《海牙公约》第22条第1款给“非排他性选择法院协议”下了定义，该定义与排他性选择法院协议的唯一区别在于选择多个缔约国的法院，而其形式要求与排他性选择法院协议一样，即依《海牙公约》第3条第（c）项。该款允许缔约国承认其他缔约国由此作出的判决，由于该声明是互惠的，未作出该声明的缔约国和非缔约国不适用本条规定。

《海牙公约》第22条第2款涉及依公约应得到另一个作出同样声明的缔约国的承认与执行的情形：（1）判决由非排他性选择法院协议指定的法院作出；（2）判决之前不存在其他判决，也不存在相同当事人就同一诉因的未决诉讼，即实际上判决具有唯一性；（3）作出判决的法院是最先受案法院。上述3个条件必须同时满足公约关于承认与执行判决的其他要求。

第四节 小 结

一、公约的管辖权规则

《海牙公约》规定排他性选择法院协议指定的法院有权审理协议所涉的争议，除非依被选法院地法协议无效。被选法院不能以争议应由其他国家的法院审理为由拒绝行使管辖。对于被选法院国法院之间对案件的移交，公约规定应由当事人适当考虑。

《海牙公约》规定了排他性选择法院协议的定义，包括协议的书面及电子形式要求，这种要求是穷竭性的，不允许缔约国依内国法判断。同时，公约推定协议具有排他性，并且明确规定选择法院协议的独立性，这有助于提高协议效力的确定性。由于公约未能在其实质要件上形式成实体性的规则，协议的实质效力交由被选法院地法判断。

尽管《海牙公约》以《布鲁塞尔公约》为模板规定选择法院协议的形式要求,但《布鲁塞尔公约》特别保护附合的、未经协商的消费者合同(adhesion,non-negotiated contracts),强调保护消费者合同多于合同自由。① 欧洲法院在形式要件上的严格解释未能在海牙公约的文本中显示出来。在被选法院诉讼时,被选法院地法能否保护弱方当事人,是不确定的。这是公约的一项重要缺陷。

对于其他法院的管辖权,公约限制被选法院以外的其他法院对案件进行审理。未被选法院必须中止或者驳回起诉,除非存在公约规定的协议无效、当事人无能力、导致明显不公平和违反法院地的公共政策、当事人不可控制的原因而不能履行协议以及被选法院决定不审理案件等拒绝理由。弱方当事人可以利用这种规则来保护自己,但这种保护是间接的和被动的,低于《布鲁塞尔公约》对弱方当事人在被选法院阶段的直接保护。

二、拒绝承认与执行判决的理由和特点

在决定由适当的法院审理争议之后,《海牙公约》专门规定由被选法院作出的判决在其他缔约国的承认与执行问题。被选法院做出判决之后,其他法院不得对判决的实体问题进行审查,并且应该执行其判决。非被选法院只得以公约规定的理由拒绝承认与执行被选法院作出的判决。

2005 年《海牙公约》对拒绝承认与执行的理由作了限制,但并不限于公约第 9 条的第(a)~(g)项规定,除了这 7 项规定之外还包括其他理由。这些理由在公约中比较分散,简单归纳如下:(1)判决是做出地国的审查对象或普通审查尚未到期,被请求法院可以推延或拒绝;(2)判决做出地法院未考虑当事人在判决做出地以适时的方式反对移交案件,被请求法院可以拒绝这项判决;(3)对于第 2 条第 2 款或第 21 条排除事项引起的先决问题,对此类先决问题的裁决在本公约下不应承认与执行,并且以这些先行裁决为判决的根据,判决的承认与执

---

① 例如,1993 年《关于消费者合同不公平条款的欧共体理事会指令》要求成员国制定关于标准格式合同方面的规则,参见 Council Directive 93/13/EEC of 5 April 1993 on Unfair Terms in Consumer Contracts, O. J. L 95, 21. 4. 1993。1994 年英国依该指令制定了《消费者合同不公平条款条例》,参见 The Unfair Terms in Consumer Contracts Regulation, 1994, S. I. 1994/3159 (U. K.)。对于《布鲁塞尔条例 I》和《卢迦洛公约》的相关规定,参见 John Adams, "Digital Age Standard Form Contracts under Australian Law: 'Wrap' Agreements, Exclusive Jurisdiction, and Binding Arbitration Clauses", *Pacific Rim Law & Policy Journal*, Vol. 13, 2004, p. 528。

行可予拒绝或达到拒绝的程度;(4)对除版权及邻接权以外的知识产权的有效性这一先决问题进行裁决时,拒绝或推延的理由仅为该裁定与知识产权据以产生之法律所属国就该事项所作的判决或主管当局的决定不相一致,或者关于知识产权有效性的诉讼在该国尚未结束;(5)原判决做出的包括惩戒性或惩罚性赔偿金在内的赔偿,如果不能补偿一方的实际损失或所遭受的损害,可以拒绝或达到拒绝的程度;(6)如果缔约国按第20条做出声明,缔约国法院可以拒绝承认与执行外国法院作出的实质属于自己本国内国案件的判决。

2005年《海牙公约》适用于民商事领域订有排他性法院选择协议的国际案件,试图推动基于排他性法院选择协议而作出判决的承认与执行。在判决的承认与执行规则中,公约强行性地规定缔约国法院仅得以公约规定的理由拒绝承认与执行相关判决,由此排除了其未列举的其他任何理由,如"不方便法院",这使"拒绝承认与执行"成为公约的个别或例外情况,从而加强了判决效力的可预见性。

具体而言,2005年《海牙公约》在判决的承认与执行方面有以下主要特点:(1)公约对拒绝的理由做清单式的穷竭列举,规定仅得以公约指定的理由拒绝。公约限制拒绝的理由,消除了以公约未加规定的理由拒绝承认与执行的可能性。(2)公约规定的拒绝理由大多是选择性的,不具有强制性,是否应该拒绝仍要由被缔约国的国内法决定。(3)保护当事人的利益,包括保护当事人的意思自治,保护选择法院协议的效力并规定当事人在移交案件时的权利;保护当事人程序法上的权利,如被告应被适当地通知以有充足时间准备抗辩,规定程序上的公正和排除程序事项上的欺诈等;便利当事人,允许被请求法院中止执行程序而待判决效力瑕疵在作出国的消除。(4)规定判决和法院和解是承认与执行的对象,判决是对案件实质内容所作的裁决,明确临时保全措施不是判决,而法院和解则应以判决相同的方式执行。(5)海牙公约尽可能地保证原判决的效力,规定仅应对原判决作非实质审查,规定判决的可分性,尽可能地保证可执行部分的效力。(6)在公约与其他法律文件的关系上,其他条约不应比公约承认与执行的程度更低。公约这些措施从判决的不同方面来确保判决的承认与执行,因此如果公约被广泛接受,将有力地推动缔约国法院在判决的承认与执行上的互信和合作。

当然,2005年《海牙公约》的承认与执行规则更多地表现出了海牙国际私法会议的与会国家在具体制度上的妥协与让步。公约对拒绝承认与执行的理由做清单式列举,由缔约国在这些理由中进行选择。另外,公约对赔偿金的规定充满了妥协精神,承认程度虽然以能弥补当事人的实际损失或所受伤害为标准,无论赔偿金是否包括惩罚性赔偿金,但是公约并不禁止被请求国在这种情况下对赔偿金作出新的裁决。如果被请求国认定赔偿金具有惩罚性质与其公共秩序相违背而拒绝这项判决,被请求国可能依其国内法做出新的赔偿金裁决。此外,《海牙公约》没有规定判决被拒绝承认与执行之后的救济措施,这些问题仍然要交由被请求国的国内法。因此,《海牙公约》在国际民事诉讼程序上的统一仍然是有限的,相当多的问题都必须交由缔约国的国内法来解决。

第三章 《海牙公约》与我国现行法律制度的异同

研究我国是否批准、何时批准《海牙公约》离不开比较该公约与我国相关主要法律制度和规则的异同，这是我国决定是否批准该公约的一项基础性工作。本章集中分析《海牙公约》确定的主要规则与我国现行法律制度的异同。

第一节 管辖权规则的主要异同

在 2012 年我国《民事诉讼法》的修改中，涉外民事诉讼中的协议管辖被删除，相关内容并入到修订后《民事诉讼法》的第 34 条。该条规定："合同或者其他财产权益纠纷的当事人可以书面协议选择被告住所地、合同履行地、合同签订地、原告住所地、标的物所在地等与争议有实际联系的地点的人民法院管辖，但不得违反本法对级别管辖和专属管辖的规定。"此条主要针对选择"人民法院"的情况，没有就当事人选择外国法院进行规定。

为此，2015 年最高人民法院《关于适用〈中华人民共和国民事诉讼法〉的解释》（以下简称《民事诉讼法解释》）第 531 条规定，涉外合同或者其他财产权益纠纷的当事人，可以书面协议选择被告住所地、合同履行地、合同签订地、原告住所地、标的物所在地、侵权行为地等与争议有实际联系地点的外国法院管辖。

综合上述立法和司法解释,总结我国的司法实践,它与《海牙公约》确定的主要制度的差异主要体现在以下几个方面。

一、书面形式

不管是我国《民事诉讼法》第 34 条规定的选择"人民法院",还是 2015 年《民事诉讼法解释》第 531 条规定的选择"外国法院",均有"书面形式"的要求。考虑到我国 1999 年《合同法》①和 2004 年《电子签名法》②的规定,"书面形式"在我国现行法律中一般作广义的理解,即包括电子邮件和数据电文所达成的协议。即使如此,我国的规定仍与《海牙公约》存在差异。《海牙公约》第 3 条要求排他性法院选择协议必须以下列方式缔结或证明:(1)以书面形式;(2)以其他任何联系方式,且该方式能提供可获取的信息使其日后能够被引用。不过,《海牙公约》所规定的"以其他任何联系方式,且该方式能提供可获取的信息使其日后能够被引用"主要是指电子方式。因此,《海牙公约》与我国法律在这个问题上没有实质性差异。

二、"实际联系"要求

根据前述我国《民事诉讼法》第 34 条的规定,当事人选择的法院必须与争议有"实际联系"。这是因为不做此要求可能会导致法律规避行为,而且不利于保护弱方当事人的利益,因为一方当事人可能通过欺诈、胁迫、滥用经济权力或其他不正当的方式达成法院选择协议。有时也会给审判法院造成不方便。在我国涉外民事诉讼的司法实践中,在权衡"与争议有实际联系的地点的法院"时,通常要考虑当事人住所地、登记地、营业地、合同签订地、合同履行地、标的物所在地等因素。③ 但我国学术界对此种要求一直存在不同意见。李浩培先生就认为:

---

① 《合同法》第 11 条:书面形式是指合同书、信件和数据电文(包括电报、电传、传真、电子数据交换和电子邮件)等可以有形地表现所载内容的形式。

② 《电子签名法》第 4 条:能够有形地表现所载内容,并可以随时调取查用的数据电文,视为符合法律、法规要求的书面形式。

③ 参见《第二次全国涉外商事海事审判工作会议纪要》,法发〔2005〕26 号,第 4 条。

因为这样的要求就排除当事人以合意将直接国际裁判管辖权赋予一个中立法院的可能性，而这是对国际经济往来的发展不利的。订立契约以进行国际贸易的法律主体，不论是自然人或法人，通常属于两个不同国家。这些法律主体通常倾向于维护其本国的司法制度的威望，而对于对方的司法制度难免抱有不信任感。要求选择与争议有实际联系的地点的法院管辖就是排除中立法院管辖的可能性，其结果可能是双方当事人因此不能达成国际交易，而这对国际经济往来的发展是不利的。所以现代各国国际民事程序法的发展的趋势，是不要求选择与争议有实际联系的地点的法院。①

国际交易当事人是通过自由协商而缔结管辖权协议的。当事人在合同谈判时选择一个与交易没有任何联系的法院起诉，应该预见到在该法院诉讼可能产生的不便及其他一些法律后果。因此，这种不便或者没有联系本身不能成为管辖权协议无效的理由。②

2000年我国《海事诉讼特别程序法》第8条就规定："海事纠纷的当事人都是外国人、无国籍人、外国企业或者组织，当事人书面协议选择中华人民共和国海事法院管辖的，即使与纠纷有实际联系的地点不在中华人民共和国领域内，中华人民共和国海事法院对该纠纷也具有管辖权。"而且考虑到我国在协议选择准据法方面已经放开了"实际联系"要求，③我国当事人协议选择管辖权方面也应逐渐放开。

由于《海牙公约》没有"实际联系"要求，如果要批准该公约，可以采取两种方式解决这个差异：一是修改我国《民事诉讼法》第34条和相关司法解释的规定，不要求"实际联系"。二是根据《海牙公约》第19条和第20条的规定作出声明：根据第19条的规定不受理与当事人或争议没有任何联系的案件，以避免缔约国对"纯国内案件"行使管辖权；④根据第20条的规定拒绝承认和执行没有

① 参见李浩培：《国际民事程序法概论》，法律出版社1996年版，第64页。

② Carnival Cruise Lines v. Shute, 499 U. S. 585, 593 - 97 (1991).

③ 2012年最高人民法院《关于适用〈中华人民共和国涉外民事关系法律适用法〉若干问题的解释（一）》第7条规定：一方当事人以双方协议选择的法律与系争的涉外民事关系没有实际联系为由主张选择无效的，人民法院不予支持。

④ 《海牙公约》第19条"限制管辖权的声明"规定：一国可以声明，如果除被选择法院所在地外，该国与当事人或者争议并无联系，其法院可以拒绝受理一项排他性选择法院协议适用的争议。

联系法院所做的判决。[①] 而考虑到修改现行的民事诉讼法并非一朝一夕之事,对第19条和第20条的规定进行声明,应该是较为理性的选择。

三、确认选择法院协议有效性的准据法

根据《海牙公约》第5条第1款、第6条第1款第1项、第9条第1款第1项的规定,确定选择法院协议有效性的准据法为被选择法院国的法律。

根据公约的解释报告,被选择法院国的法律包括法院地国的法律选择规则。如果根据相关的法律选择规则指定另一个国家的法律,则适用该国的法律。解释报告特别指出,公约使用的术语是"law of the State";如果不包括法律选择规则,则就选择"internal law of the State"。例如,如果当事人在法律选择条款中约定了适用合同的法律选择条款,当事人协议选择法院的条款很可能受主合同准据法的支配。[②]

我国没有关于选择法院协议法律选择的直接规定,只有一些可以参考的文件以及实践的做法。

1. 协议选择的原审法院地的法律。根据我国2006年最高人民法院《关于内地与香港特别行政区法院相互认可和执行当事人协议管辖的民商事案件判决的安排》第9条第1款的规定,存在下列情况,则可裁定不予认可和执行:"根据当事人协议选择的原审法院地的法律,管辖协议属于无效。但选择法院已经判定该管辖协议为有效的除外。"由于内地在合同领域不采用反致制度,此处"协议选择的原审法院地的法律"仅指实体法。[③]

2. 当事人协议的准据法。在"住友银行有限公司与新华房地产有限公司贷款合同纠纷管辖权异议"案中,最高人民法院曾指出:"由于本案双方当事人同时在融资贷款协议第23.1条约定'本协议适用香港法律(This Agreement is governed by Hong Kong law)',故应适用当事人约定的该融资贷款协议的准据

---

① 《海牙公约》第20条"限制承认和执行的声明"规定:一国可以声明,如果当事人在该被请求国居住,并且除被选择法院所在地外,当事人的关系与争议有关的任何其他因素仅与该被请求国相关联,其法院可以拒绝承认或者执行另一缔约国法院作出的判决。

② See Hartley/Dogauchi Report, para. 125.

③ 2007年最高人民法院《关于审理涉外民事或商事合同纠纷案件法律适用若干问题的规定》(已失效)第1条规定:"涉外民事或商事合同应适用的法律,是指有关国家或地区的实体法,不包括冲突法和程序法。"第2条规定:"本规定所称合同争议包括合同的订立、合同的效力、合同的履行、合同的变更和转让、合同的终止以及违约责任等争议。"

法即香港特别行政区法律对约定管辖条款的含义作出解释。依据香港特别行政区法律，该协议管辖条款应理解为，若借款人新华公司作为原告就该融资贷款协议纠纷提起诉讼，应接受香港特别行政区法院的非专属管辖权；若贷款人住友银行作为原告就融资贷款协议纠纷提起诉讼，即可以向香港法院提起，也可向香港以外的其他有管辖权的法院提起。”①

然而，晚近最高人民法院改变了这一做法，以法院地法作为准据法。在“山东聚丰网络有限公司与韩国MGAME公司、天津风云网络技术有限公司网络游戏代理及许可合同纠纷管辖权异议”案中，二审法院山东省高级人民法院认为：“本案为涉外知识产权纠纷，虽然原告聚丰网络公司与被告MGAME公司于2005年3月25日签订的《游戏许可协议》第21条约定产生的争议应当接受新加坡的司法管辖，但是双方同时约定‘本协议应当受中国法律管辖并根据中国法律解释’，双方在协议适用法律上选择中国法律为准据法。因此，双方协议管辖条款也必须符合选择的准据法即中国法律的有关规定。”②最高人民法院却认为：“对协议选择管辖法院条款的效力，应当依据法院地法进行判断；原审法院有关协议管辖条款必须符合选择的准据法所属国有关法律规定的裁定理由有误。”③

3. 直接适用中国法，而未考虑当事人协议选择的法律。在“黄某某、苏某某诉周大福公司、亨满公司、宝宜公司股权转让合同纠纷”案中，④当事人在《备忘录》第17.2条约定“本备忘录各方于此同意服从于香港特别行政区法院非专属性司法管辖”，在《买卖股权协议》第27条约定“本协议适用香港特别行政区法律并依香港法律解释，各方约定由香港特别行政区法院行使非排他性管辖。”

最高人民法院认为：由于本案系涉港民事纠纷，且被告在国内均无住所地，故本案应参照适用民事诉讼法关于涉外民事管辖的规定。《民事诉讼法》第241条规定：“因合同纠纷或者其他财产权益纠纷，对在中华人民共和国领域内没有住所的被告提起的诉讼，如果合同在中华人民共和国领域内签订或者履行，或者诉讼标的物在中华人民共和国领域内，或者被告在中华人民共和国领域内有可供扣押的财产，或者被告在中华人民共和国领域内设有代表机构，可

① 参见最高人民法院民事裁定书，(1999)经终字第194号。
② 参见山东省高级人民法院民事裁定书，(2008)鲁民三初字第1号。
③ 参见最高人民法院民事裁定书，(2009)民三终字第4号。
④ 参见最高人民法院民事裁定书，(2011)民四终字第32号。

以由合同签订地、合同履行地、诉讼标的物所在地、可供扣押财产所在地、侵权行为地或者代表机构住所地人民法院管辖。”[①]据此,因合同发生的涉外民事纠纷,合同签订地、合同履行地、诉讼标的物所在地、可供扣押财产所在地以及代表机构住所地均可作为判断内地法院是否享有管辖权的依据。就本案而言,当事人之间的合同均在我国香港特区签订,诉讼标的物所在地亦在香港特区,被告均为香港特区登记注册的公司,且在中华人民共和国领域内又没有设有代表机构,故香港特区法院无疑对本案享有管辖权。但是,香港特区法院对本案有管辖权并不意味内地法院对本案无管辖权……由于黄某某、苏某某在起诉时将宝宜公司列为被告,且宝宜公司在国内有可供扣押的财产,即宝宜公司已经取得的国有土地使用权,因此本案符合《民事诉讼法》第241条的规定,广东省高级人民法院对本案享有管辖权。

在“深圳迈瑞生物医疗电子股份有限公司与马西莫公司商业贿赂不正当竞争纠纷”案[②]中,双方协议第18条约定:“任何索赔或诉因应提交美国加利福尼亚州奥兰治县的任何法院”;第19.5条约定:“本协议应视为在美利坚合众国加利福尼亚州制作,并应适用加利福尼亚州法律并依据其进行解释”。最高人民法院认为:从此案可见,对于双方当事人约定的“任何索赔或诉因”,最高人民法院并未适用加利福尼亚州法律进行解释,而是依据中国法进行分析。在“徐某某与张某某股权转让纠纷”案[③]中,双方当事人约定“如违约则可向蒙古国法院起诉”。最高人民法院认为:“管辖与受理属于程序问题,一、二审法院适用法院地法律即中华人民共和国法律处理本案纠纷正确。”由上述案件可见,我国把处理确认选择法院协议有效性问题识别为程序法问题,由法院地法来支配。在一定程度上,与《海牙公约》存在一定的差异。例如,在前述“徐某某与张某某股权转让纠纷”案中,当事人选择蒙古国法院起诉,按照公约的规定,应根据蒙古国法律来确定协议的有效性,但我国法院却直接根据中国法来认定了协议的有效性。

这种情况在“南京神柏远东化工有限公司诉PMC专业产品集团公司”案[④]中体现得更是明显。该案中双方订单所附“条款及条件”第7条“管辖法律、法

---

① 现行《民事诉讼法》第265条如此规定。

② 参见最高人民法院民事裁定书,(2014)民提字第218号。

③ 参见最高人民法院民事裁定书,(2015)民申字第471号。

④ 参见南京市中级人民法院民事裁定书,(2014)宁商外辖初字第1号。

院和合规”约定：本协议的有效性、履行、解释因本协议引起的或同本协议相关的所有事项应根据俄亥俄州的法律进行解释，无须考虑冲突法规则。卖方和买方之间有关本协议的所有诉讼或程序应排他性地在俄亥俄州辛辛那提市的州或联邦法院提起并进行，且买方需无条件且不可撤销地服从该等法院的属人管辖权。卖方在履行其在本订单项下及同产品相关的义务时，应完全遵守所有相关地方、州、联邦和国际法律、法规、条例和规则。法院认为：

> 虽然法律尊重当事人意思自治，但在国际货物买卖合同中的协议管辖的适用，还须具体案件具体分析，由于诉讼程序问题一般归为公法范畴，具有公法的严格属地特征和传统的司法主权观念，一国法院只适用本国的诉讼程序规范来解决自身的司法行为问题，外法域的法院没有适用的义务以及外法域的法律亦无权干涉，因此，涉外管辖约定条款的效力，应直接适用受理案件的法院地法。我国现行《民事诉讼法》涉外编虽然没有协议管辖的专款规定，但我国《民事诉讼法》第259条明确规定，本编没有规定的，适用本法其他有关规定。该法第34条规定：合同或者其他财产权益纠纷的当事人可以书面协议选择被告住所地、合同履行地、原告住所地、合同签订地、标的物所在地等有实际联系的地点的人民法院管辖，但不得违反级别管辖和专属管辖的规定。本案中，双方当事人在合同中约定所有诉讼或程序应排他性地由俄亥俄州辛辛那提市的州或联邦法院管辖，该管辖约定明确、具体，且具有排他性的明示表义，系双方当事人的真实意思表示。被告PMC公司住所地和货到达地均为美利坚合众国俄亥俄州辛辛那提市，辛辛那提市的州或联邦法院与本案纠纷有实际联系，协议管辖符合我国《民事诉讼法》第34条规定，该协议管辖条款对双方当事人均有拘束力，由于合同双方排他性地了选择俄亥俄州辛辛那提市的州或联邦法院管辖，根据当事人意思自治的法律原则，故我国法院对本案没有管辖权。

四、排他性选择法院协议的认定

根据《海牙公约》第1条的规定，公约适用于排他性选择法院协议。而根据《海牙公约》第3条的规定，排他性选择法院协议是指双方或者多方当事人指定某个缔约国的法院或者某个缔约国的一个或多个特定法院并排除任何其他法院管辖的协议。而且，如果当事人没有明确规定协议管辖条款是非排他性的，就应被视为排他性的。

我国对于排他性选择法院协议的认定,并没有明确的规定,但相关的实践表明,倾向于认定排他性选择法院协议的效力。

例如,根据2005年《第二次全国涉外商事海事审判工作会议纪要》第8条的规定,“人民法院根据《中华人民共和国民事诉讼法》的规定仅对主合同纠纷或者担保合同纠纷享有管辖权,原告以主债务人和担保人为共同被告向人民法院提起诉讼的,人民法院可以对主合同纠纷和担保合同纠纷一并管辖,但主合同或者担保合同当事人订有仲裁协议或者管辖协议,约定纠纷由仲裁机构仲裁或者外国法院排他性管辖的,人民法院对订有此类协议的主合同纠纷或者担保合同纠纷不享有管辖权”。此纪要明确承认了约定外国法院排他性管辖的效力。

在“徐某某与张某某股权转让纠纷”案①中,最高人民法院关于当事人协议选择法院的排他性约定,与《海牙公约》的做法基本一致。在该案中,双方当事人约定“如违约则可向蒙古国法院起诉”。

对此约定,最高人民法院认为:本案属于股权转让合同纠纷。涉案股权转让合同在蒙古国乌兰巴托市签订,且合同约定转让徐某某持有在蒙古国注册的公司RICHFORTUNE的股权,本案具有涉外因素。本案争议的焦点是涉案合同中管辖条款的效力与排他性问题,直接影响一审法院是否应当受理本案。管辖与受理属于程序问题,一、二审法院适用法院地法律即中华人民共和国法律处理本案纠纷正确。

《民事诉讼法》第34条规定:“合同或者其他财产权益纠纷的当事人可以书面协议选择被告住所地、合同履行地、合同签订地、原告住所地、标的物所在地等与争议有实际联系的地点的人民法院管辖,但不得违反本法对级别管辖和专属管辖的规定。”涉案股权转让合同第7条约定:“协议一经签订,双方不得反悔,如违约则可向蒙古国法院起诉,并有权申请查封RICHFORTUNE相关财产。”该管辖条款约定的管辖法院即蒙古国法院系合同签订地、股权转让义务的履行地法院,与本案争议有实际联系。至于双方当事人没有具体约定纠纷由蒙古国哪一个法院管辖,当事人可以根据蒙古国法律的规定向该国某一具体法院起诉,同样具有确定性。徐某某以协议选择的法院不唯一为由主张该管辖条款

① 参见最高人民法院民事裁定书,(2015)民申字第471号。

无效,缺乏事实和法律依据。双方当事人约定其有权申请查封 RICHFORTUNE 公司的财产,该项约定是否因损害第三人利益而无效,属于实体问题,不影响双方当事人约定蒙古国法院管辖的效力。涉案管辖条款没有违反我国《民事诉讼法》对专属管辖的规定,符合该法第 34 条规定的精神。

一、二审法院认定涉案管辖条款合法有效,并无不当。涉案管辖条款中的"可"字符合起诉系当事人的一项权利而非义务的实际。涉案管辖条款表明在当事人行使诉讼权利时可以向蒙古国法院起诉,但并没有表明当事人有权选择向蒙古国以外的其他国家法院起诉,涉案股权转让合同没有载明蒙古国法院对有关纠纷享有非排他性管辖权。双方当事人签订涉案股权转让合同时,徐某某持有 RICHFORTUNE 公司 100% 的股权,并拟将该股权全部转让给张某某,双方当事人在约定蒙古国法院管辖的同时,进一步约定"有权申请查封位于蒙古国的 RICHFORTUNE 相关财产",虽然在该两项约定中后者不影响前者的效力,但如果当事人依法可以申请法院查封 RICHFORTUNE 公司相关财产,约定蒙古国法院管辖显然是该项查封的一个重要便利条件,由此可以推断双方当事人当时具有选择蒙古国法院管辖的真实意思和特定意图,而难以推断双方当事人还具有可以向其他国家法院起诉的意思。在这种情况下,徐某某认为当事人还可以向其他国家法院起诉,没有合同依据。一、二审法院认定涉案管辖条款具有排他性,具有充分事实依据。当事人就涉案纠纷提起诉讼,应当遵守双方关于管辖法院的约定,向蒙古国法院起诉。

从徐某某与张某某股权转让纠纷案中最高人民法院的立场来看,我国在排他性选择法院协议的认定上,与《海牙公约》是一致的。

五、选择法院协议的独立性

构成合同一部分的排他性法院选择协议应被视为与合同其他条款独立的条款,不能仅因合同无效而认定排他性法院选择协议无效。①

我国的法律规定与此规定并没有冲突。我国《合同法》第 57 条规定:"合同无效、被撤销或者终止的,不影响合同中独立存在的有关解决争议方法的条款的效力。"1980 年《联合国国际货物销售合同公约》第 81 条第 1 款也规定:"宣告合同无效解除了双方在合同中的义务,但应负责的任何损害赔偿仍应负责。

---

① 参见《海牙公约》第 3 条第(d)项。

宣告合同无效不影响合同关于解决争端的任何规定,也不影响合同中关于双方在宣告合同无效后权利和义务的任何其他规定。”

因此,单从选择法院协议的独立性上,公约的规定与我国的法律规定没有实质差别。

六、我国的专属管辖问题

我国《民事诉讼法》第33条规定:“下列案件,由本条规定的人民法院专属管辖:(1)因不动产纠纷提起的诉讼,由不动产所在地人民法院管辖;(2)因港口作业中发生纠纷提起的诉讼,由港口所在地人民法院管辖;(3)因继承遗产纠纷提起的诉讼,由被继承人死亡时住所地或者主要遗产所在地人民法院管辖。”这一规定主要针对国内案件而言,就涉外的角度而言,由于本条规定的是双边性管辖权依据,很难构成“专属性”的管辖。而且关于继承遗产纠纷,本身就规定了选择性的管辖权连结因素,已经不具有“专属性”的特征。但当不动产所在地在中国境内,则完全可以由中国法院专属管辖,其他国家不得行使管辖权。而且根据《海牙公约》第2条第2款的规定,不动产物权和继承纠纷被排除在公约适用范围之外。

我国《民事诉讼法》第266条规定:“因在中华人民共和国履行中外合资经营企业合同、中外合作经营企业合同、中外合作勘探开发自然资源合同发生纠纷提起的诉讼,由中华人民共和国人民法院管辖。”客观地说,即使在投资合同中,我国不规定专属管辖权,其诉讼也大都会在我国进行。因为证据的取得、合同的签订和履行、当事人所在的位置等都可能位于中国境内;如果在他国进行诉讼,不仅会增大诉讼成本,而且会涉及判决需要我国承认和执行问题,这无疑构成当事人进行诉讼时必须权衡的因素;一般来说,在我国境内履行的合营企业合同不仅可能会涉及土地这类“不动产”问题,而且可能会涉及法人的成立、有效、无效、解散或我国有关机构决定其有效、无效等问题,因为中外合资经营企业在我国是以法人的身份进行运作,而且即使对于在我国设立的合作经营企业也几乎百分之百为有限责任公司。[①] “不动产”有关的争议一般由不动产所在地法院专属管辖,这基本上已经成为国际上公认的惯例;而对于法人的有效、无效或解散等问题,由于法人设立并登记于我国,因此自然应属于我国法院专

---

① 参见陈治东:《我国外商投资合同争议国内法适用抵触问题的思考》,载《法学》2002年第6期,第62~69页。

属管辖。因此,按照《海牙公约》规定,我国三资合同专属管辖的规定已经被排除在公约适用范围之外,实无必要进行排除。

第二节　判决承认与执行规则的异同

一、承认与执行的标的

统一的外国法院判决承认与执行制度是《海牙公约》的主要内容,也是其核心目标之一。2005 年《海牙公约》规定,公约中"判决"是指法院就实质问题作出的任何决定,不论其如何称谓,包括裁定或命令,以及法院(包括其职员)对费用的决定,只要此种决定与实质问题有关且可根据公约得到承认与执行即可,但公约规定判决不包括临时性保护措施。① 和解协议在一定条件下也应以判决相同的方式执行。②《海牙公约》区分判决承认与执行的条件:对于承认的判决必须是在原审国有效的判决;而对于执行的判决,则要求在原审国不仅有效而且要具有可执行性。③ 尽管我国法院实践中也对判决的承认和执行进行区分,例如,对离婚判决仅进行承认即可,但我国的法律和司法解释在承认和执行的条件上没有对二者进行实质的区分。

(一)判决的范围

"判决"是一个广义的概念。由于各国法律制度的差异,司法裁决在不同的国家有着不同的名称。例如,在匈牙利,法院就案件事实作出的裁决成为"判决",而就其他事项作出的裁决则称为"命令"。④一般来说,下述事项常常纳入

---

① 2012 年修订的《布鲁塞尔条例 I》第 2 条规定的"判决"系指某一成员国法院或法庭所作的任何决定,而不论该决定的名称是什么,如裁决、命令、决定或执行令状,以及由法院书记官就诉讼费用或其他费用所作的决定。该条例还进一步规定了公证文书和法院和解书也同样可以予以承认与执行。参见修订后的《布鲁塞尔条例 I》第 58 ~ 60 条。第 58 条规定:"在诉讼程序中经法院许可,并可在达成和解的成员国国内执行的和解办法,在被请求国也应以与公证文书同样的条件予以执行。许可和解办法成员国法院或有关机构,经利害关系当事人的请求,应该出具符合本规则附件五标准格式的证明文书。"

② 《海牙公约》第 12 条规定,由排他性选择法院协议指定的缔约国法院已许可的,或者在该法院诉讼程序中当庭达成的,并且在原审国可以与判决相同的方式执行的和解协议,应当根据本公约以判决相同的方式予以执行。

③ 参见《海牙公约》第 8 条第 3 款;Hartley/Dogauchi Report, para. 171。

④ 参见徐宏:《国际民事司法协助》,武汉大学出版社 2006 年第 2 版,第 224 页。

“判决”的范畴之内:法院制作或经法院认可的调解书、[1]刑事案件有关损害赔偿的裁决、[2]先行给付的裁决、[3]诉讼保全的裁定[4]等。

在我国,“外国法院判决”也是指广义上的概念。在2003年《最高人民法院关于中国公民黄爱京申请承认外国法院离婚确认书受理问题的复函》[5]中,中国公民黄爱京申请人民法院承认韩国法院离婚确认书。最高人民法院认为,该确认书应视为韩国法院出具的法律文书。[6]

关于判决的界定和范围,中外双边司法协助协定也多有规定。例如,《中华人民共和国与哈萨克斯坦共和国关于民事和刑事司法协助的条约》第17条第2款就规定,本条约所指的“法院裁决”在中华人民共和国方面系指法院作出的民事判决、裁定、决定和调解书及刑事案件中有关损害赔偿的裁决。在哈萨克斯坦共和国方面系指法院(法官)和仲裁法院(法官)作出的民事判决、裁定、决定和调解书及刑事案件中有关损害赔偿的判决。

《中华人民共和国和吉尔吉斯斯坦共和国关于民事和刑事司法协助的条约》第16条“应予承认与执行的裁决”也规定:缔约双方应依本条约的规定,在各自境内承认本条约生效后在缔约另一方境内作出的下列裁决,其中依裁决性质应予执行者,则予以执行:(1)法院的民事裁决;(2)法院对刑事案件中有关损害赔偿作出的裁决;(3)仲裁裁决。而该条所指的“法院裁决”,在中华人民共和国方面系指法院作出的判决、裁定、决定和调解书。

另外,2006年《内地与澳门特别行政区关于相互认可和执行民商事判决的

---

① 参见《马其顿国际私法》第99条第2款;《斯洛文尼亚国际私法与诉讼程序法》第94条第2款规定,外国法院判决亦包括法院调解;《保加利亚国际私法典》第122条规定,只要法院调解在调解作出地国与法院判决具有同等法律效力,则外国判决就包括外国的调解书。

② 《土耳其国际私法与国际民事诉讼程序法》第50条第2款规定,外国法院在刑事判决中作出的附带私法关系的判决,同样可依照有关规定申请发布执行令。

③ 《保加利亚国际私法典》第123条规定,某项用以证明某债权在文件出具地国具有可执行性的外国官方文件,如果要在保加利亚共和国具有可执行性,亦适用外国判决承认与执行的条件(第117~121条规定的条件)。

④ 《保加利亚国际私法典》第124条规定,如果外国采取执行及保护措施的机构依照保加利亚法律规定具有管辖权,而且该措施不违反保加利亚的公共秩序,则该措施的民事法律后果在保加利亚共和国受到尊重。

⑤ 2003年5月12日,〔2003〕民立他字第15号。

⑥ 参见《最高人民法院关于中国公民申请承认外国法院和解权告决定书等法律文书的请示的复函》,2010年9月29日,〔2010〕民四他字第56号。

安排》①第 1 条规定，该安排适用于内地与澳门特别行政区民商事案件（在内地包括劳动争议案件，在澳门特别行政区包括劳动民事案件）判决的相互认可和执行；亦适用于刑事案件中有关民事损害赔偿的判决、裁定，但不适用于行政案件。而且该安排所称“判决”在内地包括：判决、裁定、决定、调解书、支付令。

（二）确定的判决

2005 年《海牙公约》第 8 条规定：“一项判决只有在原作出地具有效力才能得到承认，并且只有在原作出地是可执行的才能得到执行。”可见，公约也是参照作出判决的法院所在地国的法律来判断判决的执行力。

我国与外国缔结的双边司法协助协定均把依判决作出国法律判决已经生效或具有执行力作为承认与执行的必要条件之一。例如，《中华人民共和国和白俄罗斯共和国关于民事和刑事司法协助的条约》第 21 条规定的不予承认与执行的情形有：“根据作出裁决的缔约一方的法律，该裁决尚未生效或不具有执行力”；《中华人民共和国和古巴共和国关于民事和刑事司法协助的协定》第 25 条规定：“根据提出请求的缔约一方的法律，该裁决尚未生效或不能执行”；《中华人民共和国和阿拉伯埃及共和国关于民事、商事和刑事司法协助的协定》第 21 条规定：“根据作出裁决的缔约一方的法律，该裁决尚未生效或者不能执行”。其他还有《中华人民共和国和法兰西共和国关于民事、商事司法协助的协定》第 22 条、《中华人民共和国和意大利共和国关于民事司法协助的条约》第 21 条等。

在最高人民法院关于申请承认（及执行）德意志联邦共和国奥芬堡州法院第 20460/07 判决一案的请示的复函②中，针对德国法院作出判决后，没有按照《海牙送达公约》（中德均为成员国）所规定的中央机关途径送达，而是邮寄送达。最高人民法院认为，我国不认可德国奥芬堡州法院向北京富克拉家具销售有限公司邮寄第 20460/07 判决书的送达方式，故该判决尚未对北京富克拉家具销售有限公司发生法律效力。按照《民事诉讼法》的规定，当事人向人民法院申请承认和执行的外国法院作出的判决应当是发生法律效力的判决。因第 20460/07 判决尚未对北京富克拉家具销售有限公司发生法律效力，故申请承认与执行该判决的条件尚不具备。建议北京市第二中级人民法院向申请人胡克拉床垫和软垫家具厂有限公司释明以上法律规定，并告知待完成我国法律认可

---

① 法释〔2006〕2 号，2006 年 2 月 13 日最高人民法院审判委员会第 1378 次会议通过。

② 2010 年 12 月 23 日，〔2010〕民四他字第 81 号。

的送达程序后再向人民法院申请承认和执行。如申请人仍坚持其申请,则裁定驳回其申请。从这个案件可以看出,确定性的判决并不仅是既判力问题,对当事人是否生效也是重要的考察领域。

总结前述规定和案例实践,我国法律关于确定性判决的要求,实际上也是根据裁决作出地国的法律来判断,与公约的规定没有实质性差异。

二、拒绝承认与执行的理由

关于拒绝承认与执行外国法院判决的理由,公约主要规定了以下 5 种。

(一)选择法院协议无效

判决作出国法院具有管辖权,是其审判的前提,也是我国法院承认与执行外国法院判决的必备条件。在一项选择法院协议中,如果协议无效,则原审国就不具有正当的管辖权,其判决也就不能得到承认和执行。根据《海牙公约》的规定,选择法院协议无效在判决承认与执行阶段主要有两种情形:一是协议根据被选择法院国法律无效,但被选择法院确定协议有效的除外;二是根据被请求承认与执行法院地国法律,一方当事人缺乏缔结管辖权协议的能力。[①]

关于第一种情形,根据 2006 年最高人民法院《关于内地与香港特别行政区法院相互认可和执行当事人协议管辖的民商事案件判决的安排》第 9 条第 1 款的规定,存在下列情况,则可裁定不予认可和执行:“根据当事人协议选择的原审法院地的法律,管辖协议属于无效。但选择法院已经判定该管辖协议为有效的除外。”这一规定与《海牙公约》第 9 条第 1 款的规定相同。

关于第二种情形,是与我国法律一致的。一方当事人缺乏缔结管辖权协议的能力,协议自然无效,原审国法院就不具备合格的管辖权。

(二)程序不正当

考量正当程序是各国在判决承认与执行阶段的基本要求,通常包括充分抗辩和合法送达两个方面。《海牙公约》也规定了这两个方面的要求:一是如果被告收到相关诉讼的文书后没有足够的时间安排答辩,则可拒绝承认和执行。例外情形是,被告在原审法院出庭并答辩,而且在原审国法律允许就迟延通知提出异议的条件下,没有提出异议。该例外情形旨在鼓励被告尽可能在原审程序行使辩护权,而不能把异议的权利留在执行阶段,从而导致不必要的程序拖

---

① 参见《海牙公约》第 9 条第 1 款和第 2 款。

延。[①] 二是在被请求国通知被告的方式与被请求国有关文书送达的基本原则不符时,可拒绝承认和执行。[②] 在送达领域,我国对于此种情形,也拒绝承认和执行外国的判决。[③]

败诉一方当事人的权利是否得到了保障,首先表现为他是否得到了合法的送达和合理的辩护机会。我国与外国订立的司法协助条约中一般规定,如果根据作出判决一方的法律,未出庭的败诉一方未经合法传唤,或者虽经传唤,但没有足够的时间让败诉方来充分准备,则被请求方有权拒绝承认与执行外国法院就有关案件作出的判决。例如,1995年《中华人民共和国和塞浦路斯共和国关于民事、商事和刑事司法协助的条约》第25条规定:"在缺席裁决的情况下,根据在其境内作出裁决的缔约一方的法律,未参加诉讼并被缺席裁决的一方当事人已被适当地通知应诉",裁决应被承认与执行;1995年的《中华人民共和国和匈牙利共和国关于民事和商事司法协助的条约》也在第17条将"按照在其境内作出裁决的缔约一方的法律,未出庭的败诉一方已经合法传唤,无诉讼行为能力的败诉一方已依法得到代理",作为承认与执行的条件之一。[④]

需要说明的是,我国人民法院要求对外国法院送达的程序作出明确的说明,且送达方式符合我国法律的要求。在最高人民法院关于对伏尔加—第聂伯航运公司申请执行俄罗斯联邦乌里扬诺夫斯克州仲裁法院裁决处理结果的请示的答复[⑤]中,最高人民法院认为,根据1993年11月14日生效的《中华人民共和国和俄罗斯联邦关于民事和刑事司法协助的条约》第17条第2款第2项之

---

① See Hartley/Dogauchi Report, para. 186.

② 参见《海牙公约》第9条第3款。

③ 参见何其生:《我国域外送达机制的困境与选择》,载《法学研究》2005年第2期,第126~137页。

④ 这里是从正面规定承认与执行外国判决的条件中的送达问题,而从反面规定拒绝承认与执行裁决的情形,同样也是"根据作出裁决的缔约一方的法律"。如1992年《中华人民共和国和西班牙王国关于民事、商事司法协助的条约》第22条规定:"根据作出裁决的缔约一方法律,在缺席判决的情况下,败诉一方当事人未经合法传唤",则裁决不予承认与执行;1993年《中华人民共和国和白俄罗斯关于民事和刑事司法协助的条约》第21条规定:"根据作出裁决的缔约一方法律,未出庭的当事一方未经合法传唤,或……",则外国法院的判决不予承认与执行。其他如中国与古巴、埃及、保加利亚、希腊、意大利、哈萨克斯坦、吉尔吉斯斯坦、蒙古、摩洛哥、波兰、罗马尼亚、俄罗斯、塔吉克斯坦、土耳其、乌克兰、乌兹别克斯坦等国签订的双边司法协助条约或协定,都有如此规定。

⑤ 2005年9月25日,〔2005〕民四他字第33号,参见万鄂湘主编,最高人民法院民事审判庭第四庭编:《涉外商事海事审判指导》[2005年·第2辑(总第11辑)],人民法院出版社2006年版,第157页。

规定,应当证明未出庭的当事一方已经合法传唤。而俄罗斯联邦乌里扬诺夫斯克州仲裁法院仅证明开庭审理的日期和地点已通过应有的途径通知了被申请人,但未同时指明"应有的途径"具体是什么途径。此种证明是不充分的。此外,该法院亦未证明申请人申请执行的 8 份裁决已经合法送达给了被申请人。鉴于上述情况,可以认定申请人提出司法协助请求的手续不齐全,但不宜以上述条约第 20 条第 5 项之规定拒绝承认与执行。

在最高人民法院关于对乌兹别克斯坦共和国 Chorvanaslxizmat 有限责任公司申请承认和执行乌兹别克斯坦共和国费尔干纳州经济法院作出的 No. 15 – 08 – 06/9474 号民事判决一案的请示的复函中,[①]最高人民法院认为,乌兹别克斯坦国法院向我国境内当事人送达开庭传票和判决书,应由乌兹别克斯坦国的中央机关以请求书的形式向我国的中央机关提出请求,由我国的中央机关进行送达。本案中,乌兹别克斯坦国费尔干纳州经济法院一是通过我国驻乌国大使馆经商参处转新疆外经贸厅转交海洪公司送达开庭传票,二是通过传真方式送达开庭传票及判决书,这两种方式均不符合《海牙送达公约》规定,有损我国的司法主权。

在实践中,经常出现外国法院采用与我国法律相违背的方式向我国境内的当事人送达文书的情况,如直接邮寄送达。这些方式虽然为我国法律所禁止,但依原判法院所在国的法律则是合法和有效的,如果对进行了这种送达的外国法院判决予以承认,就与我国现行的法律冲突。

(三)欺诈

如果判决是通过与程序事项有关的欺诈作出的,《海牙公约》规定,被请求国法院可以拒绝承认和执行。公约规定的程序性欺诈包括蓄意欺骗和故意的不道德行为。例如,在向被告送达诉讼令状时,原告故意向错误的地址送达或促使别人向错误的地址送达;或者原告故意向被告提供错误的开庭时间和地点等信息;或者一方当事人贿赂法官、陪审员和证人或者故意隐瞒关键证据。[②] 而在签订选择法院协议时,如果一方故意冒充他方签署协议,也属于此处的欺诈。[③]

---

① 2011 年 8 月 16 日,〔2011〕民四他字第 18 号。

② See Hartley/Dogauchi Report(2007),para. 186.

③ 参见徐国建:《建立国际统一的管辖权和判决承认与执行制度——海牙〈选择法院协议公约〉述评》,载《时代法学》2005 年第 5 期,第 5 ~ 16 页。

请求承认与执行的外国法院不能以欺诈的方式获得，否则，该判决就会被拒绝承认与执行。欺诈是英美法系国家公共秩序之外的一个重要的抗辩理由，在大陆法系国家其通常列入公共秩序的范畴。我国目前在此方面不仅缺乏规定，而且实践较少。

（四）公共政策

公共政策作为安全阀，是各国在判决承认与执行制度上必不可少的规定。尽管各国对于公共政策内涵的理解有一些差别，但大都倾向于狭义解释公共政策，限制公共政策适用的范围。① 《海牙公约》第 5 条第 5 款也规定了公共政策，即承认或执行外国判决将会与被请求国的公共政策明显相悖，包括导致该判决的具体诉讼程序不符合被请求国程序公正基本原则的情形，可以拒绝承认和执行外国法院的判决。与被请求国的公共政策"明显相悖"的要求，旨在为公共政策建立起较高的门槛，同时与《海牙公约》第 6 条所规定的公共政策保持一致。而在一些国家，违反程序公正的基本原则也属于公共政策的范畴，《海牙公约》所规定的"不符合被请求国程序公正基本原则的情形"主要是为了满足这些国家的关切。②

从《海牙公约》的规定来看，与我国立法和司法实践关于公共政策的范围没有明显冲突，范围似乎更大，不影响我国现有立法。

（五）与既有判决相冲突

根据《海牙公约》第 9 条的规定，判决相互冲突包括两种情形：一是外国法院判决与被请求国法院就相同当事人间的争议所作出的判决相冲突；③二是外国法院判决与较早前第三国就相同当事人之间的相同诉因作出的判决相冲突。④ 在第二种情形下拒绝承认和执行外国判决需要满足如下条件：当事人选择法院所作出的判决要晚于第三国法院所作出的判决；当事人相同；诉因相同；第三国法院的判决满足在被请求国承认所必需的条件。⑤

我国与外国缔结的双边司法协助条约多数规定，被请求承认与执行的缔约一方的法院对于相同当事人之间就同一标的的案件已经作出了生效裁决，或正

---

① 具体可参见何其生：《国际商事仲裁司法审查中的公共政策》，载《中国社会科学》2014 年第 7 期，第 160 ~ 163 页。

② See Hartley/Dogauchi Report, para. 190.

③ 参见《海牙公约》第 9 条第 6 款。

④ 参见《海牙公约》第 9 条第 7 款。

⑤ See Hartley/Dogauchi Report, para. 193.

在进行审理,或已承认了在第三国对该案件所作的生效裁决,在此情形下,不予承认与执行外国法院的判决。①

如果一方当事人请求承认与执行外国法院判决时,被请求国法院正在就相同当事人之间同一标的的案件进行审理,是否拒绝承认与执行外国法院的判决,各国的做法并不一致。我国与外国缔结的双边司法协助条约大多规定,被请求承认与执行的缔约一方的法院对于相同当事人之间就同一标的的案件正在进行审理,在此情形下,不予承认与执行外国法院的判决。②而根据我国与意大利、蒙古等国缔结的司法协助条约的规定,被请求国法院并不能因为案件正在由其审理而当然地拒绝承认与执行外国法院的判决,只有在被请求国法院比作出判决的外国法院先受理的情况下,才能拒绝承认与执行外国法院的判决。③

总之,尽管我国法院承认与执行的外国法院判决不多,但我国已经缔结了30多个双边司法协助协定。这些协定规定的拒绝承认与执行外国法院判决的理由与《海牙公约》相差无几。④ 因此,批准《海牙公约》在拒绝承认与执行理由方面与我国法律制度没有实质冲突,还能使若干具体理由明确化。

三、审查标准

《海牙公约》第8条第2款规定,在不损害为适用公约规定所必需的审查的情况下,不得对原审法院所作判决的实体问题予以审查。

我国与外国缔结的双边司法协助条约也作出了类似的规定,如《中华人民共和国和俄罗斯联邦关于民事和刑事司法协助的条约》第18条第2款就规定"被请求主管机关可以审查该裁决是否符合本条约的规定,但不得对该裁决作任何实质性的审查"。《中华人民共和国和西班牙王国关于民事、商事司法协助的条约》第23条第2款规定:"被请求的缔约一方法院应当审核请求承认与执行的裁决是否符合本条约的规定,但不得对该裁决作任何实质性审查。"《中华人民共和国和乌克兰关于民事和刑事司法协助的条约》第19条第2款规定:

---

① 参见《中华人民共和国和白俄罗斯共和国关于民事和刑事司法协助的条约》第21条第4项;《中华人民共和国和古巴共和国关于民事和刑事司法协助的条约》第25条第4项。

② 同上。

③ 参见《中华人民共和国和意大利共和国关于民事司法协助的条约》第21条第5项,《中华人民共和国和蒙古人民共和国关于民事和刑事司法协助的条约》第18条第4项。

④ 参见何其生:《比较法视野下的国际民事诉讼》,高等教育出版社2015年版,第325~338页。

“被请求主管机关可以审查该裁决是否符合本条约的规定,但不得对该裁决作任何实质性的审查。”《中华人民共和国和乌兹别克共和国关于民事和刑事司法协助的条约》第 19 条第 2 款也规定:“被请求的主管机关可以审查该裁决是否符合本条约的规定,但不得对该裁决作任何实质性的审查。”

《中国国际私法示范法》第 161 条第 1 款也规定:“中华人民共和国法院对于申请承认与执行的外国法院的判决,应当依据本章的规定进行审查,但不对该判决认定事实是否正确、适用法律是否得当作实质审查。”需要注意的是,被请求法院不对外国法院判决进行实质性审查,并不排除被执行人在承认与执行程序中就与该判决相关的特定事项提出异议的权利。

因此,在外国判决的形式审查上,《海牙公约》的规定也能够为我国所接受。

四、先决问题

根据《海牙公约》第 2 条和第 10 条①的规定,公约关于先决问题的规定有如下几个层次:

首先,对于《海牙公约》第 2 条第 2 款所规定的排除事项,如果其是作为案件审理的先决问题出现,对于该事项本身的认定不应予以承认和执行;而基于该排除事项的认定作出的相关判决内容,可以拒绝承认与执行。

其次,对于《海牙公约》第 21 条所规定的排除事项,例如,如果我国就三资企业合同的管辖权进行排除声明,关于该事项的认定也不应根据公约予以承认和执行;对于基于该管辖权而作出的有关判决内容,中国可以拒绝承认和执行。

最后,如果一起案件涉及某一注册性的知识产权的有效性,即以该知识产

---

① 《海牙公约》第 10 条　先决问题

一、如果根据第 2 条第 2 款或者根据第 21 条排除的事项作为先决问题产生时,关于该事项的认定不应根据本公约予以承认和执行。

二、如果判决是以一项就第 2 条第 2 款排除的事项作出的认定为依据,可以在该限度内拒绝承认或者执行该判决。

三、但是,在涉及除著作权和邻接权以外的知识产权的有效性作出认定的案件中,承认或者执行一项判决只有在下列情况下可以根据前款加以拒绝或者推迟:

(一)该认定与根据其法律产生知识产权的国家的主管机关就此作出的判决或者决定不一致;

(二)在该国关于该知识产权有效性的诉讼程序正在进行。

四、如果判决是基于被请求国根据第 21 条声明排除的事项的裁决作出的,可以在该限度范围内拒绝承认或者执行该判决。

权的有效性为先决问题，则仅在两种情况下可以拒绝或推迟承认或执行：一是判决与知识产权来源国主管机关的认定不同；二是在知识产权的来源国正在就此问题进行诉讼。该规定的要旨在于：判决作出国关于知识产权有效性的认定需与知识产权来源国保持一致。

我国法律关于管辖权、外国判决承认与执行中的先决问题没有规定。考虑到先决问题本身不是案件解决的核心问题，且知识产权等问题可以被我国声明排除在外，该规定对于我国没有实质性的影响。

五、惩罚性赔偿判决与可分割判决

《海牙公约》规定了惩罚性判决[①]和可分割判决[②]问题，这两个问题一直是谈判中各国争议的焦点。关于惩罚性赔偿问题，《海牙公约》第 11 条使用了两个术语"惩戒性"(exemplary)或者"惩罚性"(punitive)赔偿。这两个术语意味着外国法院的判决旨在惩罚被告，阻止其再从事类似的行为，而不是损害赔偿的基本功能：补偿实际损失。在公约协商过程中，针对有些国家的法院利用惩戒性赔偿或惩罚性赔偿制度，作出损害赔偿的判决有可能远远超过原告的实际损失，一些代表主张适用公共政策例外；另一些代表则表示，由于他们国家严格限制公共政策的适用范围，惩罚性赔偿判决不能纳入公共政策的范畴。[③] 因此，《海牙公约》专门规定了惩罚性赔偿问题，即如果判决确定的损害赔偿，包括惩戒性或者惩罚性赔偿，并未赔偿当事人的实际损失或者所受的损害，则可以在该限度范围内拒绝承认或者执行该判决。[④] 但对损害赔偿的审查，《海牙公约》第 11 条设置了较高的门槛，仅在判决的数额明显地超过实际损失或所遭受的损害，或者判决中清楚地提到惩戒性赔偿或惩罚性赔偿，或具有这类赔偿特征时，方可启动。[⑤] 关于损害赔偿的评估，《海牙公约》第 11 条采取的是自治模式，即惩罚性赔偿由被请求国法院审查，但这并不意味着被请求国法院适用被请求国关于损害赔偿的法律。即使存在惩罚性赔偿，《海牙公约》依旧禁止对案

---

① 参见《海牙公约》第 11 条。

② 参见《海牙公约》第 15 条。

③ See Hartley/Dogauchi Report, paras. 204 – 205.

④ 但在实际损失方面，各国的计算方法也有差别。例如，英国的实际损失就与法国的不同，英国包括未来的损失。See Hartley/Dogauchi Report, para. 205(c).

⑤ See Hartley/Dogauchi Report, para. 205(d).

件进行实体性审查。就像其他拒绝理由一样,它仅适用于极其例外的情形。[①]

惩罚性判决的承认与执行必然涉及判决的分割问题。《海牙公约》为了鼓励尽可能地承认和执行外国判决,在第15条专门规定了可分割的判决,即如果当事人只申请部分承认或者执行外国法院判决,或者根据本公约只有部分判决能够予以承认或者执行,则该项外国判决可分割的部分应予承认或者执行。对于可分割的部分,争议的问题必须具有相对独立性;而在判决的分割问题上,则适用被请求国法律。[②] 由于我国目前实践中很少有外国法院的判决被承认和执行,这方面的实践尚未出现。但对外国仲裁裁决的承认与执行,我国法院已有相关实践。例如,我国人民法院在美国GMI公司与芜湖冶炼厂买卖合同纠纷案[③]中,就对裁决进行了分割。

因此,根据《海牙公约》的规定,惩罚性判决和其他可分割判决均可分割承认与执行,这在一定程度上缓冲了外国惩罚性赔偿等情形对我国造成的冲击。我国在批准《海牙公约》时不必作出特别的制度安排。

第三节 小结与建议

总结以上研究可以发现,《海牙公约》在协议管辖制度和判决承认与执行制度方面确立的规则绝大部分与我国现行法律制度和司法实践没有实质性差异,它确立的选择法院协议独立性原则,判决承认与执行中的形式审查、先决问题、惩罚性赔偿判决和可分割判决规则,实质上有利于我国在国际民商事管辖权和

---

① See Hartley/Dogauchi Report, para. 205(h).

② See Hartley/Dogauchi Report, para. 217.

③ 最高人民法院《关于美国GMI公司申请承认英国伦敦金属交易所仲裁裁决案的复函》,(2003)民四他字第12号,载万鄂湘主编:最高人民法院民事审判第四庭编:《涉外审判指导》[2004年·第1辑(总第7辑)],人民法院出版社2004年版,第30~35页。仲裁庭根据美国GMI公司与芜湖冶炼厂签订的买卖合同中的仲裁条款受理案件,就仲裁范围而言,仲裁庭只能对GMI公司与芜湖冶炼厂之间的买卖合同纠纷作出裁决,但其却根据GMI公司的申请,将与GMI公司之间没有仲裁协议的芜湖恒鑫铜业集团有限公司列为仲裁被申请人,对GMI公司与芜湖冶炼厂及芜湖恒鑫铜业集团有限公司三方之间的纠纷作出了裁决。最高人民法院认为,本案中仲裁庭有权裁决部分和超裁部分是明确可以区分的。从最终裁决结果来看,有明确裁决芜湖冶炼厂单独承担责任的部分,就该部分裁决而言,仲裁庭有权裁决,而且与超裁部分是可分的,亦不存在其他不应予以承认和执行的情形,因此,对于涉及芜湖冶炼厂单独承担责任部分的裁决应予承认和执行。而对于无法区分部分的裁决不应予以承认和执行。

判决跨国流动方面开展国际合作。而《海牙公约》关于选择法院协议的书面要求和拒绝承认与执行外国法院判决的理由弥补了我国现行法律的空缺、澄清了我国立法的相关规定。只有选择法院协议的实际联系要求和准据法的确定,与我国法律存在实质差别。对于这些差别,《海牙公约》允许缔约方作出声明,我国完全可以通过声明排除该公约的适用,或者通过修改国内法实现与该公约的协调。具体的声明案文或者修改方案见本书第七章。因此,我国批准《海牙公约》并不存在国内法障碍。

第四章 《海牙公约》与中国缔结的双边司法协助条约的异同

我国虽然签署了《海牙公约》,但迄今尚未批准。随着公约的生效,我国应该深入考量是否批准该公约。早在2014年6月25日,我国香港特别行政区立法会议员曾就香港特别行政区是否加入公约问题进行了质询。① 随着新加坡正式批准公约,我国香港特别行政区方面表现得更为积极。

到目前为止,我国尚未参加任何国际多边管辖权和判决承认与执行公约。但截至2016年1月,中国与外国共签订了37个与民(商)事有关的双边司法协助条约(以下简称双边条约)。其中,中国—比利时的双边条约未生效。在这些双边条约中,除了中国—泰国、中国—新加坡、中国—韩国的双边条约无判决承认与执行相关的内容之外,其他双边条约都有相关内容。为了厘清这些双边条约与《海牙公约》的关系,本章以涉及判决承认与执行的33个双边条约为依据,详细分析这些双边条约与《海牙公约》的差异,探讨中国如果批准《海牙公约》,如何处理它与这些双边条约之间的关系。

---

① 参见立法会十五题:《海牙选择法院协议公约》,载香港特别行政区政府律政司网:http://www.doj.gov.hk/mobile/sc/public/pr/20140625_pr.html,最后访问日期:2016年6月26日。

第一节 适用范围

从适用范围来看,《海牙公约》与双边条约存在如下差异。

一、适用范围和除外清单的范围

《海牙公约》第1条第1款规定,该公约主要适用于国际案件中就"民事或者商事事项"签订的"排他性选择法院协议",由于很多民事或商事事项不适合协议管辖,《海牙公约》第2条第2款列出了16项公约不予适用的排除清单。此外,《海牙公约》第2条第1款排除了消费者合同和雇佣合同的适用。在双边条约方面,约60.6%(20项)的双边条约在传统的民(商)事表述外还另外列明了一些事项,主要包括婚姻法、家庭法、劳动法、有关身份的案件;仅有约18.2%(6项)的双边条约涉及排除事项,排除清单也比较短,最多涉及继承、破产或类似程序、社会保障、临时措施和保全措施事项。

二、法院对费用开支的决定

《海牙公约》第4条第1款中的判决明确包括法院(或法院职员)对费用开支的决定,即上述决定属于《海牙公约》的适用范围。在双边条约方面,仅有约12.1%(4项)的双边条约明确规定其适用于诉讼费用。

三、审理刑事案件的法院就民(商)事权利作出的裁判文书

在审理刑事案件的法院就民(商)事权利作出的裁判文书中,法院的管辖权并非总是来自当事人的协议,故不属于《海牙公约》意义上的判决。以我国为例,依据我国《刑事诉讼法》第99条,当事人提起附带民事诉讼不是基于双方之间的选择法院协议,而是依据法律的规定,故不能适用《海牙公约》。但是,双边条约不限于协议管辖,故审理刑事案件的法院就民(商)事权利作出的裁判文书,可以适用双边条约。

四、临时保护措施

《海牙公约》第4条第1款明确把临时保护措施排除出"判决"的范围,第7条也明确规定《海牙公约》不适用于临时保护措施,因为临时保护措施不涉及实

体问题,不满足第 4 条第 1 款关于判决的定义。[①] 双边条约中大多不涉及临时保护措施,但又似乎包括临时保护措施,此外 15.2%(5 项)的双边条约涉及临时保护措施,但仅涉及生活费和扶养。

五、司法和解协议

《海牙公约》第 12 条对司法和解协议作了定义,可以是在诉讼程序之外达成并由法院许可的,也可以是在诉讼程序中当庭达成的,此外,和解协议的承认与执行以其在原审国可以与判决相同的方式执行为前提。双边条约中除中国—阿尔及利亚条约之外,均规定条约适用于司法和解协议(包括司法调解书等)。

表 2 《海牙公约》与双边条约适用范围异同一览

	《海牙公约》	中国签订的双边司法协助条约
适用事项	"判决":法院就争议事实所做的任何决定,而不管其称谓是什么,包括裁决、命令以及法院(包括法院官员)对费用或开支的决定,只要该决定与依法做出的可能依据本公约被承认与执行的判决有关	民商事—无增加无排除:3 项 民商事—有增加无排除:15 项 民商事—无增加有排除:4 项 民商事—有增加有排除:2 项 民事—无排除有增加:5 项 民事—无排除无增加:4 项
不适用事项	第 2 条第 1 款:消费者合同,雇佣合同 第 2 条第 2 条、第 3 款:16 项排除事项,但不包括仅作为先决问题时	无排除:27 项 有排除:6 项
费用开支决定	适用	未涉及:29 项 有规定:4 项
临时保护措施	不是判决,不适用	未涉及:28 项(似乎可以适用) 有涉及:5 项(一般不适用,但涉及生活费或抚养案件除外)
司法调解书	已经核准,或已经在法院进入诉讼之前订立的司法和解(司法交易),与作为原审国判决具有相同方式的可执行性	执行同判决:32 项 未规定:1 项(阿尔及利亚)

① See Hartley/ Dogauchi Report, para. 116.

第二节 判决承认和执行的条件

从承认和执行的条件来看,《海牙公约》与双边条约存在如下差异(具体见表3)。

一、只能依据条约规定的拒绝理由

是否只能依据条约规定的理由拒绝承认与执行法院判决,《海牙公约》对此作了明确规定,但只有75.8%(25项)的双边条约对此作出明确规定。其中,中国—阿尔及利亚条约规定法院应当“依职权”进行审查,并将审查结果写入裁判文书;在未明确规定的8个双边条约中,仅中国—古巴条约没有相应规定,7个条约规定为“可以审核”裁决是否符合本条约的规定。

二、判决的实质性审查

是否明确规定不得对判决进行实质性审查,《海牙公约》和69.7%(23项)的双边条约对此作了明确规定。

三、判决的效力

《海牙公约》和所有的双边司法条约均明确以请求国法律来判断判决的有效性和可执行性,两者对可执行性的要求大体一致,但在判决效力的措辞上有所区别:《海牙公约》的措辞为有效(have effect);66.7%的双边条约措辞为“生效”,也有部分条约措辞为“终局”“最终”和“终结”。

四、请求方确定管辖权所认定的事实

关于被请求国是否应受到请求方确定管辖权所认定的事实约束,《海牙公约》明确规定被请求国应受约束,但缺席判决除外;在双边条约中,约93.9%(31项)对此未作规定,但根据不得对判决进行实质审查似乎得出同样的结论。

五、请求国复审中的判决

关于是否可以承认与执行请求国复审中的判决,《海牙公约》明确规定了对请求国复审中或复审期内的判决,可以推迟或拒绝,该拒绝不影响再次申请;双

边条约对此均没有明确规定，但从判决的有效性和可执行性的角度似乎可以得出同样的结论。

表 3 《海牙公约》与双边条约承认与执行条件异同一览

	《海牙公约》	中国签订的双边司法协助条约
仅可依条约理由拒绝	明确规定	有明确规定：25 项
不得对判决进行实质性审查	明确规定	有明确规定：23 项
管辖权事实认定的拘束性（缺席判决除外）	明确规定	仅 6.1%（2 个）条约有规定（中国—阿联酋条约，中国—科威特条约），但似乎可以推定
待承认与执行判决的效力	判决的承认/执行的前提：其在请求国有效/可执行	均以裁决方法律为准，且除保加利亚外均有执行力的要求；但对于判决的效力所用措辞不同： 1. 确定：仅中国—法国条约使用 2. 生效：22 个双边条约使用 3. 终局/最终/终结：分别为 5/3/2，共 10 个
普通复审中的判决的承认与执行	请求国普通复审中或普通复审期内的判决，可以推迟或者拒绝承认或者执行；拒绝不妨碍再次申请	无规定，但似乎可推定

第三节　拒绝承认与执行的条件

在拒绝承认与执行的条件上，《海牙公约》与双边协议存在如下区别。

一、应当拒绝还是可以拒绝

如果符合拒绝的条件，法院是应当拒绝还是可以拒绝，以及是否需要说明拒绝理由，《海牙公约》规定为“应当”拒绝，但对是否需要说明理由没有明确规定；在双边司法协助条约中，51.5%（17 项）规定为“应当”拒绝，39.4%（13 项）

规定为“可以”拒绝。在以广义的公共秩序保留(具体范围见表5)和非/超出司法机关主管范围为由拒绝时,81.8%(27项)的双边条约规定“应当”说明拒绝理由。

表4 《海牙公约》与双边条约拒绝承认与执行条件异同一览

	《海牙公约》	中国签订的双边司法协助条约
可以/应当拒绝	可以	可以拒绝:13项 应当拒绝:17项 未明确规定:3项
无管辖权	依请求国法律,选择法院协议无效;但被选择法院已确定该协议有效的除外	依被请求方法律:14项 依条约管辖规则:11项 无规定:8项
各方无诉讼行为能力未合法/适当代理	依请求国法律,一方当事人缺乏缔结该协议的能力	依裁决方法律:28项 依被请求方代理法律:2项,阿联酋/科威特 未明确依哪国法律:3项
缺席判决未经合法/正当传唤	事实标准:在足够的时间内以使得被告能够安排答辩的方式通知被告,例外:被告在原审法院出庭并答辩(未提出异议),且原审国法律允许就通知提出异议	法律标准: 依裁决方法律:30项 依缺席方其本国法:2项,阿联酋/科威特 未明确依哪国法律:1项,法国
出庭通知方式违法	被请求国通知被告的方式与被请求国有关文书送达的基本原则不符	无明确规定
程序欺诈	与程序事项有关的欺诈	无明确规定

二、被选择法院管辖权的法律适用

在确定被选择法院是否有管辖权时,《海牙公约》在两种情形下,均适用请求国法律;在双边司法协助条约中,大部分条约要么适用被请求方法律,要么适用公约规定的管辖规则;在规定了管辖规则的双边司法协助条约中,明示管辖无须书面和必须书面的数量大致相当。

三、对缺席方的合法传唤

判断对缺席方的传唤是否合法的标准,《海牙公约》适用事实标准,而双边条约除中国—法国条约未明确规定外,其他的都适用法律标准,且除阿联酋和科威特适用缺席方本国法外都以作出裁决的缔约一方的法律为准。此外,缺席方虽未明确规定是败诉方,但应理解为缺席败诉方,一些双边条约还包括被剥夺答辩权利(可能性)的一方。

对于当事人是否缺乏缔结排他性选择法院协议的能力,《海牙公约》规定适用请求国法律;且任一方缺乏上述能力时,被请求方可以拒绝承认与执行;在双边司法协助条约中,则须审查当事人是否得到合法或适当的代理;除 3 个条约未明确规定外,大多数双边条约适用作出裁决的一方的法律,只有中国—阿联酋和中国—科威特适用被请求方代理法律。

四、公共秩序保留的范围

关于公共政策的范围,《海牙公约》未作明确规定,但突出规定程序公正的基本原则;双边司法协助条约一般采用广义的公共秩序保留,约 81.8%(27 项)的条约规定了主权、安全、公共秩序,另有 15.2%(5 项)的条约以“重大公共利益”的措辞来替代“公共秩序”;约 51.5%(17 项)的条约规定了“法律的基本原则”(其中中国—阿联酋条约、中国—科威特条约规定为“现行法律、宪法原则”,中国—塞浦路斯则规定为“法律”);约 15.2%(5 项)的条约规定了“基本或重大利益”。此外,还有 24.2%(8 项)的条约把非/超出司法机关主管范围与公共秩序相并列(具体见表 5)。

关于违反公共政策的限度,《海牙公约》有所限制,要求“明显”相悖;双边司法协助条约无此要求,一般只要“违反”即可。此外,《海牙公约》规定为“可以”拒绝;约 57.6%(19 项)的双边条约规定为“可以”拒绝,但有约 36.4%(12 项)的条约规定为“应当”拒绝。

表5 《海牙公约》与双边条约公共秩序保留规定异同一览

	《海牙公约》	中国签订的双边司法协助条约
范围	公共政策,包括程序公正基本原则	范围:违反主权、安全、公共秩序;违反法律的基本原则;违反基本(重大)利益。此外,非/超出司法机关主管范围,适用与公共政策相同的规则
拒绝条件	与被请求国的公共政策明显相悖	只要违反即满足拒绝条件
应当或可以拒绝	可以拒绝	应当拒绝:12 项 可以拒绝:19 项 未明确规定:2 项

五、本国判决或已承认的第三国判决的影响

《海牙公约》区分被请求承认国本国判决(以下简称本国判决)和第三国判决,本国判决只需满足相同当事人条件即可,无须相同诉因;第三国判决则须满足相同当事人和相同诉因(cause of action)两个条件。双边司法协助条约,除古巴外均明确规定须满足相同当事人条件,其余条件则差异较大,其中,约 66.7%(25 项)的双边司法协助条约要求满足同一标的条件,此外还有同一案件条件(4 项)、同一标的和同一事实条件(3 项)、同一事实和要求条件(1 项)。

根据《海牙公约》的规定,第三国判决适用判决日期在先标准,即被选择法院判决作出的日期晚于第三国判决作出的日期。但本国判决不适用该标准,即本国判决的作出日期无须早于原审法院判决的作出日期。[①]《海牙公约》似乎规定在被请求法院审查原审法院判决时,本国判决和原审法院判决均必须已经作出,但未明确规定被请求法院的审查日期,根据《海牙公约》第 13 条第 2 款规定,在申请人提交的文件不满足《海牙公约》第三章所列的条件时,被申请法院可要求提供任何必要的文件,因此,本国判决的作出日期似乎不应晚于被请求法院收到满足承认与执行必须的条件的文件的日期。此外,《海牙公约》也没有与本国判决的效力有关的规定,学界大多认为此处的本国判决原则上仅指"生

① See Hartley/ Dogauchi Report, paras. 192 – 193.

效判决”,[①]即排除了被请求国法院正在审理的案件(以下简称在审案件)的可能性。

双边条约中,则包括已承认的第三国判决、已经作出的本国判决和本国法院正在审理的案件,除中国—法国条约、中国—埃及条约之外的双边条约均有与在审案件相关的规定,且66.7%(22件)的条约措辞为“正在进行审理”的案件,其中,中国—秘鲁条约、中国—波黑条约、中国—蒙古条约措辞为“已受理”,中国—罗马尼亚条约措辞则另加“已受理”,中国—立陶宛条约措辞为“正在进行法律程序”。因此,双边条约中本国判决和第三国判决的范围,较《海牙公约》要广一些。

关于裁决的有效性是否与承认与执行的标准一致,《海牙公约》似乎是一致的,[②]双边条约则稍有差异,81.8%(27项)是一致的,但也有18.2%(6项)存在差异。

此外,《海牙公约》适用冲突标准,但90.9%(30项)的双边条约(除中国—秘鲁、中国—巴西、中国—波黑条约)不适用冲突标准,而适用在审、已决或已承认标准。

表6 《海牙公约》与双边条约本国或第三国判决对承认判决的影响异同一览

	《海牙公约》	中国签订的双边司法协助条约
同案标准	本国判决:须相同当事人,无须相同诉因 第三国判决:须相同当事人,须相同诉因	本国判决、第三国判决、在审案件: 相同当事人:32项(古巴除外),且 1. 同一事实和要求:1项,或 2. 同一标的:25项,或 3. 同一标的,同一事实:3项,或 4. 同一案件:4项
冲突标准	须相冲突	一般无须冲突,仅秘鲁、巴西、波黑
判决日期在先	本国判决:无须在先 第三国判决:必须在先	无须

① 参见徐宏:《国际民事司法协助》(第2版),武汉大学出版社2006年版,第298页;何其生:《比较法视野下的国际民事诉讼》,高等教育出版社2015年版,第334页。

② 虽然本国判决无须满足承认的条件,但“生效”的要求似乎满足COCA中的承认的条件。

续表

	《海牙公约》	中国签订的双边司法协助条约
裁决有效性与	裁决有效性标准/承认标准是否一致：似乎一致。 本国判决：须生效； 第三国判决：须满足承认条件	裁决有效性标准/承认标准是否一致： 一致：27 项 不一致：6 项 保加利亚（终审/生效），突尼斯（终审/终结），阿根廷（生效/终局），土耳其（最终/生效），希腊（终审/生效），立陶宛（已决，有效/生效；已承认，未规定）
被请求方在审	无规定	适用同案标准，且 1. 无要求（正在进行审理）：22 项 2. 被请求国审理先于向原审国提起诉讼：1 项 3. 被请求国审理先于原审国审理：2 项 4. 向被请求国提起诉讼优于请求承认：1 项 5. 向被请求国提起诉讼先于向原审国提起诉讼：3 项 6. 向被请求国提起诉讼先于请求国诉讼程序开始：2 项 7. 无在审规定：2 项

六、其他特殊规定

其他特殊规定主要有：（1）法国、西班牙可以以自然人身份或能力不符被请求方国际私法规则为由拒绝承认与执行，阿根廷可以以不满足文件要求为由拒绝承认与执行；（2）被请求方依其法律专属管辖，共有 10 个条约涉及，其中有 7 项条约规定为“应当”拒绝，1 项规定为“可以”拒绝，另有 2 项未明确规定。

第四节 请求承认与执行须提交的材料

一、一般判决（不含司法和解协议）

《海牙公约》第 13 条第 1 款规定了申请承认与执行判决的当事人需要提交的文件。大致分为必须提交的文件和任意提交的文件。从表 7 可以看出：（1）在必须提交的文件上，《海牙公约》与我国签订的双边司法协助条约有差异，但总体上差别不大。（2）在排他性协议管辖情形下，我国签订的双边司法协助条约并不特别要求提供排他性选择法院协议，即裁决书中表明法院取得管辖权的依据亦可。(3)《海牙公约》对无诉讼行为能力的适当代理并未作明确规定，但双边司法协助条约中除中国—法国条约、中国—突尼斯条约以外对此均有明确规定。(4)《海牙公约》规定了兜底条款，即被请求法院要求提供的必要文件；双边司法协助条约中则对此有明确规定，尤其是裁决送达证明，33 份条约中共有 11 份条约涉及此项证明，其中仅要求裁决送达败诉方的有 6 份，要求裁决送达各方当事人的有 5 份。此外，中国—西班牙双边司法协助条约要求提供司法救助证明，中国—保加利亚条约、中国—希腊条约要求提供诉讼程序开始的日程证明，中国—乌克兰条约、中国—白俄罗斯条约和中国—哈萨克斯坦条约则要求提供请求方境内裁决执行情况证明。

表 7 《海牙公约》与双边条约一般判决须提出的材料异同一览

	《海牙公约》	中国签订的双边司法协助条约
必须提交的文件	判决书副本。要求：(1)完整；(2)经证明无误的	裁决书，或经证明无误的裁决副本(真实 + 完整)
	排他性选择法院协议，经证明无误的副本或者其他证明该协议的证据	无规定
	判决有效性和可执行性证明。其中：(1)有效性为必须，可执行性仅在适当时需要；(2)仅在必要时才需要提供	裁决确定/终局/生效证明(裁决已说明例外。仅中国—秘鲁条约未规定)
	缺席判决中起诉文书已通知缺席方证明	缺席判决合法传唤证明(裁决已说明例外)
	无规定	无诉讼行为能力人适当代理证明(裁决已说明例外)
	被请求国(任一)官方语言译文：须经证明无误的。例外：(1)已使用被请求国官方语言；(2)被请求国法律另有规定	译本

续表

	《海牙公约》	中国签订的双边司法协助条约
任意提交的文件	1. 法院可要求提供任何必要的文件，仅限判决内容不足使申请法院核实《海牙公约》第三章规定的条件是否满足； 2. 可使用海牙国际私法会议推荐样式	无兜底条款 各双边条约之间有差异，主要涉及： 1. 裁决送达证明(11)； 2. 司法救助证明(1)； 3. 诉讼程序开始的日程证明(2)； 4. 请求方境内裁决执行情况证明(3)

二、司法和解协议

执行有关司法和解协议需要提交的文件，《海牙公约》第13条第1款第5项实际上以和解协议在请求国可以与判决相同的方式执行证明替代了第13条第1款第4项规定的判决有效性和可执行性证明。在中国签订的双边司法协助条约中，绝大多数条约对司法和解协议执行所需提交的文件均与判决相同，但中国—意大利、中国—阿联酋和中国—科威特条约例外。其中，3项条约均规定了须提交真实/正式副本和译本，不同的是，中国—意大利条约规定须提交可执行性证明，中国—阿联酋和中国—科威特条约则规定须提交法院出具的调解书的履行状况证明。

表8 《海牙公约》与双边条约司法和解协议须提出的文件异同一览

	《海牙公约》	中国签订的双边司法协助条约
特殊规定	无	3个条约，其余适用与判决承认与执行相同的规则
执行条件	在原审国可以与判决相同的方式执行	意大利：在请求国有执行效力，且不损害公共秩序； 阿联酋、科威特：不损害现行法律、宪法原则、主权、安全或公共秩序
所需文件	和解协议可执行性证明（与判决相同方式）	意大利：真实/正式副本；可执行性证明；译本； 阿联酋、科威特：真实/正式副本；法院出具的调解书的履行状况证明；译本

第五节 承认与执行的程序

从承认与执行的程序来看,《海牙公约》与双边条约存在如下差异(具体见表9)。

表9 《海牙公约》双边条约承认与执行的程序异同一览

	《海牙公约》	中国签订的双边司法协助条约
承认与执行适用的法律	适用被请求国法律,但本公约另有规定的除外 被申请法院应迅速办理	无例外:32项: 有例外:1项,波兰(可应请求适用请求国法律,但以不违背被请求方法律基本原则为前提)
主管法院	无规定	无规定:32项; 有级别规定:西班牙
当事人直接提出/转交	无规定,似乎只能由当事人或法院直接提出	直交-应当:5项; 转交+直交:27项; 可以转交-可以直交:12项; 应当转交-可以直交:15项; 无住所/居所要求:9项; 有住所/居所要求:6项; 转交-应当:1项,土耳其
裁决的可分割性	明确规定,且"应予"执行	未明确规定:23项; 明确规定:10项,"可以"执行
免除认证	根据本公约发出或者转递的所有文件,应免除认证或者任何类似手续,包括附加证明书	法院或其他主管机关制作或证明的文件和译文: 免认证:33项,但须满足的条件有: 1.中央机关转递:10项; 2.中央机关证明:2项; 3.中央机关确认:2项; 4.其他规定:包括请求法院或其他主管机关须签章(13项,不含在转递或证明之外另附签章要求的)或以请求国法律为准(2项,蒙古、古巴); 5.无要求:4项; (注:签章,包括签、章、签或章和签加章)

续表

	《海牙公约》	中国签订的双边司法协助条约
承认与执行的效力	无规定	同等效力:31 项; 未规定:2 项,匈牙利、阿尔及利亚
特定法律的适用	无规定	有规定:13 项,多为(有价)物品和金钱的出境的法律和法规

一、应当适用的法律

《海牙公约》和双边条约大多适用被请求国法律。《海牙公约》有例外规定,同时规定被申请法院应迅速办理;双边条约中除中国—西班牙条约规定法院级别外,其余均无明确规定。

二、当事人直接提出/转交

《海牙公约》未明确规定,但由于《海牙公约》未指定中央机关,似乎只能由当事人或法院直接向被请求法院提出;双边条约则较为复杂,大部分均为转交和直交同时使用模式,其中适用最多的是应当转交 - 可以直交模式(15 项),此种模式下还有 6 项条约当事人直接提交以在被请求国有住所或居所为前提。

三、裁决可分性

《海牙公约》明确规定,且对满足承认与执行的部分,"应当"执行;仅有 30.3%(10 项)的双边条约对此有明确规定,且均为"可以"执行。

四、免除认证

《海牙公约》明确规定取消认证(legalization)手续,参照 1961 年《海牙关于取消要求外国公文书的认证公约》(以下简称取消认证公约)第 2 条,可以认为此处的认证仅指外交或领事认证。但比起取消认证公约更先进的是,《海牙公约》明确取消了取消认证公约中的唯一例外即附加证明书(Apostille);双边条约中则较为复杂,约有 42.4%(14 项)的双边条约需要经过中央机关的转递、证明或确认。

五、承认与执行的效力

《海牙公约》未明确规定,双边条约大多规定为与本国判决具有同等效力。

六、特定法律的适用

《海牙公约》未明确规定,双边条约中有 13 项条约规定判决的执行不影响缔约双方(实为"被请求国")有关(有价)物品和金钱的出境的法律和法规的适用。

第六节　分歧的解决

在分歧的解决上,《海牙公约》未明确规定如何解决缔约国之间的分歧,但其有第 23 条(公约的统一解释)和第 24 条(公约运作的审议),其中第 24 条包括了对公约可能的修正。72.7% 的双边条约(24 件),规定通过外交途径解决解释或实施条约而产生的争议,此外还有 7 项条约把双方中央机关的协议作为外交途径解决的前置程序,即中国双边条约大多通过外交途径来解决双边条约实施中可能产生的分歧。

表 10　《海牙公约》与双边条约分歧解决方式异同一览

	《海牙公约》	中国签订的双边司法协助条约
争议解决途径	无规定	外交途径解决:25 项(阿尔及利亚,协商) 有前置程序:双方中央机关协议,7 项 有平行程序:中央机关联系,1 项
解释规则	解释本公约时:考虑其国际性质以及促进其统一适用的需要	无规定
定期审议	定期审议,考虑是否需要对本公约作任何修正	无规定

第七节　结论与建议

总体来看,《海牙公约》和双边条约差异总体不是太大,具体说来有以下几方面:(1)从适用范围来看,《海牙公约》和双边条约总体差异不大,差异主要是因为两者适用的范围不同;(2)从承认条件来看,《海牙公约》和双边条约总体差异不大,差异较大的是判决效力的措辞;(3)在拒绝承认与执行的条件上,《海牙公约》与双边协议总体差异较大,主要体现在应当拒绝或可以拒绝及拒绝是否需要说明理由、审核被选择法院是否有管辖权的法律适用的区别、对缺席方的合法传唤适用的标准、缺乏行为能力的处理、程序欺诈、公共秩序保留范围及限度、本国判决或已承认的第三国判决对待承认判决的影响等;(4)从请求承认与执行须提出的文件来看,《海牙公约》与双边协议总体差异不大,差异较大主要体现在无诉讼行为能力人适当代理证明、裁决送达证明、是否有兜底条款上;(5)从承认与执行的程序来看,《海牙公约》与双边协议总体差异较大,主要体现在当事人直接提出/转交、裁决可分性、免除认证上;(6)从分歧的解决来看,《海牙公约》与双边协议总体差异较大,主要体现在争议解决途径、定期审议上。此外,根据《海牙公约》第 26 条第 4 款的规定,如果中国和某一外国同时都是《海牙公约》和双边条约的缔约国时,不影响双边条约的适用,但双边条约承认与执行的程度低于《海牙公约》时,适用《海牙公约》,即采取双边条约兼《海牙公约》原则;如果中国是《海牙公约》缔约国,而该外国并非《海牙公约》缔约国时,中国和该外国之间适用双边条约而不适用《海牙公约》。总之,中国加入《海牙公约》对中国缔结的双边条约影响不大。

第五章　批准《海牙公约》的积极意义

考虑到《海牙公约》的目的和宗旨及其确立的制度，我国批准该公约具有以下积极意义。

第一节　促进我国法院判决的跨国执行

一、我国现行判决承认与执行制度的不足

（一）相互承认与执行判决的意义

在主权平等的国际社会，一国法院判决在其他国家并不具有当然的法律效力。“判决为一国司法权之实施。而主权之行使，除有条约规定外仅限于本国境内，故判决当无域外效力，不能强他国认有既判力也。”①因而，一国法院判决如果需要发生实际效力，起到确定当事人权利义务关系的实际效果，需要请求其他国家法院承认与执行。从博弈论的角度来分析，各国承认与执行外国判决有利于加强国际社会的合作，并为国际民商事关系的正常进行奠定良好的基础。相反，如果各国都在外国判决承认与执行上坚持拒绝的态度，或者坚持严格的立场，则可能导致各国在判决的承认与执行上的合作变得困难，从而最终损害国际民商事关系交往的顺利发

---

① 卢峻：《国际私法之理论与实际》，中国政法大学出版社2004年版，第329页。

展。因为，“在重复博弈中，各国如果不断地实施投桃报李、以牙还牙的应时性策略，即对选择合作的当事人给予报偿，而对选择背弃的当事人施以惩罚，那么，就能逐步建立起双方之间的信任，从而最终实现共同合作的结果”。[①]

尽管从理论分析上可得出良好且让人满意的结果，国际社会在外国判决的承认与执行上能够加强国际合作，从而获得一个对于当事人以及各国都有积极意义，至少是次优的良性结果。但是，当今国际社会的现实并非如此，甚至是恰好相反，各国在外国判决的承认与执行上都坚持严格立场，造成事实上拒绝承认与执行外国判决。形成这种现状的主要原因，应该是基于司法主权和国家利益的考量。虽然严格上说对外国法院判决的承认与执行只涉及该国居民或者财产的利益，这与国家利益并不存在必然的内在关联，但是，一国对本国居民进行保护是主权的内在要求与自然天性，用正常的观念来衡量主权现象可能并不会得出理性的结果。而且，一国私人财产被外国判决转移到另一国，虽然只涉及私人利益，与国家利益的损害之间并不存在必然的联系，但是，如果这种财产的转移是数额巨大或者是经常性的，国家利益的考量就必然会内在地成为一国对外国判决承认与执行上的态度的重要因素。所以，在外国判决承认与执行上绝对地把国家利益与私人利益相分离，虽然在理论与现实中都有一定的合理根据，但这并不妨碍各国对外国判决承认与执行上坚持严格态度，甚至以各种理由来拒绝外国判决的承认与执行。事实上，美国国际私法学界就非常关注其与欧洲国家之间在彼此承认与执行判决上的不相称问题，要求加强立法：由于美国公司在欧洲国家的投资数量要大于欧洲公司在美国的投资，而欧盟内判决自由流动的实现使美国公司处于极为不利的局面，因为欧洲公司可以在欧洲国家起诉美国公司，依据判决自由流动规则在其他所有欧盟国家内使欧洲判决获得极为有效的承认与执行。相反，由于欧洲国家公司在美国的投资较少，且美国法院判决无法依据判决自由流动规则在欧盟成员国内获得承认与执行。

所以，正如美国学者富勒顿（Fullerton）指出的那样：

> 在解决纠纷过程中赢得诉讼仅仅是走完了整个程序的第一小步，等待它的还有更加复杂和漫长的工作。因为胜诉方试图执行判决，败诉方会力图阻止判决的执行。在经济全球化的今天，一项判决又经常因为介入了两

---

① 参见徐崇利：《承认与执行外国判决的博弈论分析》，载韩德培等主编：《中国国际私法与比较法年刊》（2003 年 · 第 6 卷），法律出版社 2003 年版，第 406 页。

个或更多的法律体系使得其执行更加困难。实践表明,在不同国家间的判决承认与执行过程中,不同的价值观,不同的法律文化,历史背景乃至不同的实体规则,不同的管辖权原则以及不同救济制度都是引起判决难以获得承认与执行的重要因素。[①]

国际社会对外国判决承认与执行的消极态度,不仅使当事人的合法权益受到严重影响,最终会损害国际民商事关系的正常进行,"判决作出后如果得不到承认或执行,就如同没有判决一样,当事人的权益不能获得保护,交易安全自然没有保障"。[②]

(二)我国开展判决承认与执行国际合作的现状

绝对地否定外国法院判决效力并拒绝对之承认与执行的时代已经过去。否则,"当今世界交通频繁,私人间涉外法律关系,往往发生于本国境外,若一国判决在外国毫无效力,则败诉债务人只须携产逃往他国,债权人即无法追偿,殊非良策"。[③] 这样不仅不利于国际民商事交往的顺利进行,也违背了普遍公认的公平正义原则。对外国判决拒绝承认与执行,对于各国司法权威的实现也有消极后果。

随着我国参与全球化程度的深入,不断地从中获得巨大的收益,我国已经发展成为世界第二大经济体,并成为吸收外资和对外投资的大国。这必然使我国对外民商事交往更为频繁,引发的争端也会更多地提交给各国法院。因此,我国与外国相互承认与执行法院判决的需求越来越大,必须通过加强相互合作来实现各自法院判决的跨国流动,从而实现当事人的正当期望与合理预期,进而促进国际民商事关系的顺畅发展、保障资本的合理流通。正因如此,我国对于判决承认与执行的国际合作一直持较为积极的态度。目前来看,基本形成了两种合作体制相互作用的状况:其一,互惠体制。所谓互惠体制,是利用互惠原则的相互激励和背弃报复的功能来实现相互承认与执行法院判决的目标。从我国1991年《民事诉讼法》开始,互惠体制就获得了我国立法的肯定;而1995

---

① See Maryellen Fullerton,"Enforcing Judgments Abroad: The Global Challenge", *Brooklyn J. Int'l L.*, Vol. 24, 1988, p. 1.

② Celia Wasserstein Fassberg,"Rule and Reason in the Common Law of Foreign Judgments", *Can. J. L. & Juris.*, Vol. 12, 1999, p. 193.

③ 参见卢峻:《国际私法之理论与实际》,中国政法大学出版社1997年版,第327页。

年“日本公民五味晃申请中国法院承认和执行日本法院判决”案[1]（以下简称“五味晃案”）最高人民法院强化了互惠体制在司法实践中的地位。对于该案，最高人民法院于1995年6月26日发布了《关于中国人民法院应否承认和执行日本国法院具有债权债务内容裁判的复函》，声称：“中国与日本之间没有缔结或者参加相互承认和执行法院判决、裁定的国际条约，也未建立相应的互惠关系，因而认为对该日本法院判决不予承认和执行。”从最高人民法院批复的精神来分析，似乎强调了我国在外国判决承认与执行上的国际条约途径和狭义上的互惠体制两个路径，这与我国立法精神基本一致。为了给“一带一路”建设提供司法保障，最高人民法院在《关于人民法院为“一带一路”建设提供司法服务和保障的若干意见》指出：“要在沿线一些国家尚未与我国缔结司法协助协定的情况下，根据国际司法合作交流意向，对方国家承诺将给予我国司法互惠等情况，可以考虑由我国法院先行给予对方国家当事人司法协助，积极促成形成互惠关系。”第二届中国—东盟大法官论坛发表的《南宁声明》更进一步宣称，“在承认与执行对方国家民商事判决的司法程序中，如对方国家的法院不存在以互惠为理由拒绝承认和执行本国民商事判决的先例，在本国国内法允许的范围内，即可推定与对方国家之间存在互惠关系。”这是从“保证互惠”发展到了“推定互惠”。其二，双边司法协助条约体制。从国际法理论层面上来看，双边条约是多边条约的先导和有益补充。在外国判决的承认与执行领域，由于生效的多边条约极少，使双边司法协助条约有了更为广泛的生存空间和用武之地。由于在适用范围的广泛性、缔结程序的简单化、缔约内容的合理性以及缔约主体的可选择性等方面的优势，双边条约更易于缔结，在判决承认与执行相互合作的效用也更显著。所以，美国著名学者荣格（F. Juenger）教授曾如此主张：美国在与其他国家有关判决承认与执行的合作中，缔结双边条约更为合适和可行，尤其对于美欧两方而言，由于在社会、政治、经济、文化等方面的一致性，它们在双边条约的谈判中能够确实地实现“有予有取”（give-and-take）的效果，即使在管辖权领域也是如此，美国显然会在谈判中作出让步。[2] 我国在双边司法协助条约的缔结上取得了较大成效，已经与30多个国家签订了民事、商事司法协助条约。从各个双边司法协助条约的具体内容来看，大致有两种形式：涉及民事商事司

---

① 案情详见《最高人民法院公报》1996年第1期。

② See Friedrich K. Juenger, “A Hague Judgments Convention?”, *Brooklyn J. Int'l L.*, Vol. 24, 1998, pp. 121 - 122.

法协助的有 11 个,[①]涉及民商事和刑事司法协助的有 19 个。其中,除了 3 个(泰国、新加坡和韩国)未涉及判决承认与执行事项外,其他已生效的双边条约均把判决承认与执行事项作为重要内容加以规定。[②] 此外,我国大陆还与香港特别行政区、澳门特别行政区签订了双边区际协定。

值得注意的是,虽然目前我国尚无有效的多边判决公约,但是我国已经开始有意识地参与到多边公约体制之中。在美国代表团于 1992 年率先向海牙国际私法会议提议制定一个民商事管辖权和判决承认与执行公约以来,我国就一直积极参与了公约的起草和谈判工作,为 2005 年《海牙公约》的最终通过做出了重要贡献。这表明我国已经普遍认识并重视判决承认与执行国际合作的重要意义。

(三)我国在承认与执行外国判决中的主要问题

我国承认与执行判决的国际合作体制主要基于互惠和双边司法协助,但实际效果并不乐观。

当前,我国互惠原则仅起到了消极防范作用,但在提供激励目标方面难有作为。作为一种外国判决承认与执行的国际合作机制,互惠原则应当既能成为一个有效条件以保障本国国家利益和国民正当利益,并避免采取"背弃"策略的国家获得不当收益;又应该能够成为向外国提供激励的一种有效机制,鼓励其他国家在同等情况下愿意选择"合作"策略,以获取双方国家利益的最优化。否则,如果不强调甚至放弃后一价值取向,互惠原则将可能彻底沦为一种报复性机制。我国互惠原则的适用似乎已陷入了这种困境之中。从当前我国互惠原则适用现状来看,其存在的主要问题在立法和司法层面均有体现,从而导致了互惠原则适用的困难。从立法层面来看,与大多数国家立法只作了原则性规定相似,我国互惠制度缺乏有关互惠原则明确和完整的具体适用标准:没有明确的立法目标,从而即使法院缺乏有效的立法指导,也缺失必要的立法约束。其将会产生如下后果:其一,在仍强调司法主权的状况下,互惠原则的适用使被请求法院享有宽泛的自由权以片面实现本国国家利益和国民利益的保护,却可能因此损害国际民商事关系当事人的正当利益和正当期望,进而损害了国际社会普遍公认的公平原则;其二,缺失了利益衡量的指向性标准,从而使法院无法在

---

① 涉及的国家有意大利、法国、西班牙、保加利亚、突尼斯、摩洛哥、阿联酋、泰国、新加坡、韩国、匈牙利。

② 详见本书第四章。

互惠原则的适用上获得方向性指导。从司法层面分析,我国法院在互惠原则的适用上与其说强调“互惠”或“对等”以期望外国也对我国判决采取同等态度,倒不如说更多的是在关注“报复”,法院所持的是一种防范之心。在“五味晃”案中,最高人民法院提出的“中国与日本之间……也未建立相应的互惠关系……”观点,应该是我国法院心态的最早来源。那么,只要两国之间不存在条约关系,又没有相应的实践,就可以直接推定两国不存在互惠关系,互惠原则显然陷入了司法困境之中。

至于双边司法协助体制,从实际效果来看,也没有发挥应有的作用。这种状况或许可归因于以下基本因素:第一,缔约对象的不全面,这是影响我国双边司法协助体制效果的外在性因素。我国已经缔结了30多个双边条约,考虑到当前国际社会在外国判决承认与执行合作上的困境,这个数量应该是一个不小的成就。尽管如此,这种数量上的成果并未产生人们期望的实际效果。一方面,与190多个联合国会员国数量相比,30多个的绝对数量显然存在较大差距,与诸多国家还没有判决承认与执行方面的合作;另一方面,与我国有密切民商事交往且在国际经济方面具有重要影响与地位的大国,如美国、日本、加拿大等国家之间没有条约关系。这些主要缔约对象的缺失,无疑会严重影响我国双边条约实际价值的发挥。第二,缔约内容的不合理,也是影响我国双边司法协助体制效果的内在性因素。我国所缔结的各个双边条约在判决承认与执行规则的确定上基本呈现了内容上的相对一致性,涵盖以下几个部分:适用范围、请求的提出、应提供的文件、判决承认与执行的程序、拒绝事由。然而,以下两方面的主要缺陷直接导致了此类双边条约实际效果不佳:(1)未对适用范围进行有效限制。几乎所有涉及判决承认与执行事项的双边条约均未对其适用范围作出限制。从客观来看,对判决承认与执行的国际公约进行适用范围的限制是适当顾及各国现实、并缩小各国争议的重要应对措施,否则,大而不当的判决公约可能会在具体适用过程中招致各国立法的冲击,以及各国司法观念的影响。毕竟,各国在判决承认与执行上的实际困境和现实差异是难以即刻消除的,而司法的主权性质和本国利益的保护观念也无法完全消除。那么,尽管可以在条约缔结时满怀理想而不顾现实,缔结一个形式完美且“大而全”的条约,但在面临实际判决承认与执行时,双边条约的实际价值必然遭遇困境。事实上,我国司法实践中很少适用双边条约已经说明了问题。对此,我们认为,我国双边条约在规则制定和现实适用上的落差,或许表明条约的各方都并未把关注点置于判决的承认与执行事项上,更多的是放在了司法协助的其他领域上。(2)缺乏直接管辖权规定。我国所缔结的双边条约均没有对直接管辖权规则作出规定，虽然有些条约规定了作出判决的外国法院管辖权合格性的间接管辖权规则。在司法领域，法院行使管辖权的依据在某种程度上呈现出完全的多样化甚至无序化的情形，如果条约不对直接管辖权规则加以明确，则无法统一原审法院的管辖权，其后果是增加了被请求法院对原审法院管辖权审查的复杂性，从而使判决的承认与执行面临难以预测的风险。因为，在各国普遍扩张本国管辖权的状况下，防止依据不合理管辖权作出的外国判决获得承认与执行，既是本国利益的现实需要，也是公平原则的一般要求。

二、批准公约对我国法院判决跨国执行的意义

(一)《海牙公约》的实质

2005 年《海牙公约》虽然命名为《选择法院协议公约》，似乎是对选择法院协议进行统一的国际公约，但实质上，该公约是以选择法院协议为载体的判决承认与执行公约。公约要求缔约国应当尊重当事人选择法院协议的效力，并对依据该协议行使管辖权的法院作出的判决予以承认和执行，除非存在公约明确规定的例外事由，各被请求承认与执行的缔约国法院不得拒绝。

为此，《海牙公约》在其序言中明确了促进判决承认与执行之于公约的重要性："本公约缔约国……相信能够通过民商事管辖权以及外国判决的承认与执行方面的统一规范以加强此种合作，相信此种合作的加强特别需要一个安全的国际法律制度，以保障商事交易活动当事人所缔结的排他性选择法院协议的效力，并且规范此种协议所进行的诉讼而作出的判决的承认与执行……"所以，公约的本质是通过对选择法院协议效力的肯定，从而使因此获得的判决能够在缔约国范围内得到承认与执行，实现判决自由流动的价值目标。事实上，《海牙公约》从 1992 年美国代表团提议开始直至 2005 年最终通过的发展历史表明，海牙国际私法会议及其与会各国的初衷就是制定一个涉及直接管辖权和间接管辖权事项的判决公约，但最终发现管辖权事项的复杂性远远超过了人们的想象，所以只能选择一个各国普遍认可的选择法院协议这一管辖权依据，以此为基础来缔结一个判决公约。

为了实现判决自由流动的价值目标，《海牙公约》明确了 3 个关键条款，即被选择法院必须行使管辖权、未被选择法院不得行使管辖权、各国必须对依据

选择法院协议作出的法院判决予以承认和执行。[①] 其中，被选择法院必须行使管辖权的义务规定是公约目标实现的前提，为此，公约严格规定被选择法院不得适用不方便法院原则或者先受理法院原则来拒绝行使管辖权。未被选择法院应当尊重被选择法院管辖权行使的义务则是公约目标实现的保障，否则，不仅当事人协议效力将受到影响，还可能会因为存在两个以上的法院判决而最终损害判决自由流动的目标。正因如此，《海牙公约》确立了选择法院协议独立性原则[②]和选择法院协议有效性适用被选择法院地法规则[③]两条规则"组合"。需要注意的是，这种"组合"赋予了选择法院协议完全的效力：一方面，选择法院协议的有效性由当事人协议来确定，而不受主合同效力的影响。根据理性人假设，当事人选择法院协议有效性受影响的状况大为降低。另一方面，选择法院协议有效性受当事人所选择法院地的法律来确定，而非国际社会普遍认可的"程序问题适用法院地法"规则，那么，作为理性人，当事人选择法院协议有效性受影响的可能性也极其低下了。与此同时，上述"组合"还赋予了被选择法院极大的权力，被选择法院可以依据本国法律[④]独立审查协议的有效性。毫无疑问，在当前国际社会普遍扩张本国管辖权的状况下，公约的"组合"显然使选择法院协议的效力具有极强的可预见性，从而使当事人正当期望更易于实现。

而在判决承认与执行制度上，公约不仅规定缔约国应当尊重被选择法院所作的判决，还明确了穷尽性的拒绝事由，被请求法院仅能依据公约例外事由予以拒绝。上述3个关键条款构成的公约核心内容是相互联系的一个整体，基本目的就是通过对当事人选择法院协议效力的尊重，最终使依据该协议作出的法院判决能够在缔约国境内获得承认与执行。"据此，在公约体制下，如果一项国际商事合同中含有选择法院协议，不仅各国有关的管辖权规则可以得到统一，有关法院作出的判决也可在其他国家得到承认与执行，以实现判决的自由流通。"

---

① Trevor C. Hartley & Masato Dogauchi, Convention on Choice of Court Agreements: Explanatory Report (First Draft) of May 2006, Paragraph 1.

② 《海牙公约》第3条第4款规定了选择法院协议独立性原则：构成合同一部分的排他性选择法院协议应被视为独立于该合同其他条款之外的独立协议。排他性选择法院协议的有效性不得仅因为该合同无效而被认为无效。

③ 《海牙公约》第5条第1款涉及了被选择法院地法规则：排他性选择法院协议所指定的缔约国法院应当行使管辖权审查协议所涉的争议，除非依据被选择法院地法该协议是无效的。

④ 依据《海牙公约》规定，被选择法院地的"法律"既包括其实体法，也包括冲突法在内。

综合来看,《海牙公约》为了实现判决自由流动的价值目标几乎“尽其所能”了。公约确认的“组合”极大地尊重了当事人的意思自治,并为被选择法院所作判决的承认与执行提供了良好的基础。而公约规定的穷尽性拒绝事由,最终保障了被选择法院判决的效力。因此,可以合理预见的是,《海牙公约》生效后,被选择法院所作判决将会在缔约国之间自由流动。

(二)批准公约有利于我国法院判决的承认与执行

目前来看,无论是外国判决在我国人民法院的承认与执行,还是我国判决在外国法院的承认与执行,都不是容易的事情。正因如此,偶尔出现的我国判决在某一国家法院获得承认与执行的案例,都被我国学界冠之以“第一案”而乐此不疲地讨论。因此,公约的适时通过以及对公约的批准将会有效地形成判决承认与执行的多边公约体制,从而有利于解决我国判决在外国承认与执行所面临的问题。

1. 有利于互惠关系的适用

虽然我国民事诉讼法确立了国际条约优先原则,但是,难以否认的是,在判决承认与执行的司法实践中,互惠体制似乎是目前唯一真正发挥作用的国际合作机制。尽管各国学者都在理论上对互惠原则嗤之以鼻,强调互惠原则本质上是一种报复主义,是以损害个人利益来实现国家利益保护的工具,[①]也运用“囚徒困境”[②]或“捕鹿游戏”[③]等博弈理论来证明严格互惠要求的不合理性。在具体司法实践中,我国法院非常关注互惠关系是否存在。由于最高人民法院在“五味晃”案的严格立场,当事人很难有效证明互惠关系的实际存在,而互惠原则在其适用形式上的多样性与复杂性,[④]导致各国对互惠关系的认定存在消极态度,并要求当事人为证明互惠关系承担过多的责任。正如德国学者 Behr 所指出

---

① 参见李浩培:《国际民事程序法概论》,法律出版社 1996 年版,第 140～141 页。

② 澳大利亚 M. Whincop 教授就运用了这种博弈模式。See Michael Whincop, “The Recognition Scene: Game Theoretic Issues in the Recognition of Foreign Judgments”, *Melbourne U. L. Rev.*, Vol. 23, 1999, pp. 416–439.

③ 美国 R. Brand 教授运用了这种博弈模式。See Ronald A. Brand, “Recognition of Foreign Judgments as a Trade Law Issue: the Economics of Private International Law”, in Jagdeep S. Bhandari & Alan O. Sykes ed., *Economic Dimensions in International Law*, Cambridge University Press, 1997, pp. 592–626.

④ 对于互惠体制适用上的诸多形式的具体阐述,可参见徐崇利:《经济全球化与外国判决承认和执行的互惠原则》,载厦门大学法学院编:《厦门大学法律评论》(第 8 辑),厦门大学出版社 2004 年版,第 63～69 页。

的:“事实上,不是要不要互惠要求的问题,而是如何适用该要求的问题,后者被证明乃是当事人的一项负担和国际合作的一个障碍。”①我国人民法院对互惠关系拒绝认可的态度,最终因互惠原则的“回响效应”导致外国法院拒绝承认与执行我国人民法院的判决,从而在我国与其他国家之间形成了判决承认与执行国际合作的现实困境,导致“囚徒困境”的现实形成。“在互惠机制实施过程中,一旦一方偏离合作的轨道,导致对方报复,由此可能会滋生相互怨恨,并会无限制的持续下去。”②在当前判决的承认与执行实际处于“重复博弈”的情境下,这种“回响效应”所具有的消极效果更容易显现出来。

因此,如果我国批准2005年《海牙公约》,在缔约国之间就不必考虑互惠关系,而直接适用该公约解决判决的相互承认与执行问题。更为重要的是,我国对公约的批准并因此对公约缔约国法院判决的承认与执行实践,可以被视为我国有承认与执行外国判决的意愿和实践,或者至少会像“柏林高等法院承认无锡中院判决”案中德国法院期望的那样:“在外国法院承认我国判决后我国将会积极跟进,承认互惠关系的存在进而对外国判决予以承认与执行。”这样一来,对于公约的非缔约国,我国对公约的批准在某种程度上可以表明我国在互惠原则的适用上已经“先走出了一步”,表明我国有承认与执行外国法院判决的意愿。这不仅有利于其他国家在互惠原则适用上的跟进,也减轻了我国判决当事人证明互惠关系存在的举证责任。乐观地看,互惠原则适用上的“囚徒困境”或许可以因此真正得以消除。

2. 有利于我国判决的跨国执行

从公约层面来看,我国批准公约必然有利于我国判决在国外获得承认与执行。

第一,公约把判决承认与执行事项明确为“关键条款”,缔约国必须承担承认与执行被选择法院判决的义务。依据公约规定,被请求法院只能依据公约规定的例外事由来拒绝被选择法院所作出的判决,不得依据其他事由尤其是被请求国国内法规定的事由。毫无疑问,公约的这种义务性规定强化了判决的承认与执行;而这种状况对于我国判决承认与执行所面临的困境,无疑具有明显的消除作用。

---

① See Volker Behr, “Enforcement of United States Money Judgments in Germany”, *Journal of Law and Commercial*, Vol. 13, 1994, p. 222.

② See R. A. Brand, “Recognition of Foreign Judgments as a Trade Law Issue: the Economics of Private International Law”, in Jagdeep S. Bhandari & Alan O. Sykes ed., *Economic Dimensions in International Law*, Cambridge University Press, 1997, p. 626.

第二,公约有关对外国判决形式审查标准的规定有利于我国判决的承认与执行。首先,公约规定被请求法院不得对原审判决的实体问题进行审查;否则,正如公约解释报告所称:似乎使被请求法院成了原审法院的上诉法院,对该判决进行上诉审查。① 其次,公约要求被请求法院受原审法院为确认管辖权所作之事实认定的约束。对此,公约解释报告认为,这个规定适用于有关协议的形式有效性与实质有效性的事实认定,也适用于有关协议适用范围的事实认定。②很显然,公约形式审查标准的确立,不仅会提高判决承认与执行的效率,还会提升判决承认与执行的有效率,更多的判决能够获得公约的保障。我国法院的判决也不例外。

第三,公约有关外国判决效力判断标准的规定有利于解决我国判决效力"终局性"困境,从而有利于我国判决的承认与执行。对判决终局性的要求,是各国承认与执行外国判决的一个前提条件,只有具备了终局性或确定性的外国判决,才有可能获得承认与执行。但是,有关外国判决的终局性问题,几乎成为外国判决承认与执行问题上一个难以逾越的障碍。《海牙公约》有关判决效力判断标准的灵活规定,显然能够缓解目前这种尴尬境地。《海牙公约》规定:"判决只有在原审国有效才能获得承认,判决只有在原审国有执行力才能获得执行。"那么,只要被选择法院所做判决依据其本国法有效且具有执行效力,该判决就能在公约范围内获得承认或执行。

可以预见的是,公约的上述规定有助于解决我国判决终局性问题的困难局面。我国法院判决的终局性问题一直是制约我国判决在外国获得承认与执行的严重障碍。这种障碍主要体现在以下两个方面:其一,关于我国再审制度和终局性的关系问题。虽然各国都强调了外国判决确定性或终局性的要求,但是如果原审国法涉及再审程序(审判监督程序)时,如何确定该国法院判决的终局性问题,却缺乏相应的解决办法。事实上,有关我国内地判决终局性的认定问题,就是我国香港特别行政区法院承认与执行内地判决的一个现实障碍。一些香港特别行政区法院认为,内地由于存在再审制度,因而内地法院作出的判决经常被变更;即便是最高人民法院的判决,也有可能被最高人民检察院的抗诉

---

① See Trevor C. Hartley & Masato Dogauchi, Convention on Choice of Court Agreements: Explanatory Report (First Draft) of May 2006, Paragraph 166.

② Ibid., Paragraph 167.

程序或者法院自行提起的再审程序所变更。在集友银行案[①]中,香港特别行政区原诉法庭法官这样指出:根据所得资料,最高人民检察院的监督职能和抗诉制度并不仅仅是一项上诉程序。从中级人民法院的判决是不可上诉及在中国内地是可以强制执行这个角度而言,中级人民法院的判决确是一项终局判决。然而,就香港特别行政区法院承认和强制执行判决这个目的而言,这并非最终及不可推翻的判决。因为该判决并非最终和不可更改的……内地法院显然保留着改变其决定的权力。法庭保留权力,在同一诉讼中发出命令,以更改先前的一项判决,与法庭保留权力,在另一宗与同一笔债项有关的诉讼中发出命令,使先前的判决无法执行,两者在原则上没有实质区别。受此影响,后来又有一些内地判决被香港特别行政区法院以缺乏终局性为由而被拒绝执行。[②] 据此,香港特别行政区法院似乎已经确立了以下原则:如果原审法院保留重新审理某个已经具有最终判决案件的权力,该判决虽然在原审法院所在地是最终的,香港特别行政区法院也不可以执行该判决。而事实上,在我国内地与香港特别行政区于2006年缔结《关于内地与香港特别行政区法院相互认可和执行当事人协议管辖的民商事案件判决的安排》之后,其时的香港特别行政区律政司黄仁龙司长在发表讲话时仍表达了香港特别行政区法院的担忧:"为符合普通法中有关终局性判决的规定,最高人民法院将特别为内地的判决在香港法院申请执行的情况制订一套如有需要在内地再审案件的特别程序。"[③]其二,关于我国判决终局性的法律适用问题。从香港特别行政区法院相关判决来看,对于内地判决的效力,香港特别行政区法院实际上适用了香港特别行政区的法律来判断内地判决的终局性问题,而没有真正顾及内地法律有关判决终局性的规定。在Chiyu案中,香港特别行政区法院就认为,虽然依据内地法律内地法院的判决具有法律效力,因而是一项"最终判决",但由于它不符合香港特别行政区法律中

---

① Chiyu Banking Corp Ltd. v. Chan Tin Kwun(集友银行诉陈天君一案判决在香港特别行政区法院申请执行案),[1996] 2 HKLR 395。在该案中,原告以内地法院判决为诉因提起诉讼,要求香港特别行政区法院执行该判决。但该案中被告陈天君不服福建省高级人民法院的终审判决,而向福建省人民检察院请求提起抗诉。福建省人民检察院向最高人民检察院提交报告,请求最高人民检察院提起抗诉。

② 如湖北省武汉中硕虹房地产开发有限公司诉香港广生行国际有限公司房地产开发项目合作纠纷案判决在香港特区法院申请执行案;Tan Tay Cuan v. Ng Chi Hung案判决在香港特别行政区法院申请执行案;Chan Chow Yuen v. Nanyang Commercial Bank案等。

③ 资料来源:http://www.civilaw.com.cn/article/default.asp? id=27597。

所要求的“最终和不可更改的”条件，因而不具有执行力。

客观地说，公约有关外国判决效力的规定并未真正为判决终局性提供确定性标准，尽管如此，一方面，公约把判决承认与判决执行分别加以规定，并实行不同的标准；另一方面，公约把判决有效性的准据法确定为原审法院国法，这些规定都将会有效地解决长期困扰我国判决的法律效力问题。

第四，公约有关拒绝承认与执行事由的穷尽性规定有利于我国判决的承认与执行。《海牙公约》第9条明确了外国判决承认与执行的7项例外事由。[①] 对于上述例外事由，虽然公约以及公约解释报告均未明确其穷尽性特征，但公约实现判决在全球范围内自由流动的价值目标表明了上述例外事由的穷尽性，否则，如果在公约之外允许缔约国国内法另行决定是否对外国判决予以承认与执行，公约的期望就难以有效实现。另外，公约例外事由的穷尽性也是公约期望借鉴1958年《纽约公约》的必然结果。公约期望法院诉讼能够形成与《纽约公约》的仲裁并行的机制，从而使当事人更多地选择法院诉讼而非仲裁，故在公约中借鉴了《纽约公约》的相关规定。而《纽约公约》有关拒绝承认与执行外国仲裁裁决例外事由的穷尽性显然是公约借鉴的基本内容之一。

客观来看，公约有关判决承认与执行例外事由的要求不仅确定，而且合理，缔约国依据这些事由拒绝执行外国判决，显然符合国际社会普遍承认的公平正义原则。而且，这些事由的穷尽性，也有利于避免被请求国法院依据其国内法片面保护其本国利益和本国国民的利益。

综上所述，我国尽快批准《海牙公约》，将极大地促进我国法院判决在外国的承认与执行，一方面有利于保护私人利益，实现私人间的公平；另一方面有利于提升中国司法的国际吸引力和公信力，为吸引更多的当事人选择中国法院诉讼打下制度基础。

---

① 《海牙公约》第9条规定的这些例外事由包括：协议无效、当事人无缔约能力、通知的缺陷、欺诈例外、公共政策、被请求法院国存在一个不一致判决、另一外国存在一个不一致判决。具体内容可参见王吉文：《2005年海牙〈选择法院协议公约〉研究》，东南大学出版社2008年版，第164～172页。

第二节　促进我国相关法律制度的完善

一、对协议管辖制度的积极意义

我国现行《民事诉讼法》修改了先前立法对协议管辖制度分别立法的实践，规定了统一的协议管辖制度。[①] 它规定，当事人对于合同或财产权益领域的纠纷可以协议选择管辖法院，被选择的法院必须与当事人的争议之间存在实际的联系。对于协议管辖制度的统一，我国民事诉讼法学界表达了普遍的肯定，认为是对国民待遇原则的尊重、符合协议管辖制度的本质，并有利于满足诉讼公正和效益的追求。[②] 当然，对于我国协议管辖制度统一问题的是非曲直，不是本书的研究重点，在此不作评论。

2005 年《海牙公约》是以管辖协议为载体的判决公约，因而对协议管辖制度作了相应规定，[③]并要求各国遵循，这对完善我国协议管辖制度具有积极意义。

（一）对我国协议管辖形式要件的意义

在协议管辖的形式要件上，我国法律规定了严格的书面形式。需要注意的是，我国立法中的措辞虽然是"可以"，但并不意味着它是一个任意性规定，相反是一种强制性要求，即当事人必须采用书面形式。在协议管辖制度在我国已经经过多年发展，尤其是 1999 年《合同法》对合同形式要件明显放宽的情形下，继续要求这种严格书面形式要件是否合理？《合同法》规定合同形式要件可以书

---

① 我国统一协议管辖制度主要体现在 2012 年《民事诉讼法》第 34 条："合同或者其他财产权益纠纷的当事人可以书面协议选择被告住所地、合同履行地、合同签订地、原告住所地、标的物所在地等与争议有实际联系的地点的人民法院管辖，但不得违反本法对级别管辖和专属管辖的规定。"

② 参见李浩：《民事诉讼管辖制度的新发展——对管辖修订的评析与研究》，载《法学家》2012 年第 4 期，第 146～158 页。

③ 公约有关排他性选择法院协议制度的规定体现在多个方面。其中，第 3 条是涉及排他性选择法院协议的专条规定：(1)排他性选择法院是指两个或多个当事人所缔结的符合本条第 3 款条件，以及为解决与某一特定法律关系有关的业已发生或可能发生的争议的目的，而指定一个缔约国法院，或一个缔约国一个或多个特定法院，从而排除任何其他法院的协议。(2)除非当事人另有明确约定，指定一个缔约国法院，或一个缔约国的一个或多个特定法院的选择法院协议应被认为是排他性的。(3)排他性选择法院协议必须以下列方式缔结或者获得证明：①书面方式；②通过任何其他能够提供可获取的供后来援用的信息的通信方式。(4)构成合同依部分的排他性选择法院协议应被视为独立于该合同其他条款之外的独立协议。排他性选择法院协议的有效性不得仅因该合同无效而被认为无效。

面形式、口头形式和其他形式签订,而且书面形式包括合同书、信件和数据电文(如电报、电传、电子数据交换和电子邮件)等形式。而与协议管辖同为争议解决方式,我国对仲裁协议的形式要求也呈现出宽松化趋势。2005年12月26日最高人民法院通过的《关于适用〈中华人民共和国仲裁法〉若干问题的解释》①第1条对"其他书面形式"进行了明确:《仲裁法》第16条规定的"其他书面形式"的仲裁协议,包括以合同书、信件和数据电文(电报、电传、传真、电子数据交换和电子邮件)等形式达成的请求仲裁的协议。那么,同为当事人自主选择的争议解决方式,协议管辖固守严格的书面协议,是否有足够的特殊目的和价值?

《海牙公约》第3条第3款明确了选择法院协议的形式要件,即书面形式,或其他任何能够提供可获取的供后来援用的信息的通信方式。对此,公约解释报告声称:"公约中的形式要件既是必要的也是充足的:如果选择法院协议不符合公约的条件,它就不能适用于公约范围之内,即使它符合被选择法院国家的法律也是如此;但是,如果该协议符合了公约的条件,在其形式方面不能附加更多的国内法要求。"②应当认为,公约关于选择法院协议形式要件的宽松化规定,主要是以下因素共同作用的结果:(1)当事人意思自治原则的必然要求;(2)科技进步的必然结果;(3)形式方面尽量使之有效的国际观念作用的结果;(4)各国对选择法院协议支持态度的产物。③ 毫无疑问,上述因素的共同作用要求选择法院协议的形式要件应当予以适当放宽。因此,我国批准《海牙公约》,有利于实现我国协议管辖制度形式要件的合理转向。

(二)对被选择法院范围的意义

对于被选择法院的范围,我国现行立法要求被选择法院是与争议有实际联系的地点的法院,而且,还把"实际联系"与客观标志地进行了实质性连结。对于这种"实际联系原则"的要求,国际社会一般持批评立场,认为这种要求是对当事人意思自治原则的限制,不利于当事人选择一个有着丰富经验且公平公正的中立法院,最终可能使当事人放弃对法院的选择。④ 尽管如此,应当承认的

---

① 法释〔2006〕7号。

② See Trevor C. Hartley & Masato Dogauchi, Convention on Choice of Court Agreements: Explanatory Report (First Draft) of May 2006, Paragraphs 107 - 108.

③ 相关的具体阐述可参见王吉文:《2005年海牙〈选择法院协议公约〉研究》,东南大学出版社2008年版,第81~82页。

④ 有关对实际联系原则的批评观点,可参见李浩培:《国际民事程序法概论》,法律出版社1996年版,第64页。

是，在当事人实际地位不平等且管辖权视为司法主权的重要组成部分的现实中，规定“实际联系”具有某种程度的正当性。因为，如果当事人实际地位不平等，显然不符合当事人意思自治原则所内在的平等性要求，最终会导致以形式平等损害实质公平的结果；而协议管辖所具有的剥夺管辖权效果，也要求一国对本国司法管辖权进行适当的保护。因此，规定“实际联系”，要求被选择法院应与争议存在实际的联系，可以在一定程度上起到保护弱势方利益，避免选择一个距离遥远，或者公正程度与偏向性明显的法院；也可以适当增加本国法院被选择的概率。正因如此，涉外协议管辖要求被选择法院具有实际联系，似乎也有一定道理。

需要指出的是，我国现行《民事诉讼法》把先前仅规定在涉外协议管辖制度的“实际联系”扩张适用于国内协议管辖制度之中，从而在统一协议管辖制度中全面坚持“实际联系”。这种被我国民事诉讼法学者视为“国民待遇原则”表现的“实际联系”的扩张，将带来适用上的困境。其一，在“实际联系”的适用上，采扩张立场还是限制态度的问题。根据《民事诉讼法》的立法本意，在统一协议管辖制度中规定“实际联系”，应当是扩张被选择法院的范围，从而使除了法律明确列举的客观标志地法院以外，但与争议有实际联系的其他法院也可以被当事人选择。不过，在涉外协议管辖领域，“实际联系”的存在基础却是当事人意思自治原则的一种限制性条件，要求当事人选择的法院必须与他们的争议之间存在实际联系，否则将影响这种法院选择的有效性。那么，两种不同的立场可能会影响我国法院对当事人协议管辖有效性的判断：采扩张解释，法院可能会使当事人的选择尽量有效，除非案件的实际情形表明被选择法院与争议之间确实明显缺乏客观联系；而采限制解释，法院则可能怀疑涉外管辖协议的有效性，除非案件与争议之间的客观联系非常明显。毫无问题，对于我国多数涉外协议管辖审理经验并不丰富的法院而言，这种立法精神的模糊，可能会导致其在审判实践中陷于进退维谷的状态。其二，实际联系与客观标志地①的关系问题。现行立法在列举了5个客观标志地法院后加上了“实际联系”标志，由此引发的问题是，这种实际联系地法院是否仅限定于客观标志地法院，其他法院是否符合“实际联系”的要求？从限缩解释的立场来看，实际联系地应仅限于客观标志地，这似乎更符合立法的意图。但在涉外协议管辖领域，是否也应采取同一立

① 所谓“客观标志地”，基本的意思是指与争议有实际联系的某些客观基础的地方，如合同签订地、合同履行地、标的物所在地。

场，可能并非绝对肯定的答案。因为，在当事人选择了某一非客观标志地法院，同时选择了该国法律的情形下，一些国家也认为符合实际联系的要求，此即实际联系的“法律选择标准”。如 1989 年《瑞士联邦国际私法法规》第 5 条第 3 款规定：“有下列情形之一时，被选择的法院不得拒绝其管辖权：(1)一方当事人在该法院所在的州内有住所、惯常居所或营业所；(2)根据本法，瑞士法律适用于该诉讼。”值得注意的是，在中东公司(系阿联酋公司)诉中化公司(系中国公司)合同纠纷管辖权异议案的批复中，最高人民法院对“实际联系”要求也适用了法律选择标准：当事人选择适用瑞士法，这一事实足以表明瑞士与本案的争议有实际的联系。在此基础上，当事人又选择了一个“与争议有实际联系的地点的法院”来管辖当事人间的争议，这种管辖法院的选择显然是符合民事诉讼法规定的。其三，“客观标志地”的内在实际联系性问题。我国现行立法的意旨应该是，这些客观标志地法院是具有内在实际联系的法院。不过，由此产生的问题是，如果所选择的客观标志地法院在具体案件中与当事人的争议仅存在偶然性关系，是否真正符合实际联系的内在精神也大有疑问。而且，在当前国际民商事交往关系日益复杂和多样化的情况下，如何避免当事人随意制造出“实际联系地”也不容易解决。

由是观之，我国现行立法把“实际联系”扩张适用于统一协议管辖制度之中，可能会产生一些司法适用上的难题。不过，《海牙公约》第 6 条“明显不公正”与“公共政策”例外机制有助于解决我国现行立法所带来的问题。

《海牙公约》第 6 条对未被选择法院的义务规定了一些例外事由，允许未被选择法院可以因此拒绝承担公约义务。其中，涉及“明显不公正”和公共政策例外。对于“明显不公正”的含义，公约解释报告认为：“明显不公正主要包括以下 3 种情形：或许因为偏见或腐败的原因，一方当事人在被选择法院将不能得到公平审判；因一方当事人的特殊原因而阻止他在被选择法院进行诉讼；选择法院协议是一方当事人受到欺诈的结果。”①由此可见，“明显不公正”具有一定程度的灵活性，未被选择法院可以根据案件的具体情形来判断管辖协议是否存在某种“明显不公正”的状况，从而可以表面公开、实际隐蔽的方式来达到保护本国当事人、维护本国司法管辖权的目的。公共政策例外作为国际私法的“安全阀”，更是以保护本国利益为存在基础的。正因如此，相比“实际联系”这种直白

① See Hartley/Dogauchi, Report, Para. 154.

方式，公约的这种机制显然能够起到保护我国当事人利益和维护我国司法管辖权的目的。而且，公约机制富有灵活性，允许法院根据案件具体情形作出判断，无疑更有利于我国人民法院的具体运用。

（三）对协议管辖效力的意义

在协议管辖效力问题上，即协议管辖是排他性的还是非排他性的，我国立法未予明确。需要注意的是，协议管辖是排他性的抑或非排他性的，在效力上的差别是显著的：如果是排他性的，被选择法院对于当事人的争议具有排他性管辖权，其他未被选择法院应当尊重该法院所享有的管辖权，不得对此争议行使管辖权；如果是非排他性的，只是表明当事人愿意把他们的争议提交给所选择的法院，但不影响其他原本享有管辖权的法院对争议行使管辖权。协议管辖效力上的这种区别，在大陆法国家体现得极为明显。其实，即使是对协议管辖允许适用不方便法院原则进行审查的普通法国家，如果存在排他性管辖协议，法院在适用不方便法院原则时就应当更加重视该协议的影响。受英国法院 The Eleftheria 案[①]的实际影响，新西兰、澳大利亚、加拿大、以色列等国也遵循了英国法院的实践。不过，与英国法院不严格区分协议管辖效力的实践不同的是，这些国家在考量管辖协议时，严格区分了排他性协议管辖和非排他性协议管辖。[②]它们对非排他性协议管辖的尊重显然低于排他性协议管辖，认为法院在是否行使管辖权的问题上，非排他性协议管辖只是为法院在适用不方便法院原则时提供了一个替代法院而已。

所以，我国立法规定上的欠缺，可能会影响法院适用上的明确性和一致性。当前，我国司法实践中肯定了协议管辖的排他性效力。尽管如此，作为一个本质上遵循了大陆法传统的国家，我国立法对此作出明确规定对于我国法院的具体运用应当具有更直接的意义。而《海牙公约》关于协议管辖排他性的规定，显然有利于弥补和加强我国立法明确性的不足。另外，需要注意的是，最高人民法院 2015 年的《民事诉讼法解释》肯定了当事人选择两个以上法院的管辖协议的效力，允许当事人选择两个以上实际联系地的法院。[③] 这种规定实际上涉及

---

① The Eleftheria [1970] P 94. 在该案中，英国法院正式承认了协议管辖的法律效力。

② See J. J. Fawcett, ed., *Declining Jurisdiction in Private International Law*, Oxford: Clarendon Press, 1995, pp. 50 – 51.

③ 2015 年《民事诉讼法解释》第 30 条第 2 款规定：管辖协议约定两个以上与争议有实际联系的地点的人民法院管辖，原告可以向其中一个人民法院起诉。

有关协议管辖的唯一性问题，即当事人是否只能选择一个法院，这种协议管辖才能视为排他性的。这种规定改变了我国1992年最高人民法院《关于适用〈中华人民共和国民事诉讼法〉若干问题的意见》把协议管辖的排他性与协议管辖的唯一性混为一谈的不足。① 因为，在涉外协议管辖领域，概括地选择一个国家法院或者对一个国家多个法院的选择，都被认为符合协议管辖的排他性。毫无疑问，我国现行司法解释正是受到了公约的影响。《海牙公约》第3条第2款明确规定，当事人选择缔约国的一个或多个法院并不影响协议管辖的排他性。

（四）对协议管辖限制问题的意义

在协议管辖的限制上，除了有关适用范围、形式要件、实际联系等条件之外，我国法律还明确了级别管辖和专属管辖的要求。虽然国内协议管辖中的级别管辖限制条件有其合理之处，但在涉外协议管辖领域，强调级别管辖可能导致当事人对我国法院的选择无效，等于自动放弃我国法院的管辖权。在当前国际社会普遍扩张本国法院管辖权的状况下，这样的规定多少有些不合时宜。而且，这样的规定也要求当事人对我国管辖权制度甚至法院受案结构制度承担过分的责任。对专属管辖的限制也存在同样的问题：如果发生在外国的港口作业纠纷当事人选择我国法院，我国法院将会因为当事人的协议管辖违反了我国专属管辖规定而拒绝行使管辖权，而外国法院又因为当事人存在排他性协议管辖而不能行使管辖权，从而使当事人处于投诉无门的尴尬境地。相反，对于各国通常采用的公共政策例外和保护性管辖事项例外（如消费者合同、个人雇佣合同）却付之阙如。这可能使处于强势方的当事人利用其优势地位片面选择对其有利的法院，损害实质公平原则。

《海牙公约》第5条第3款规定了国内管辖权分配规则例外原则。② 按照这个规定，当事人的协议管辖并非强加给被选择法院必须行使管辖权的义务，它可以依据国内管辖权分配规则来进行案件的移送。这种规定有利于解决我国级别管辖的限制问题，从而可以在肯定当事人协议管辖效力的基础上，在我国法院之间进行案件的移送。这样，既尊重了当事人的意思自治，也有利于当事

---

① 1992年最高人民法院《关于适用〈中华人民共和国民事诉讼法〉若干问题的意见》第24条规定：合同的双方当事人选择管辖的协议不明确或者选择《民事诉讼法》第25条规定的人民法院中的两个以上人民法院管辖的，选择管辖的协议无效，依照《民事诉讼法》第24条的规定确定管辖。

② 《海牙公约》第5条第3款第2项规定：公约关于被选择法院应当行使管辖权的规定不影响被选择法院地国国内管辖权分配规则。不过，如果被选择法院就是否移送案件享有自由裁量权，则需要对当事人的选择给予适当的考虑。

人对我国法院的选择，从而增强我国法院被选择的概率，进而增进我国法院审理涉外协议管辖案件的经验和水平。

此外，《海牙公约》第 21 条“特殊事项的声明”制度①也可以缓解我国对专属管辖的特殊关注问题。这种声明制度的目的是为某些缔约国提供一个有效的灵活性机制，把对该国具有强烈利益的事项排除在公约适用范围之外。如果我国经过严格的论证和慎重的考虑仍然强调现行的专属管辖规则，则可以通过声明制度把相关事项排除在外。这种声明对于当事人而言可能具有更明确的意义，能够更清楚地获悉不得进行协议管辖的相关事项。

总而言之，如果我国尽快批准《海牙公约》，对当事人选择管辖法院的自由和权利在国际层面的实现大有好处，使当事人能够事先知道争议发生后到哪个法院起诉，适用哪国法律，有利于提高司法效率。

二、对判决承认与执行制度的积极意义

我国有关判决承认与执行制度的国内立法是《民事诉讼法》。该法对于我国判决承认与执行问题作了原则性规定。② 不过，最高人民法院 2015 年通过的《民事诉讼法解释》适时提供了相关的具体规则，第 543 ~ 550 条都是涉及我国判决在外国承认与执行以及外国判决在我国承认与执行的规则。毫无疑问，上述法律规定为我国与外国在判决承认与执行问题上的合作提供了良好的法律基础。

(一)我国判决承认与执行制度的主要问题

1. 管辖权标准的缺失

对外国判决的承认与执行规定管辖权条件，是国际立法的基本实践。因为，对外国判决的管辖权进行审查，既是司法主权的一般要求，也是公平正义原则的基本要求，以防止不合理的外国判决获得承认与执行。在当前国际社会普遍扩张自身管辖权的状况下，各国管辖权立法几乎无一例外地存在种类不一的

---

① 《海牙公约》第 21 条第 1 款规定：“如果一国有强烈的利益不将本公约适用于特别事项，该国可以声明她将不适用于本公约于该特别事项。作出此种声明的国家应保证所做的声明不超过必要的范围，以及该被排除的特别事项要清楚与准确地予以界定。”

② 第 280 条涉及我国法院判决向外国承认与执行的规定，第 281 ~ 282 条涉及外国法院判决在我国承认与执行的问题。

所谓“过分管辖权根据”，[①]根据这些管辖权根据行使管辖权可能会对当事人诉讼权益产生消极作用。尽管我国立法没有规定外国判决的间接管辖权根据，但并不表明我国不把管辖权标准作为外国判决承认与执行的一个条件。事实上，我国所缔结的双边司法协助条约表明了我国对间接管辖权的要求。

2. 互惠标准的模糊

我国立法和实践都强调了互惠原则在判决承认与执行合作上的重要性。不过，受最高人民法院“五味晃”案的影响，我国在互惠原则的适用坚持了报复主义思路，使互惠原则事实上起着一种防范性作用。这难以使互惠关系得以启动。而我国立法关于互惠标准的模糊进一步加深了具体适用上的不可预见性。

3. 有关外国判决法律效力的规定过于简单

我国立法虽然肯定了外国判决法律效力的条件，并实现了一定程度的判决承认和判决执行的分离，但是对于法律效力的判断标准，以及判决承认与判决执行的具体条件，现行立法未能予以明确。事实上，判决终局性问题是国际社会在外国判决承认与执行国际合作上难以逾越的一个障碍，依据何种法律来判断判决的法律效力是导致这种障碍的基本原因。此外，在对判决承认与判决执行实行分离的国际立法中，都例外强调了外国判决的“可执行性”条件。那么，我国现行法律的简单化，可能带来司法实践的困难，也可能导致司法实践的不一致问题。

4. 拒绝承认与执行外国判决的事由不明确

明确规定判决承认与执行的例外事由，是国际立法的基本实践。实践中，为了实现判决承认与执行上的公平正义原则，也为了保护本国国家利益和国民利益，国际立法通常会在利益平衡的基础上明确各种例外事由。虽然判决承认与执行表面上仅涉及本国国民财产的外移，却可能导致国家利益受影响的消极

---

① 国际社会把一些过度扩张本国法院管辖权的依据称为“黑色清单”，如原告国籍、扣押财产、商业活动、短暂出现。《布鲁塞尔公约》体系、1971 年海牙《民商事案件外国判决承认与执行公约》等都列举了一些“黑色清单”，禁止各国依这些依据行使管辖权；否则，这种判决不能依据公约获得承认与执行。

后果,①进而可能引发国家的"家父情怀"。与此有显著差异的是,我国立法仅规定了公共秩序这一独立的例外事由。由于公共秩序保留涉及一国根本利益、重要法律原则,无法涵盖公平正义原则的所有情形,国际社会对公共秩序保留的适用出现了日趋严格的趋势,这必然影响公共秩序保留在判决承认与执行领域上适用的有效性。因此,在未来的司法实践中,例外事由的缺失可能导致我国法院无所适从。

(二)批准公约对完善我国判决承认与执行制度的意义

如上所述,2005年《海牙公约》本质上是以选择法院协议为载体的判决公约,所以,实现判决在全球范围内的自由流动是公约根本的价值目标。为此,公约主要设置了3个"关键条款"要求各缔约国承担对被选择法院所作判决予以承认和执行的义务。客观上看,由于公约仅涉及一个单一管辖权,因而对我国判决承认与执行制度的价值有限。尽管如此,公约规定对我国判决承认与执行制度的合理化还是有着一定程度的积极意义的。

1. 对有关间接管辖权规则的意义

虽然《海牙公约》并非一个涉及普遍管辖权规则的判决公约,仅涉及选择法院协议这一单一管辖权依据,从表面来看,该公约并没有全面涉及间接管辖权规则,但《海牙公约》第6条有关未被选择法院的义务以及第8条关于形式审查义务的规定,表明了间接管辖权对于判决承认与执行的意义,国际社会普遍强调对原审法院间接管辖权的合格性要求,否则将会遭到被请求法院的拒绝。事实上,不仅各国立法强调了间接管辖权在判决承认与执行的重要性,而且一些国家甚至以本国管辖权标准来决定外国法院的间接管辖权。如德国的"映像原则"(Spiegelbild prinzip),"如果德国法院按照德国法对某一涉外民商事事件具有直接国际裁判管辖权,那么外国法院对该事件就具有间接国际管辖权……所以外国法院的间接国际裁判管辖权是德国法院的直接国际裁判管辖权的反映,

① 这种后果或许只是人们的一种观念,或许也是现实情形。正如厦门大学徐崇利教授所指出的:如果内国法院对外国判决予以承认与执行,则本国被执行者的财产就将转移给外国当事人。这显然将使内国人受损,外国人受益。但是,国家利益和私人利益难以被截然割裂的,私人利益必然要上升为国家利益,没有离开私人利益而存在的虚幻的国家利益,两者存在一种"一荣俱荣,一损俱损"的关系。参见徐崇利:《承认与执行外国法院判决的博弈论分析》,载韩德培等主编:《中国国际私法与比较法年刊》(2003年第6卷),法律出版社2003年版,第405~406页。除此之外,这些原本在内国的财产(资产)转移到外国,对本国经济显然是有不利后果的;在当前国际经济发展缓慢、国际融资不易的情况下,这种不利也许将更为明显。

正如一面镜子的映像一样”。[①] 所以，公约有关对被选择法院管辖权的尊重义务，要求被请求法院尊重被选择法院所行使的管辖权的义务性规定，都有助于我国正确认识间接管辖权规则在判决承认与执行上的重要性，并相应构建我国的间接管辖权规则。虽然我国人民法院目前可能并未真正感受到这一点，因为我国有限的司法实践基本还是停留在互惠原则的适用问题上，仅凭互惠原则就基本可以排除外国判决的可承认性与执行性。但是，可以合理预见的是，不久的将来，随着互惠原则实际地位的减弱，对外国法院间接管辖权的要求将会是我国司法实践重要的审查内容。

2. 对有关外国判决效力规则的意义

《海牙公约》在判决效力问题上作了灵活性规定，不仅区分了判决的承认和判决的执行，而且明确了各自的条件，客观上解决了当前困扰国际社会的“终局性”困境。此外，对于仍处于上诉期或仍被审查的判决，公约允许被请求国自由决定是否认可其效力。毫无疑问的是，公约的规定显然有利于我国法院判决在外国（其他法域）获得承认与执行，消除国际社会因为我国的再审制度而怀疑甚至否定我国法院判决法律效力的不利后果。而且，公约的明确规定也有利于合理构建我国有关外国判决效力的规则。首先，借鉴公约规定明确外国判决法律效力的标准，并明确规定拒绝仍处于上诉期或仍被审查的外国判决。从表面来看，虽然公约依据原审国法律来判断其判决法律效力的规定似乎有些宽松，但这一方面符合国家主权平等原则，总体上也是符合我国需要的，有利于外国采取互惠原则认可我国判决的法律效力。其次，明确外国判决的可执行性。

3. 对有关外国判决承认与执行例外事由规则的意义

《海牙公约》明确了判决承认与执行的 7 个例外事由。虽然公约对于这些例外事由的穷尽性问题未予以明确，公约解释报告也未置一词，不过，综合公约期望实现判决自由流动的价值目标和《纽约公约》的同等功能来看，结论应该是完全肯定的。对于外国判决承认与执行规定例外事由，不仅是借鉴《纽约公约》的结果，而且是在外国判决承认与执行问题上只进行形式审查的必然结果，以消除各国对不合理、不公平的外国判决获得承认与执行的担心。毫无疑问，我国现行立法仅借助公共政策这一例外是不够的，显然无法避免外

---

① 参见李浩培：《国际民事程序法概论》，法律出版社 1996 年版，第 120～121 页。

国不合理判决获得承认与执行,并且不利于我国被请求法院的司法审查。借鉴公约例外事由的合理规则,应该是增进我国判决承认与执行规则合理性的可行之举。

因此,尽快批准《海牙公约》有利于外国法院判决在我国的承认与执行,这对中国司法树立良好的国际形象,平等保护中外当事人的合法权益,推进各国利益共同体建设无疑能起到积极作用。

第三节　倒逼我国国际商事仲裁制度的完善

一、国际商事仲裁的发展现状

(一)国际商事仲裁的优势

作为一种争议解决方式,国际商事仲裁已经取得了巨大的成功。应当承认,作为一种自治性争议解决方式,仲裁能够在充满怀疑态度的夹缝中坚持下来,甚至发展成颇受国际民商事关系当事人欢迎的争议解决方式,确实不是一件简单的事。正如有人曾指出的那样,法院已经由原先厌恶仲裁、常常阻碍仲裁发展,转为广泛地支持和鼓励仲裁;但是,怀疑仲裁的暗流仍然存在。他们怀疑程序简便、一裁终局的仲裁能否有效地维护法律的完整和当事人的正当权益。[①] 一般认为,这应当主要源于仲裁所具有的优越性:其一,仲裁的自主性,即充分体现当事人的自主意愿,对仲裁程序的提起、仲裁程序的进行以及仲裁员的任命等,当事人均可自行决定。相比诉讼程序的严格性质,对当事人显然具有较大的吸引力。其二,仲裁的专业性,主要体现在仲裁员的专业性上,当事人可以选择专业人士来对争议的是非曲直进行专业判定。其三,仲裁的秘密性,即仲裁程序不对外公开,甚至仲裁裁决也不对外公开,从而可以较好地保护商业秘密,并避免对他们商业状况、商业信誉可能带来的各种误解或消极影响。其四,仲裁的效率,仲裁以效率作为其根本价值目标。其五,管辖权的确定性,即仲裁是依据仲裁协议进行的,而仲裁协议的独立性原则和仲裁的自裁管辖权原则相当程度上保证了仲裁管辖权相当程度的确定性。

然而,需要注意的是,国际商事仲裁所具有的上述优越性相当程度上是相对的,而非绝对的,也并非内生性的。而且,近些年来各国所进行的司法制度改

---

① See Murrays Levin, "The Role of Substantive Law in Business Arbitration and the Importance of Volition", *Am. Bus. L. J.*, Vol. 35, 1997, p. 157.

革在一定程度上提升了司法的可接受度,也提高了司法的效率。所以,在国际商事领域,当事人之所以选择仲裁而非其他争议解决方式,还存在一个更为重要的因素:国际商事仲裁所具有的国际性,即国际仲裁裁决能够在世界各国得到承认与执行。正如英国退休法官 Michael Kerr 所夸张的那样:“即便是太空人仲裁员在月球上作出的裁决,也可以在英国得到执行。”①这种状况的出现,归功于1958年《纽约公约》。《纽约公约》要求各缔约国应当承认与执行外国的仲裁裁决,并不得设置比承认与执行本国仲裁裁决更繁杂的条件或要求更高的费用。毫无疑问,如果当事人花费了时间、精力与金钱所得到的仲裁裁决难以获得承认与执行,从而不得不以此裁决向法院提起诉讼,仲裁所谓的优越性将变得一文不值。所以,《纽约公约》的缔结与生效,方为国际商事仲裁最值得引以为傲的优势。国际商事仲裁在国际民商事争议解决机制中获得巨大的成功,关键在于《纽约公约》所形成的国际性;有了仲裁裁决承认与执行的国际性,国际商事仲裁所具有的其他优势才得以真正彰显出来。

(二)国际商事仲裁的优势减损趋势

作为经济人,国际民商事关系当事人自然把效率当作他们追求的一个基本价值目标;而作为一种自治性争议解决方式,国际商事仲裁也有意识地把效率作为其价值取向。不可否认的是,国际商事仲裁效率价值之来源固然取决于仲裁所具有的诸多优势因素,但是,长期以来,这种优势实际上来源于1958年《纽约公约》所形成的仲裁裁决承认与执行的国际性,以及各国作为缔约国所形成的“支持仲裁”观念。受“仅此一家”的现实影响,国际商事仲裁(或许是无意识地)逐渐把其优势倚重于《纽约公约》所形成的仲裁裁决的国际性之上了。正如外国学者所指出的:“现行的支持仲裁以及仲裁裁决的国际体制增强了国际仲裁的可预见性与有效性,而这正是从事国际商业活动的当事人更乐于选择仲裁的原因。”②

长期以来,仲裁所具有的快速、低廉和秘密一直被想当然地视为仲裁的内在特征,也是仲裁所乐于展现且当事人乐于选择仲裁的基本优势。仲裁通过快速的程序可以有效地解决诉讼延缓所对商事交往产生的不利后果;仲裁的费用低,对于本质上属于经济人的当事人而言显然具有难以低估的重要性;而仲裁

---

① 参见宋连斌:《国际商事仲裁管辖权研究》,法律出版社2000年版,第23页。

② See Ronald A. Brand, “A Global Convention on Choice of Court Agreements”, *ILSA J. Int'l & Comp. L.*, Vol. 10, 2004, p. 330.

的秘密性，无论对于当事人的声誉，还是商业秘密或者交往关系的继续等，都可能有着独特的价值。尽管如此，久而久之，仲裁的各种所谓内在优势都逐渐被销蚀。仲裁的快速，如今很大程度上都成了一种虚拟的想象：无论是事务繁忙的仲裁员，还是仲裁程序的缺陷所导致的时间拖延，[①]都使仲裁变得缓慢、冗长。仲裁的费用低，如今也渐渐变成了当事人的奢想，拖沓的程序所造成的仲裁员费用的增长，已经远远超越了不收法官审案费用的诉讼了。至于仲裁的秘密性，则可能不仅使那些经常参与仲裁的所谓"仲裁常客"[②]获得不当收益，从而违反公平正义原则的基本精神，而且由于仲裁程序和仲裁裁决的秘密性而使败诉一方难以寻求法律的救济保护。

事实上，为了迎合国际社会对公平价值目标的追求，几乎所有的国际知名仲裁机构都修改了它们的仲裁规则，强化了仲裁程序的正规化和透明度。[③] 受人们需求转变以及仲裁机构观念变化等因素的影响，国际商事仲裁日益强化仲裁程序的严格性和常态化，有意无意把仲裁的灵活度和便捷性特点置之一旁。甚至为了便利司法监督，有些仲裁机构还要求进行仲裁秘密性方面的改革，要求仲裁庭尽量详细地阐述仲裁裁决的理由。正如有外国学者所指出的："如果仲裁的选择并非基于其特殊的性质，我们可以预见，随着时间的推移，仲裁的特质将会逐渐被销蚀，因为它们根本不会被仲裁制度的使用者所重视。事实上，近年来认为国际商事仲裁发展得越来越像美国式诉讼程序的抱怨已经越来越普遍了。"[④]

尽管如此，无论是国际社会，还是仲裁机构自身，都没有感受到仲裁这种从自身优势逐渐向诉讼程序转向会带来什么后果的困扰。毕竟，"在当前体制下

---

① 如当事人故意利用仲裁程序自由选择一个高龄或其他情况特殊的仲裁员，借以达到拖延时间的不当目的。这方面的案例，可参见宋连斌：《国际商事仲裁管辖权研究》，法律出版社 2000 年版，第 25 页。

② 最早明确提出"仲裁常客"现象的是著名学者和仲裁员 M. Galanter 先生。当然，他所指出的仲裁常客包括仲裁员及经常从事仲裁事务（作为当事人）的大公司、大企业。他认为仲裁常客由于对仲裁规则、仲裁程序更为了解、对仲裁员更为熟悉，可能获得不当的仲裁利益。See Marc Galanter, "Why the 'Haves' Come Out Ahead: Speculations on the Limits of Legal Change", 9 *Law & Society Rev.*, Vol. 9, 1974, p. 95.

③ 当然，仲裁追求公平价值目标并无什么实质性的问题。毕竟，无论是何种争议解决方式，都应当把公平正义作为其价值取向。

④ See T. T. Arvind, "The Draft Hague Judgments Convention: Some Perspective from Arbitration", *Netherlands Int'l L. Rev.*, Vol. 51, 2004, p. 357.

(只有《纽约公约》),国际诉讼与国际仲裁法律地位上的差异已经表明:当事人选择仲裁而非诉讼的主要原因并非基于仲裁程序本身的内在优势,而是基于仲裁这种争议解决方式已经在国内法以及国际条约中得到了肯定,其裁决能够获得全球性的强制执行"。① 毫无疑问,《纽约公约》的现实,就足以使国际商事仲裁屹立在争议解决方式之林了。

但是,无论是否愿意承认,本质上作为一种民间自治性的争议解决方式,不自觉地放弃自身的优势和基本特点,而把其成功主要系于那种外在性"优势",无法预知其根基的稳定。其最终结果可能是逐渐成为国际诉讼的一个"影子",只是这个"影子"制造出来的结果由于《纽约公约》的支撑能够在世界范围内得到认可而体现出显而易见的优越性。随着2005年《海牙公约》的生效,国际商事仲裁可能要面临国际诉讼的挑战。

二、批准公约对我国国际商事仲裁的积极意义

近些年来,我国国际商事仲裁制度的进步非常明显。据先前对中国国际经济贸易仲裁委员会(以下简称"贸仲")所取得成就的统计:1995～2005年共受案8336件,其中涉外仲裁案件6634件,是"贸仲"有史以来最繁荣的发展阶段,被世界誉为最繁忙的国际仲裁机构之一。争议金额逐年上升,2001年和2002年均突破100亿元人民币,2005年更达到120亿元,创造了历史新高。仲裁案件当事人所涉国家和地区也明显增多,有40多个国家和地区的当事人参加了仲裁活动。据不完全统计,"贸仲"作出的仲裁裁决依循《纽约公约》已经在英国、美国、日本、德国、加拿大、新西兰等20多个国家和地区得到了实际的承认和执行,在我国香港特别行政区的执行率达到了99%以上。② 这种良好发展状况每年得到持续,2015年,全国仲裁机构受理涉港澳台案件和涉外案件达2085件,与2014年基本持平。而"贸仲"与中国海事仲裁委员会(以下简称"海仲")2015年受案数达2104件。③ 考虑到"海仲"2014年受

---

① See T. T. Arvind, "The Draft Hague Judgments Convention: Some Perspective from Arbitration", *Netherlands Int'l L. Rev.*, Vol. 51, 2004, p. 357.

② 于健龙:《贸仲50年——五十年努力奋斗、铸就辉煌历史、开创美好未来》,载中国国际经济贸易仲裁委员会网:http://www.cietac.org.cn/50/index_article_8.html。

③ 资料来自"仲裁百草园"。参见石家庄仲裁委员会网:http://www.sjzzc.gov.cn/html/news/2016/0316/2533.html。

案数为119件,①那么,“贸仲”的受案数应当是极大的。

毫无疑问,我国国际商事仲裁的良好发展状况主要源于我国经济的迅速发展、仲裁制度的不断完善、仲裁机构与仲裁员水平的不断提高从而获得国际社会的认可,并且我国也是《纽约公约》的成员国,我国仲裁裁决能够获得其他100多个成员国的承认与执行。尽管如此,作为一个后起的发展中大国,我国国际商事仲裁的发展不仅需要面对外国发达仲裁机构的压力,还要接受当事人作为理性人的甄别与挑选,需要不断地吸取外国的先进经验,也要注意外国仲裁的相关转向。正因如此,我国国际商事仲裁的发展道路是与国际社会的一般发展趋势相类似的,而且与此相关联的是,我国国际商事仲裁也在相当程度上逐渐步入了西方发达国家那条放弃自身优势的老路。

2005年《海牙公约》的一个重要目标,就是期望公约的缔结使诉讼能够成为与国际商事仲裁同等重要的争议解决方式,从而为从事国际商事活动的当事人提供多种争议解决方式。对此,参与了公约谈判的我国代表和美国代表都表达过相同的内容:希望公约成为与1958年《纽约公约》并行的机制,从而使更多的当事人选择法院诉讼,就像《纽约公约》之于国际商事仲裁一样。②那么,可以合理预见的是,公约的缔结与生效,将对国际商事仲裁形成一定程度的倒逼机制,迫使国际商事仲裁回归到先前利用自身优势来吸引当事人的道路。

由于先前国际商事仲裁偏离了正确的道路,所以在面临2015年《海牙公约》的挑战时,必须作出适当的调整,回归到先前仲裁自身优势的道路上来。否则,很难在与既以公平原则为价值取向,又有公约机制保障判决承认与执行的诉讼的相互竞争中形成优势。这是当前摆在各国国际商事仲裁面前的现实危机。正因如此,随着《海牙公约》的生效,各国的国际商事仲裁将在某种程度上处于一个差距并不明显的同一起跑线上。如果我国尽快批准公约,不仅赋予当事人根据客观实际更多的选择权,在仲裁和诉讼中形成良性竞争,还能给我国的国际商事仲裁以“先发优势”,使我国国际商事仲裁能够尽快实现转型,重回仲裁自身优势的基础,或许可以在世界范围内的国际商事仲裁的竞争中取得先

---

① 资料来源中国海事仲裁委员会网:http://www.cmac-sh.org/news/20150417news01.htm。

② 王吉文:《2005年海牙〈选择法院协议公约〉研究》,东南大学出版社2008年版,第74页;Louise E. Teitz, “Both Side of the Coin: A Decade of Parallel Proceedings and Enforcement of Foreign Judgments in Transnational Litigation”, *Roger Williams U. L. Rev.*, Vol. 10, 2004, pp. 62 – 63.

机。客观上看,在长期的发展中,我国国际商事仲裁已经在世界范围取得了良好的声誉。如果能够在此基础上,率先注重对仲裁自身优势的积极利用,使参与我国仲裁程序的当事人真切感受到这种转型所带来的便利和积极效果,我国国际商事仲裁或许能够在未来的相互竞争中,甚至与国际诉讼的竞争中占据一席重要之地。

第四节　促进“一带一路”倡议和人类命运共同体理念的实现

一、“一带一路”倡议的定位和重点

近年来,中国的外交政策经历了从致力于构建新型国际关系到不断拓展全球伙伴关系网络,从亲诚惠容的周边外交理念到真实亲诚的对非工作方针,再到“一带一路”建设,说明中国不仅坚持走和平发展道路,更敞开胸怀欢迎各国搭乘中国“快车”、共享发展机遇,以实际行动为构建人类命运共同体注入中国智慧,贡献中国力量,同世界各国合作共赢。正如习近平主席在2013年博鳌亚洲论坛上所说:“我们生活在同一个地球村,应该牢固树立命运共同体意识,顺应时代潮流,把握正确方向,坚持同舟共济,推动亚洲和世界发展不断迈上新台阶。”这种以增进各方相互理解与信任、促进共同发展的外交理念,越来越具有世界影响。

因此,中国倡议的“一带一路”建设得到了多数国家的积极响应。它是通过“一带一路”沿线国之间的政策沟通、设施联通、贸易畅通、资金融通、民心相通,全方位推进务实合作,重点打造“一带一路”沿线国家政治互信、经济融合、文化互容的利益共同体、责任共同体和命运共同体。可以说,在今后一个相当长的时期内,有效共建“一带一路”是中国的核心利益和战略利益之所在。但如何在实践中反映或贯彻上述外交理念和政策,让国际社会,特别是“一带一路”沿线国相信中国的诚意和选择?首先需要“一带一路”沿线国在立法层面通过缔结国际条约、协调国内立法等方式共同打造国际法律共同体,因为只有国际法律共同体能够扩大各国利益交汇点、形成利益共同体,落实国际行为体的共同责任,促进人类迈向命运共同体。而签署和批准相关的多边国际条约便是简便可行、影响广泛的举措。

二、批准公约对共建"一带一路"和迈向人类命运共同体的积极意义

在国际民商事管辖权和判决的承认与执行领域，我国只与24个"一带一路"沿线国签订了双边司法协助条约，①与大多数国家在此领域没有形成统一的规则，这对打造利益共同体、责任共同体和命运共同体显然是不利的。如果我国批准《海牙公约》，不仅可以避免与不同国家单独谈判，提高形成国际统一规则的效率；也可以吸引其他"一带一路"沿线国积极参加该公约，扩大该公约的适用范围和效力；还可以利用欧盟已经批准了该公约，加强与"一带一路"沿线国的司法合作，提高我国通过国内司法方式解决国际民商事纠纷的作用，为打造利益共同体、责任共同体和命运共同体提供基础性法律保障。具体来说，我国批准《海牙公约》的积极意义主要表现在以下3个方面。

（一）利用多边机制打造利益共同体

随着多极化、全球化进程的不断推进，国与国之间各层次、各领域、各类主体之间的交往互动越来越频繁，安全、发展、环境、疾病等全球性问题的边界越来越模糊，国际社会的整体利益、国家之间的共同利益和合作利益越来越多，一个国家在国际交往中的利益分层也越来越明显。因此，国际社会比以往任何时候更加需要统一适用的规则明辨是非、定纷止争、促进和平、谋求发展。

一般说来，国家利益是指民族国家追求的主要好处、权利或受益点，它反映了该国全体国民和各种利益集团的需求与兴趣，既包括诸如领土完整、经济实力、军事力量等客观利益，也包括形象、自尊等主观利益。② 在现代社会，国家利益早已不是由国家内部决定，各种外部因素，如国际和平与冲突，大国关系与国际组织内部的合作氛围，国际经济环境及其景气程度，信息的数量、质量以及传递速度，各种非政府组织的活跃程度及作用方式，都是影响国家利益的外生变量。

各国国家利益之间的关系，不外乎一致、互补和冲突3种。就国际民商事管辖权和判决的承认与执行而言，不同国家对涉外民商事案件的管辖确实具有

---

① 与我国签订了双边民事司法协助的35个国家为：法国、意大利、西班牙、保加利亚、泰国、匈牙利、摩纳哥、新加坡、突尼斯、阿根廷、韩国、阿联酋、科威特、秘鲁、阿尔及利亚、巴西、波兰、蒙古、罗马尼亚、俄罗斯、土耳其、乌克兰、古巴、白俄罗斯、哈萨克斯坦、埃及、希腊、塞浦路斯、吉尔吉斯斯坦、塔吉克斯坦、乌兹别克斯斯坦、越南、老挝、立陶宛、朝鲜。

② 参见王逸舟：《新视野下的国家利益观》，载王逸舟主编：《中国学者看世界：国家利益卷》，新世界出版社2007年版，代序，第20~21页。

利益冲突，私方当事人对判决的承认与执行也有利益冲突。但正如《海牙公约》的宗旨所言，只有通过确保私方当事人达成的选择法院协议的效力，进而承认与执行根据这种协议所形成的判决，才能加强各国之间的司法合作，实现促进国际贸易与投资的目标。也就是说，在经济全球化时代，各国已经认识到，不断发展国际贸易与投资是各国的共同利益与合作利益。而作为惠及各方的重大倡议，“一带一路”建设通过沿线国家的互联互通和贸易投资便利化等深度国际经济合作，可以打造世界经济新的增长极，实现互利共赢。“一带一路”沿线60多个国家的总人口约44亿人，经济总量约21万亿美元，分别占世界的63%和29%。受资源禀赋、产业基础、历史条件等因素的制约，国家之间发展不平衡，而且大部分为发展中国家。“一带一路”建设有利于沿线各国发挥比较优势，将经济互补性转化为发展推动力。“一带一路”贯穿欧亚非大陆，东牵发展势头强劲的东亚经济圈，西连发达的欧洲北美经济圈，形成纵贯东西的大经济带，可以使沿线各国挖掘潜力、深入合作，建立世界跨度最大、最具活力、发展前景看好的经济走廊，形成沿线国家经济利益对接整合的大格局。

在欧盟已经批准《海牙公约》的情况下，如果我国及时批准该公约，可以充分利用它建立的多边机制促进与“一带一路”沿线国的贸易与投资，为打造利益共同体提供最基本的法律基础。

(二)利用统一标准构建责任共同体

国际责任是国家和其他非国家行为体(包括国际组织、亚国家机构、跨国公司、个人)作为国际社会的主体身份而派生的属性。在国际事务的全球治理过程中，所有国际行为体都应承担一定的责任，区别只是因国家资源和能力不同而有差异，因享有的权力不同而不同，因享有的权力大小而有区别。因为责任总是与权力相对应，享有权力就需要承担责任。这是人类在主权平等的国际社会构建责任共同体的基础。

从历史上看，国际责任的确定是与时俱进的。自威斯特伐利亚体系形成以后，国家是主要的国际行为体，近现代国际法通过赋予每个国家或民族相同的权利与义务，以实现“国家间正义”，相应的国际责任是对主权制度和国家多样性的强调。第二次世界大战以后，国际法开始关注“个人正义”和“全球正义”，在国际人权法、国际人道法、国际环境法、国际刑法等领域，个人与私人机构开始获得有限的国际法主体资格，国际责任就开始强调共同利益、相互依存和国际制度。“冷战”结束后，随着全球化的迅速发展，跨国公司、非政府间组织活跃在国际社会的各个领域；随着国内政治结构和政治力量对比的变化，国内社会的各种力量经常延伸到国际领域,影响国际立法和国际法的适用。在此背景下,国际责任高度关注国内社会关系和人权状况。

自2008年国际金融危机以来,新兴经济体和发展中国家成为世界经济增长的重要引擎。中国适时推出"一带一路"倡议体现了世界经济失衡环境下的中国担当。因为发达国家单靠自己的力量平衡世界经济已力不从心,中国愿意在力所能及的范围内承担更多责任义务。中国已成为世界上最具基础设施建设能力的国家,有实力帮助"一带一路"沿线国家开展大规模基础设施建设。可以说,"一带一路"建设以全新的合作模式连接起不同文明,促进不同国家及其人民和谐共处、相互学习,共同担负解决国际性难题的责任。

但要实现"一带一路"的上述建设目标,必须从建设统一的国际法律规则入手。《海牙公约》正是从尊重当事人的选择法院协议、约束其他未被选择法院的管辖权和促进被选法院判决的跨国执行入手,以司法的确定性和判决的自由流动为基本框架,为国际社会提供了一整套明确的法律规则。因此,批准《海牙公约》是我国为共建"一带一路"而构建责任共同体的具体行动。

(三)利用全球共识建设人类命运共同体

"世界各国之所以能够成为命运共同体,关键在于各国之间具有共同利益、整体利益,而在具有共同利益或整体利益的世界各国之间,存在着'荣损与共'、利益相连的'连带效应'。"①因为当代国际社会面临的许多问题,不是仅依靠国家的力量能够解决的,气候变化、恐怖主义、网络治理、公共卫生事件、能源安全等非传统安全领域的挑战,必须由国家结成共同体予以统一应对。以上只是结成命运共同体的物质基础。而要真正形成命运共同体,还有赖于共同体成员之间的认同感和归属感。尽管各国间的价值观和文化传统有很大差别,但人性是相通的,人类存在共同珍惜和向往的价值,如公正、平等、和平、人道。

因此,人类命运共同体的形成,需要共同价值、共享观念、共同制度等。只有国际条约能够将国际社会共享的观念具体化或稳定化,塑造出凝聚国际体系的价值支柱和规范国际体系的发展方向。它通过构建规范各种国际行为的规则,引导国际行为体行动规范化,使国际关系、跨国关系和不同文化之间的关系得以顺畅的交流与管理,并使共享的观念与期待变成现实。因此,国际条约的

---

① 参见邱耕田:《命运共同体:一种新的国家观》,载《学习时报》2015年6月8日,第2版。

作用不仅体现在法律规则操作上，更体现在法律文化和法治理念的塑造上。[1]

通过总结《海牙公约》的起草过程，分析它的整体框架和具体规则可以发现，它坚持国家主权原则，符合相互尊重、平等相待、合作共赢、共同发展的基本要求；贯彻平等协商原则，摒弃了“零和”思维，不追求排他性利益，坚持以合作促互信、以互信促合作；尊重当事人的意思自治，兼顾国家利益与私人利益，平衡公平与效率，在追求国际统一规则的同时，充分考虑了各国法律的多样性和主要关切。可以说，它在管辖权和判决承认与执行问题上最大限度地凝集了全球共识。如果我国尽早批准该公约，能够增强我国在该领域的话语权，影响该公约的解释和适用朝着有利于新型发展国家的方向发展，能够在公约所及范围内以制度维护国际秩序，以规范促进国际公正，以共识促进国际发展，为人类命运共同体建设发挥积极作用。

---

① 参见刘志云等：《后危机时代的全球治理与国际经济法的转型》，法律出版社2015年版，第24页。

第六章　批准《海牙公约》可能带来的消极影响

《海牙公约》缔结之后，国际社会尤其是美国、欧盟的国际私法学界对于它的批准与生效充满了期待。如几位美国学者指出：

> 不能因为公约没有达到美国的期望（制定一个普遍性的管辖权以及判决承认与执行公约。——笔者注）就认为公约是一个失败……这不应该成为拒绝批准公约的理由。被普遍认可的国际法原则都是通过不断的实践而形成互信从而逐渐形成的。公约是朝着这种趋势发展的第一步……虽然光亮不如期望的那么明亮，但我们也不能因此返回到公约前的那种（拒绝承认与执行外国判决的）黑暗之中。①

虽然国际社会知道该公约的生效并非指日可待，但几乎都充满了相当乐观的期待，认为只是各成员国国内批准程序所需要时间长短与快慢的问题而已："从目前情况看，包括欧、美、俄等，对公约态度都较为积极，并在

---

① See Matthew H. Adler & Michele C. Zarychta, "The Hague Convention on Choice of Court Agreements: The United States Joins the Judgment Enforcement Band", *Nw. J. Int'l L. & Bus.*, Vol. 27, 2006, p. 37.

准备启动相关的国内批准程序。”[①]但是,出乎多数学者的预料,直到2015年,《海牙公约》因为欧盟的批准才生效。作为目前国际社会已生效的判决承认与执行公约,它或许会给外国判决承认与执行的国际合作带来前所未有的机遇。不少国家都在关注和研究批准该公约对本国可能带来什么样的影响。

作为一个国际民商事关系发展极其迅猛的发展中大国,我国对于判决承认与执行方面的国际公约的需求会越来越大,所以,2005年《海牙公约》的适时通过与生效,与我国的需求是一致的。正因如此,对于我国是否应该批准《海牙公约》,我国大多数国际私法学者一直都持肯定立场。正如第五章所分析的那样,在我国现有法律制度与现实需求的大环境下,这样的主张确实有充分的理由。但也有些学者提出了不同意见。我们认为,对于我国批准公约的可行性问题和时机问题,需要做全方位的探讨,单纯静态地以法律规定之间的相合性作为探讨的基本甚至唯一内容,可能无法全面反映我国决定是否批准公约需要考虑的因素。因为我国如果批准公约,需要解决它与国内法的适应问题,而对我国应否批准公约与何时批准公约应该分开考虑,否则,可能难以真正为我国批准公约的可行性问题提供科学决策的依据。

因此,本章通过分析《海牙公约》的制度缺陷,总结我国学者提出的不同意见,即如果我国批准公约,对我国当事人和国家可能带来的不利影响,结合我国对外贸易与投资的新情况及公约的制度安排,反思、评判上述不同意见的合理性,提出我们的认识和基本判断,供决策部门参考。

第一节 《海牙公约》的内在制度缺陷

从本书第一章介绍的缔约过程可以发现,从《海牙公约》谈判伊始,各国就陷入了协调管辖权规则的泥沼之中,最终无法自拔。原因虽然是多方面的,如“互联网与电子商务的出现与迅速发展、消费者法律地位的不断提高以及欧盟的迅猛发展”,[②]但根本原因在于各国在管辖权问题上的现实差异和不同诉求和美欧两国对公约主导权的争夺。

---

① 王吉文:《2005年海牙〈选择法院协议公约〉研究》,东南大学出版社2008年版,第258~259页。

② See Louise E. Teitz, “The Hague Choice of Court Convention: Validating Party Autonomy and Providing an Alternative to Arbitration”, *Am. J. Comp. L.*, Vol. 53, 2005, p. 545.

管辖权问题对判决公约的实际影响被公约的起草与谈判过程所证实，各国既需要保护自身直接管辖权规则的合法性，①又需要避免外国不合理管辖权规则通过判决的承认与执行而获得间接认可，造成对本国利益和公平正义原则的损害。而在公约主导权问题上，美欧一直明争暗斗。它们都期望在公约的起草与谈判中占据主导地位。因为对于直接涉及国家利益和司法主权的判决承认与执行问题，制定公约的主导权不仅有利于在具体规则、条文的设置上发挥关键作用，还对公约的整体架构（如究竟应采"严格双重公约"模式还是"混合双重公约"模式、知识产权事项是否应纳入公约范围）和未来走向都能产生重要影响。事实上，美国在加入海牙国际私法会议之后，一直未能在其中发挥主导作用。这与美国的国际地位不相符，也与美国在国际政治组织（如联合国）和国际经济组织（如 GATT、WTO）中占据优势地位形成了鲜明对比。所以，美国最早向海牙国际私法会议提议制定全球性判决公约，本来期望能够因此发挥主导作用，制定一项符合美国利益和需要的公约。由于多种因素的共同作用，公约的起草与谈判过程步履维艰，双方互不相让。所以说，2005 年《海牙公约》的顺利通过来之不易。但作为各方妥协的结果，该公约存在内在的制度缺陷。

---

① 毕竟，这可能涉及国家主权的问题，各国确定自己的直接管辖权规则是国家司法主权的具体表现之一；也可能涉及一国现实需要的因素。虽然在外国看来，一国的某些管辖权规则被认为是过度的，因而是"黑色清单"中的组成部分，但该国却认为这种管辖权规则符合该国的历史、法律文化传统或者与该国的现实需要相一致。如在公约谈判中，有关美国"一般性经济活动管辖权"（以被告所进行的商业活动为基础所确立的一般管辖权依据）规则就始终遭受到其他国家尤其是欧盟的批评，并被要求列入"黑色清单"之中，但此举一直被美国强烈反对，认为这个管辖权依据是美国客观需要的结果，因为被告的经济活动构成了与所在地的客观联系。在美国一个早期的案件中，美国法院就开始声称"一般性经济活动管辖权"的合理性了："既然自愿地进入一国管辖区域范围并在该地从事商业活动，并利用该国法中的礼让与保护来维持自身权益，就不应抱怨在该国订立的合同在该国被赋予执行的效力。"（See Moulin v. Trenton Mut. Life & Fire Ins. Co. , *N. J. L.* , Vol. 25, 1885, pp. 62 – 63. ）而在另一个更为著名的案例中，美国联邦最高法院完全确立了"一般性经济活动管辖权"的法律地位。针对被告提出的其在华盛顿州所从事的持续性与系统性商业行为并不构成"出现"，因而该州法院行使管辖权构成对正当程序的违反的争辩，美国联邦最高法院明确声称："正当程序是否得到满足，必须取决于行为的性质。该公司在华盛顿州的系统与连续性的营业活动显然建立了与该州足够的联系与关联，从而有理由并恰当地允许该州对公司的商业活动行使管辖权。这符合有关公平审判与实质正义的传统观念（traditional conception of fair play and substantial justice）。"

一、公约的基本制度

《海牙公约》的实质是以选择法院协议为载体的判决公约。为了实现判决自由流动的目标，公约规定了3个"关键条款"，[①]要求各缔约国法院严格遵守相应的义务。这3个"关键条款"规定在《海牙公约》第5条、第6条、第8条中，构成了公约的核心内容。

《海牙公约》第5条规定了被选择法院行使管辖权的义务。它规定，当事人协议选择的缔约国法院应当行使管辖权，除非该协议依据被选择法院国法律是无效的。就此看来，被选择法院行使管辖权是一种公约义务，该法院不得依据不方便法院原则或者先受理法院原则拒绝行使管辖权。而且，对于当事人选择法院协议的效力，适用被选择法院地法。这样规定的目的，显然是期望增强当事人协议的效力，因为作为理性人，当事人一般会选择一个有利于协议有效性的国家法院。另外，在国际社会普遍扩张本国法院管辖权的情形下，被选择法院一般会认可当事人协议的有效性，从而保护本国的司法管辖权。但这种规定与国际社会一般坚持的当事人意思自治原则相违背，也与各国坚持适用法院地法的实践不相符。正因如此，公约的这种规定被台湾国际私法学者陈隆修教授批评为"惊世骇俗的铁腕规则"，[②]它"不仅违背国际贸易百多年来当事人自主的普世价值与惯例，更直接与其仿效之联合国仲裁公约(1958年《纽约公约》)对撞"。[③] 尽管如此，公约的这种特殊规定，体现了公约追求确定性目标的强烈愿望。此外，公约还强调了选择法院协议的独立性原则，[④]即使主合同无效，选择法院协议的效力也不因此受影响。事实上，从公约把被选择法院必须行使管辖权的义务强调为公约3个"关键条款"之首的角度来看，选择法院协议的有效性规则以及选择法院条款的独立性原则实际上是《海牙公约》赖以生存的有效基础和可靠保障。

《海牙公约》第6条规定了未被选择法院不行使管辖权的义务，要求未被选择法院中止诉讼或拒绝行使管辖权，除非存在公约规定的例外事由。在公约起

---

① See Hartley/Dogauchi Report, Para. 1.

② 参见陈隆修：《2005年海牙法院选择公约评析》，台北，五南图书出版股份有限公司2009年版，第11页。

③ 同上书，第12页。

④ 参见《海牙公约》第3条第4款。

草者看来，选择法院协议要起到实现当事人正当期望、消除管辖权国际冲突的作用，进而实现判决在缔约国范围内自由流动的目标，既需要被选择法院行使管辖权，也要求其他未被选择法院尊重当事人的意思、尊重被选择法院的管辖权，这是实现公约目标的关键。因此，有的外国学者认为第 6 条应当是“公约最为重要的条款”。①

《海牙公约》第 8 条要求各缔约国承认与执行被选择法院所作的判决，除非基于本公约规定的例外事由，才能对该法院判决予以拒绝。为了实现这个目标，公约不仅规定了形式审查义务，还要求依原审法院地国法来审查判决的法律效力。由于各国法律的差异，加上它们依据本国法来判断外国法院判决的法律效力，客观上导致了外国判决难以获得有效的承认与执行。因此，公约有关判决承认与执行的义务规定、依原审法院地国法来判断外国判决法律效力的规定，极大地增强了外国判决得以承认与执行的概率。此外，公约还明确了判决承认与执行的 7 项例外。虽然公约并未明确这些例外是否是穷尽的，但从公约追求的目标和它仿效的《纽约公约》的规定来看，结论应当是显而易见的。否则，如果允许缔约国依据其他例外来拒绝判决的承认与执行，必将导致公约的实际价值严重受损。而且，与缔约国应承认与执行被选择法院所作判决的义务性规定不同，这些例外并不具有强制性，而是任择性的。当判决存在某种例外时，被请求法院并无义务必须予以拒绝。

由此可见，《海牙公约》设置的 3 个“关键条款”强调了当事人意思自治的地位，并以最终承认与执行判决为目标。要求被选择法院行使管辖权的义务规定，在某种程度上超越了协议管辖的一般法理，因为一般理论认为，当事人意思自治原则应受到限制，被选择法院只是因当事人的选择而享有管辖权，但并无必须行使管辖权的义务。尽管如此，公约的这个规定对于公约目标的实现、对公约的成功都具有至关重要的意义。与此同时，公约还明确要求未被选择法院尊重被选择法院的管辖权。未被选择法院的这种尊重义务和选择法院行使管辖权的义务是相辅相成的，共同为承认与执行被选择法院的判决提供现实基础。

---

① See J. Talpis & N. Krnjevic, “The Hague Convention on Choice of Court Agreements of June 30, 2005: The Elephant that Gave Birth to a Mouse”, *Sw. J. L. & Trade Am.*, Vol. 13, 2006, p. 21.

二、公约潜在的消极后果

可以肯定,《海牙公约》的义务性规定将会促进判决承认与执行的国际合作。但公约规定的严格性也可能带来一些消极后果,最终消损公约追求的正当性。由于《海牙公约》本质上是一个以协议管辖为载体的判决公约,它对一个国家的实际价值,很大程度上取决于当事人的私人协议,取决于当事人对该国法院的选择。这使《海牙公约》与普遍性的判决公约有着实质性差异。

(一)对个人实质公平的消极影响

以私法自治原则和当事人意思自治原则为基础的选择法院协议制度,存在一个隐含的立论基础,即当事人实际地位应是平等的。但在现实中,当事人地位的不对等现象普遍存在。正如纳夫教授所指出的:虽然合同自由原则默示地认为当事人确定合同条件以及条款的现实自由,但是,一般来说,这种原则忽视了社会以及经济压力,而这种压力可能迫使一方当事人在缔结合同时被迫接受对其不利的条款。毕竟,在市场上完全平等的当事方自由地进行议价的情形并不多见。相反,一方当事人常利用对方的需要来讨价还价,这种情形还体现在商品交易的价格和其他诸多条件上。① 因此,缺失当事人地位的实质平等,可能会导致实质公平价值目标无法实现。目前看来,公约的规定可能难以实现实质公平。

为了实现判决自由流动的目标,《海牙公约》第5条赋予当事人意思自治极大的效力,它规定的协议有效性适应被选择法院地法是一种极不寻常的实践,甚至被陈隆修先生称为违背国际社会"主流共同核心价值"的"死硬规则"。② 因为,国际社会的一般实践是适用法院地法或者当事人选择的法律来解决选择法院协议的有效性问题。事实上,无论怎么样坚持当事人意思自治原则,国际社会的普遍观点都不会认为当事人的私人协议可以对被选择法院赋予义务,更不愿意接受适用被选择法院地法来解决当事人协议的有效性。除了选择法院协议一般被视为程序契约因而应适用法院地法这个因素之外,另一个重要原因在于双方当事人实际地位的差异,可能会对实质公平带来消极后果。当然,这并不因此就意味着缺乏了实质公平的基础,或者说法律就应当时刻关注当事人

---

① See Peter Nygh, *Autonomy in International Contracts*, Oxford: Clarendon Press, 1999, p. 139.

② 参见陈隆修:《2005年海牙法院选择公约评析》,台北,五南图书出版股份有限公司2009年版,第76~78页。

实际地位可能导致的实质公平缺失问题，进而对当事人的意思自治和私人协议进行干预。毫无疑问，我们承认当事人实际地位的不平等并不是因此要否定当事人意思自治原则，也不是对协议管辖制度的否定。恰恰相反，因为当事人私人协议所要解决的争议本质上属于私法范畴，而管辖权的主权性质并非绝对性，允许当事人选择管辖法院来解决他们的争议，有助于实现当事人对正当期望、诉讼效率和诉讼公平目标的合理追求。尽管如此，这也不意味着法律可以因此置之不理，放任不平等的当事人通过平等的形式来实现片面利己的目标。因此，法律在保护当事人自由权利的同时，必然要对这种自由权利进行适当限制，以避免当事人自由权利的滥用，进而对他人和社会利益造成不利影响。这既是法律的本来目的——"这种观点逐渐获得认可：即使当事人缔结合同是他们自愿行为的结果，他们享有的权利与承担的义务在很大程度上也是法律的产物，而非当事人'真实意志'的产物"，[①]也是法律追求实体正义的结果。

随着当事人实际地位的不平等导致的弱者保护原则获得了各国法律的逐渐肯定："国际私法上保护弱者原则的发展很大程度上是受到美国冲突法革命的影响……原则上说，这个革命所带来的人们思维方式的转变更有利于保护弱者的利益，虽然这是一个极具主观性的过程，并以牺牲确定性与可预见性为代价。"[②]受此影响，人们意识到意思自治原则的一个重要根基是当事人必须有大致平等的实力，否则，它极有可能成为强势方压迫弱势方的合法依据，从而使当事人意思自治成为以强凌弱的工具。从20世纪五六十年代发展起来的民权运动进一步推动了弱者保护原则对当事人意思自治的适当限制。兰多(Lando)曾指出："已经成年并具有正常智能的人就有绝对的合同自由，这种观念的根基正慢慢丧失。"[③]

正因如此，对当事人实际地位的考查本质上就是期望保障当事人的真实意思，以平衡实际地位不对等的当事人的利益，最终达致实体正义的价值追求。但是，公约显然未能考量当事人的实际地位。尽管它把消费者合同和个人雇佣合同排除在公约适用范围之外，因为这两个事项通常被视为当事人实际地位明

---

① See P. S. Atiyah, *The Rise and Fall of Freedom of Contract*, Oxford: Clarendon Press, 1979, p. 734.

② See Peter Nygh, *Autonomy in International Contract*, Oxford: Clarendon Press, 1999, pp. 141 – 142.

③ See O. Lando, Contracts, in International Encyclopedia of Comparative Law, Vol. III (Private International Law), Chap. 24 (Tupingen/Paris), 1976, p. 72.

显不平等的典型，公约对这两个事项的排除实际上只是一种回避态度，并不表明公约对它们的否定。相关国家既可以承认当事人选择法院协议的效力并对其判决予以承认与执行，也可以对其加以否定。

因此，如果缔约双方没有实质平等的缔约能力，公约的上述义务性规定尤其是上述"组合"，可能导致严重的不公平结果，因为强势方利用自身优势地位签订的片面有利于己的选择法院协议很难在公约层面受到挑战。对此，陈隆修先生如此告诫世界：

> 管辖条款的效力依被指定法院地法，加上管辖条款的独立性，这两个法则之交叉适用之结果，几乎完全剥夺了承审法院以个案上对弱势一方主持正义之空间（除了共序良俗之最后一击外），而可能不得不命受不当对待之一方至被指定法院应诉或起诉。①

应当承认，这种担心和告诫确实不容忽视。因为公约的上述"组合"，虽然本意是期望增强选择法院协议的强制性，使被选择法院管辖权的行使不受过多的影响，保障当事人正当期望的实现，最终实现判决在缔约国之间合理流动的目标，但这样的规定可能对公平正义原则产生消极后果，最终达致物极必反的不利后果。在实际生活中，缔约双方经常因为经济能力、贸易经验、谈判水平、文化传统，甚至语言等因素呈现出强弱不同的实际差异。也有外国学者指出：公约的规定不仅对弱势的个人消费者不利，对于中小企业也极为不利，因为中小企业在附合合同中也是处于弱势地位的一方，提供标准合同的一方并没有就合同条款与中小企业进行协商。② 因此，公约忽视当事人实际地位的差异，最大限度地肯定选择法院协议的效力，可能会加重弱势方当事人的无助。相当程度上，公约的上述"组合"将利于强势方利用其优势地位诱使甚至迫使弱势方选择一个对强势方有利的法院，或者选择一个距离遥远、极为不便的法院，而这种协议的效力能够获得公约的承认。所以，在某些情况下，对于弱势方而言，公约的严格规定确实可能是"致命"的。

---

① 参见陈隆修：《2005 年海牙法院选择公约评析》，台北，五南图书出版股份有限公司 2009 年版，第 51 页。

② See Adam E. Kerns, "The Hague Convention and Exclusive Choice of Court Agreements: An Imperfect Match", *Temp. Int'l & Comp. L. J.*, Vol. 20, 2006, p. 509.

(二)对国家利益的消极后果

一般观念中,国际民商事关系通常仅涉及当事人的私人利益,并不涉及国家利益,除非当事人一方涉及国家主体。事实上,在 M. Whincop 教授运用"囚徒困境"博弈模式来分析外国判决承认与执行问题时,[①]就有意识地区分了私人利益和国家利益,强调外国判决承认与执行通常仅涉及私人利益及其实现问题,并不涉及国家利益。Whincop 教授认为,各国在外国判决承认与执行问题上,会根据自己的利益行事。国家在选择"合作"(承认与执行外国判决)或"背弃"(不承认或执行外国判决)时,主要考量本国利益。承认与执行外国判决的主要报偿是公共利益的获得,可以增进国际社会的"集体福利",包括:(1)败诉方把财产转移到其他国家毫无意义,从而减少因这种财产无谓转移造成的社会资源浪费;(2)当事人将选择诉讼成本最低的国家法院,从而降低交易成本。而拒接承认与执行外国判决的主要利益可能涉及:(1)被请求国可能需要把位于本国的财产转移出去,从而花钱、耗时费力为他国利益提供帮助;(2)当事人为了保证自己财产的安全,可能会把位于外国的财产转移到本国,从而为本国带来税收收入、资金来源等利益。因此,在外国判决承认与执行领域似乎存在"囚徒困境"。但是,Whincop 教授在进一步研究后,认为上述利益分析是站不住脚的。因为内国法院承认和执行外国判决,不一定会造成对外国原告的"补贴":内国法院就此支出的费用,可从从原告的诉讼费中得到补偿;被告仅因担心败诉而转移财产,也不可能经常发生,也就是说,内国拒绝承认和执行外国判决,不可能会使本国成为外国人转移财产的天堂。既然如此,各国在拒绝承认和执行外国判决方面并没有多大利益,"背弃"也就不会成为各国的主导战略。

由此可见,Whincop 教授为了否定外国判决承认与执行中的"囚徒困境",论证各国不应坚持"背弃"策略,有意识地强调区分承认与执行外国判决的私人利益和国家利益,认为在外国判决承认与执行问题上,各国的国家利益都不会有大的影响:把位于本国的财产转移出去,法院可以从收取的诉讼费中获得补偿;拒绝对承认与执行外国判决予,也不可能使本国成为外国财产的转移"天堂",所得收获也不明显。对此,我国有学者指出了 Whincop 教授分析的缺陷:对于外国判决,内国法院一旦给予承认与执行,本国被执行者的财产就将转移给外国申请者,从而造成了内国人受损、外国人得益的情形。在这种情形下,国

① See Michael Whincop, "The Recognition Scene: Game Theoretic Issues in the Recognition of Foreign Judgments", *Melbourne U. L. Rev.*, Vol. 23, 1999, pp. 416 – 439.

家利益和私人利益是难以截然割裂的,私人利益必然要上升为国家利益,没有离开私人利益而存在的虚幻的国家利益,两者存在"一荣俱荣,一损俱损"的关系。①

国家利益理论认为,国家利益主要是一个国际政治关系范畴的概念,是国际交往的最基本的驱动因素,是国家对外政策行为的关键。与此同时,国家利益是一个有着复杂内容且不断发展演化的概念,是个人利益和社会公共利益矛盾发展的产物而且最终又将它们涵盖其中,是一个有着层次性划分的利益体系。"主权国家的国家利益,一般来说,至少有 3 项基本内容:第一,确保自身的生存,包括保护其公民的生命和维护领土完整;第二,促进其人民的经济福利与幸福;第三,保持其政府体系的自决与民主。这些东西构成了国家的核心价值和最基本的对外政策目标。"②因而,从国家利益与个人利益、社会公共利益之间的关系来看,国家利益既与个人利益和社会公共利益有着明显的区别,也不是个人利益和社会利益简单相加的结果,但又必须把保护个人利益和社会公共利益作为国家利益的基本目标,并且赋予个人利益和社会公共利益以物质和精神需求两方面的意义:"国家利益是指一切满足民族国家全体人民物质与精神需要的东西,对于这种需要,在物质上,国家需要安全与发展,在精神上,国家需要国际社会的尊重与承认。"③因而,国家利益既涉及政治稳定和军事安全,也涉及经济发展和社会进步;既包括国家自身的利益,也包括本国国民的利益。

运用上述国家利益理论分析外国判决的承认与执行问题可以发现,判决的承认与执行仅涉及当事人私人利益的实现问题,是当事人之间的财产转移问题,基本不涉及国家利益和社会公共利益。这也是公共秩序保留原则在判决承认与执行领域较少适用的原因,因为作为国际私法的"安全阀",公共秩序保留原则只有在国家利益或者重大社会公共利益可能因此遭受损害时才能适用。但是,上述观念并不全面。首先,国家利益不仅包括国家政治利益和国家安全利益,也包括国家经济利益和社会发展需要:"国家利益至少可以包括安全需求、经济需求、社会需求、文化需求和政治需求等重大利益。"④所以,在外国判决

---

① 参见徐崇利:《承认与执行外国法院判决的博弈论分析》,载韩德培等主编:《中国国际私法与比较法年刊》(2003 年 · 第 6 卷),法律出版社 2003 年版,第 405 ~ 406 页。

② See Frederic S. Pearson & J. M. Martin Rochester, *International Relations*, New York: McGraw-Hill, 1998, pp. 177 – 178.

③ 参见阎学通:《中国国家利益分析》,天津人民出版社 1997 年版,第 10 ~ 11 页。

④ 参见王逸舟:《国家利益再思考》,载《中国社会科学》2002 年第 2 期,第 160 ~ 170 页。

的承认与执行问题上,对本国经济和发展可能导致的影响,显然会涉及国家利益的深层次问题。其次,国家利益不仅涉及国家自身生存和领土安全需要,也包括对本国国民私人利益的保护问题。因此,"国家利益和私人利益是难以被截然割裂的",①完全脱离私人利益的国家利益显然只是一种空洞的观念,应该是早期"王朝利益"的观念遗留。所谓"王朝利益",是弗雷德·桑德曼引述查尔斯·比尔德研究成果提出的一个概念,他认为国家利益概念经历了两个发展阶段。在第一阶段,国家利益涉及的是"王朝"利益,即每位君主都渴望维护并尽可能扩大他的版图以及对土地和人民的统治。随着版图中越来越多的集团将自己的具体利益同君主的利益混为一体,王朝利益便让位给了"国家利益"这一概念。由于国家利益仍然保持着王朝利益的特征,还存留着专制主义因素,它仍然像"王公意志"那样至高无上和不可抗拒。② 保护本国人利益,是国家利益的一种内在需求。最后,在国际私法领域,国家利益还涉及一国司法主权和司法权威的实现。作为国家主权的重要组成部分,司法主权要求其他国家尊重一国的管辖权。保护本国法院的司法管辖权,实现甚至对外扩张本国司法权威,是一国软实力发展和提升的需要,也是国家软实力向外投射进而吸引或诱使其他国家追随的重要展示方式和手段。

由此看来,《海牙公约》的规定可能会对一些国家的国家利益产生消极后果。因为只有被选择法院所作的判决才能获得公约的认可,而公约对各国并非利益均沾,并非都能从公约的批准和公约的规定中获得大体一致的利益。对于各个国家而言,要真正从批准公约中获得利益,相当程度上取决于当事人的选择,取决于当事人的个人意志和私人协议。否则,如果一国法院在当事人的选择中经常性地处于下风,甚至完全无法得到当事人的青睐,③这个国家不仅需要承担尊重当事人协议效力及被选择法院管辖权的义务,还必须承认与执行被选择法院所作的判决,把位于本国境内的财产(可能是本国人的资产或者外国人

---

① 参见徐崇利:《承认与执行外国法院判决的博弈论分析》,载韩德培等主编:《中国国际私法与比较法年刊》(2003 年·第 6 卷),法律出版社 2003 年版,第 405 页。

② 参见[美]威廉·奥尔森:《国际关系的理论与实践》,王沿等译,中国社会科学出版社 1987 年版,第 77~78 页。

③ 事实上,在韩国政府提交的有关《1999 年草案》的一份正式评论中指出:韩国最高法院从来没有处理过一件由外国当事人之间选择韩国法院的案件。虽然韩国政府的指向性不明,但其中所表明的作为发展中国家(可能是经济性的也可能是法治发展性的)在国际民商事关系当事人法院选择中的不利状况,以及公约对发展中国家可能的不利后果的担忧还是清楚地表现了出来。

的投资)转移给位于外国的当事人。从表面上来看,公约虽然没有对国家进行区分,因而不会引发某些国家利益受损的现象,但它对当事人协议效力的过分强调,可能使广大发展中国家面临国家利益无法保障的尴尬境地。

对于多数发展中国家法院来说,《海牙公约》规定显然将使他们承担更多的责任,并因此承担对外国判决予以承认与执行的义务,把位于本国境内的财产转移到其他国家(主要是发达国家)境内。在国际经济交往频繁、国际资本正常流动的状况下,这种私人财产的跨境转移或许只是涉及私人利益的实现问题,[①]国家通常不会过度干预。虽然绝对地把本国境内的个人财产转移到境外的行为视为国家利益的受损,可能是狭隘的国家利益观,但如果本国境内的财产经常性地转移至境外,进而对本国经济发展和投资环境造成影响,情况显然就不同了。在国际投资情况复杂、国际经济状况不好的特殊情形下,本国境内的财产经常性地转移至外国,可能也会引发国家利益的保护问题。对于大多数发展中国家而言,《海牙公约》的规定尤其是上述"组合"实际上使其承担了尊重当事人选择外国法院协议效力的近乎绝对性义务,无法对不合理的协议加以纠正;必须尊重外国被选择法院所行使的管辖权,进而对该外国法院判决予以承认与执行的义务,把位于本国境内的财产转移至外国。在当前国际经济发展状况恶化、国际投资环境不佳的情形下,这种本国境内财产的转移显然加重了发展中国家经济发展的不利局面。

对于发展中国家而言,《海牙公约》关于尊重当事人协议效力、尊重被选择法院管辖权的义务性规定,也会损害这些国家司法管辖权利益和司法权威的实现利益。对大多数发展中国家的法院来说,受法治不发达、法院审理经验欠丰富、法官总体素养不高,甚至当事人认知误差或者地域偏见等各种因素的影响,这些国家法院基本上难以被理性的当事人考虑为被选择法院。而当事人实际地位不平等的状况更加深了它们在法院选择时的不利地位,导致原本享有的管辖权被当事人私人协议所剥夺,无法通过案件审理实现本国司法权威。

所以,在当今国际民商事关系中强弱双方严重分野的情况下,《海牙公约》的规定尤其是其所致力的上述"组合"对于弱势方而言是有不利后果的;对于那些难以被选择的广大发展中国家而言,也会导致司法管辖权利益的损害。与此

---

① 当然,这里并未严格地把国家利益和私人利益相联系,否则,依据国家利益理论,本国国民的财产转移给外国境内的外国人,应该也涉及国家利益相应受影响的局面。毫无疑问,在并不强调绝对主权的国际私法领域,一般情况下的私人利益问题不会引发国家利益保护的观念。

同时,发展中国家可能极度不对等地承担承认与执行外国判决的义务,把本国境内的财产经常性地转移至外国,对于本国经济的发展,甚至对于本国投资环境都可能会产生消极后果。因此,广大发展中国家对批准公约问题能否坚持完全开放的立场,具有相当大的不确定性。与1958年《纽约公约》虽然强调了仲裁协议的独立性,但对其有效性适用法院地法相比,2005年《海牙公约》对判决自由流动目标的期望似乎走向了一个极端,该极端最终可能以牺牲发展中国家的国家利益为代价。

当然,理性当事人(无论是否强势方还是弱势方,不过通常是指强势方)在选择法院时,可能需要考虑多种因素,如国家的法治状况、法官的素养和经验,当然还可能会考虑诉讼的便利因素、法律因素;在缺乏判决承认与执行的国际合作机制时,可能还要考虑判决承认与执行因素。所以,即使是发达国家的强势方在选择法院时,也不一定就选择发达国家法院,公约的批准和生效也不一定使发展中国家法院处于绝对的不利地位。这些因素确实可能会对当事人选择法院产生一定影响,似乎可以缓解发展中国家批准公约可能带来的困境。

第二节　《海牙公约》对我国当事人实质公平的影响

对于大多数我国当事人来说,由于《海牙公约》没有对当事人的强弱地位进行规范进而对弱方利益给予特殊保护,可能引发一些消极后果。

一、我国当事人在国际民商事关系中的不利地位

作为一个发展中国家,我国当事人在国际民商事关系中的实际地位并不比其他发展中国家当事人的地位更优越,基本上处于不利地位。当然,不可否认的是,作为一个国际地位迅速提高的发展中大国,与其他发展中国家相比,我国某些当事人可能确实具有了某种程度的优势地位,有些跨国公司在某些领域具有了一定程度上的强势地位。应当肯定,历经了近40年的改革开放,我国无论在经济发展、法治建设、社会进步和国际地位等方面均取得了长足进展。我国如今已经发展成为世界第二大经济体,由此而来的是国际民商事关系的迅速发展、人们参与国际民商事关系的能力与水平的快速提升,以及法治意识的逐步形成。由此看来,考量当事人实质公平问题似乎并不必然影响我国对公约的批

准问题。但问题并非如此简单。因为,从整体上来看,与其他发达国家相比,我国当事人在诸多领域仍处于弱势地位。

首先,整体经济实力方面的不足。总体而言,当今国际市场是一个买方市场。我国作为一个制造业大国,无论是在获取订单还是销售产品时,相当程度上受制于国际市场的状况;我国总体上仍是一个劳动力和资源大国,受制于国际经济的发展状况。作为卖方,我国国际商业关系的从业者很难有能力和外国买方享有平等地位。此外,外国当事人还经常使用一些策略,刻意制造我国商人之间的竞争(甚至是恶意竞争)关系,从而削弱我国当事人的现实竞争力。尽管近些年来,在某些行业或领域,我国确实出现了一些实力强大的跨国公司,如制造、远洋运输等行业,出现了一些实力雄厚的跨国公司,能够与外国公司“坐而论道”,但这种状况并没有完全改变我国当事人的整体状况,多数当事人与西方历经数十、数百年发展历史的当事人(更不用说跨国公司)相比,还存在经济实力不足的境况。而且,在现代经济社会中,看待一个经济主体的经济实力,并不仅是其现实的资产和负债,还包括资金的筹措能力以及该国提供金融服务的意愿和水平。事实上,无论是一些传统商事领域,如知识产权、远洋运输,还是现代商事领域,如电子商务,我国当事人的经济实力尚有不足。而国家以及其他服务提供者的能力和水平所存在的缺陷,也无法为我国当事人提供更多的支持和援助。因此,总体来说,我国当事人的经济实力还无法与西方国家当事人直接抗衡。

其次,实务经验和能力方面的不足。客观上说,能力建设是一个长期积累的过程,不仅需要自身的努力,也需要时间,更需要在实践中发现一些客观规律。但国际商事关系的激烈竞争关系使这样的经验积累相当困难。我国当事人在谈判能力、技术方面与西方国家当事人相比还有一定的差距。更重要的是,国际商事规则以及一些相关产品、领域的标准确定权基本上被西方机构或者跨国公司所垄断,且多数是用英语或其他外国语来表述的,一些关键词语的模糊性、多样性对我国当事人的理解产生阻碍作用。事实上,即使是我国实力雄厚的跨国公司,仍然无法与发达国家的当事人相抗衡。与外国跨国公司相比,我国当事人无论在经济总量、规则或标准确定,还是在从业经验、谈判水平和能力、语言能力、融资水平和能力等方面都处于不利地位。毫无疑问,我国当前国际商事关系的现状显然不利于我国当事人实务能力的提升和实践经验的积累。

再次,我国传统文化的影响。我国传统文化虽然一直保有一定程度上的多样性,“儒释道”某种程度上对我国传统文化观和价值观带来了影响,但儒家文化长期占据了正统地位。“和为贵”“己所不欲,勿施于人”“王道”等观念就是中国传统文化的代表,也一直被坚守和传承。毫无疑问,这种文化精神对于治理当前无序混乱的国际社会确实有着不可估量的时代价值,与当代国际法的国家主权平等原则与和平解决国际争端原则有着相同的价值基础。另外,儒家文化本质的内敛性不仅很难使中国在强权政治和实用主义至上的国际社会真正引领风骚,而且难以使我国当事人在法律事务方面发挥主动积极的作用。受此影响,我国当事人在法律事务上的主导能力不够。与此同时,我国法律文化传统历来强调实体问题,在程序问题尤其是有关争议解决方面极不重视,甚至在合同起草与谈判过程中经常“羞于出口”、不愿主动关注争议解决的方式问题。受上述各种因素影响,对于涉外选择法院协议,我国当事人实际上普遍处于被动状况,外国当事人在决定管辖法院时常常处于主动地位。

最后,我国当事人其他方面的劣势。受上述各种因素的共同作用,我国当事人可能还存在其他方面的劣势:其一,外国签证制度对我国当事人的限制。目前与我国存在免签证制度的主要经济大国极少,这可能导致我国当事人在签证上的困难。这不仅凸显了我国当事人的不利地位,也使我国当事人不自觉地形成自己处于弱势地位的消极心理,还会在争议发生后实际影响当事人对法院的选择以及权利的司法救济。其二,外国的地域偏见对我国当事人的不利。受法律文化传统、教育背景、错误认知、狭隘观念的影响,西方国家的当事人不仅有着某种天生的优越感,对广大发展中国家及其当事人存在偏见甚至错误观念。而我国当事人受传统文化的影响,在国际法律事务中的谦和、忍让态度也会让外国当事人产生错误认识,进而加深外国当事人的地域偏见和错误观念。久而久之,无论是外国当事人的地域偏见还是我国当事人的心理状况,可能都会对当事人之间的实际地位产生影响。其三,国际商事活动中普遍使用外国语言对我国当事人的不利。目前,国际商事业务几乎都使用西方发达国家的语言,极少使用中文。尽管我国当事人对外国语言的掌握能力在不断提升,仍然无法与母语国家的当事人相提并论。这种语言上的劣势也可能成为影响我国当事人自信心的因素。

对于我国当事人在国际商事活动中的不利地位,陈隆修先生曾经这样指出:“个人认为海峡两岸(或许香港例外),于实务上基于语言、签证、文化上之困难,于国际贸易上是明显处于相对弱势之一方……相对地,西方国家于签证、语言、文化及法律上处处占着压倒性的绝对优势。”①

二、公约对我国当事人的消极影响

选择法院协议制度是以地位平等的双方当事人的自由意思为基础的,但在当事人实际地位不对等的情况下,这种选择法院协议的有效性将受到一定程度的影响。因此,以选择法院协议为载体的《海牙公约》,也应当建立在当事人地位平等的基础上,并适当保护弱方以避免对当事人利益的消极后果。然而,该公约显然并不能达致这样的积极效果。因而,公约对我国当事人的利益也会产生消极影响。

第一,《海牙公约》忽视当事人地位平等问题对我国当事人利益的消极后果。尽管《海牙公约》确实对其适用范围作出了诸多限制,把许多事项排除在公约适用范围之外,但它未能对当事人双方地位的平等问题给予适当关注,没能给处于弱势地位的当事人提供相应的保护机制。正如美国学者对公约所提出的批评:“公约没有把附合合同排除在公约适用范围之外,不仅会对弱势的个人消费者不利,甚至对于中小企业都极为不利,因为中小企业在附合合同中也是处于弱势地位的一方,提供附合合同的一方并没有就合同条款与中小企业进行协商。因而公约应把附合合同排除在公约之外,而不是只规定个人消费者合同是公约适用范围的例外。”②因此,我国当事人的弱势地位,将会在法院的选择上受到外国强势方的现实影响而遭受不利后果。

第二,《海牙公约》过于关注判决的自由流动对我国当事人带来消极影响。为了实现判决自由流动的目标,公约不仅严格规定了被选择法院行使管辖权的义务、未被选择法院尊重被选择法院管辖权以及判决的义务,还确立了“致命组合”的绝对法律效力。这些规定尽管可以保证公约价值目标的实现,促进判决在公约范围内自由流动,但对于我国总体处于弱势地位的当事人而言,公约的义务性规定显然使我国当事人与外国强势方所签订的选择法院协议获得完全的尊重。由此观之,我国当事人整体的弱势地位,可能会导致在法院选择上处于不利状况:作为理性人,外国强势方会利用其优势地位诱使或者迫使我

---

① 参见陈隆修:《2005 年海牙法院选择公约评析》,台北,五南图书出版股份有限公司 2009 年版,第 53 页。

② See Adam Kerns, “The Hague Convention and Exclusive Choice of Court Agreements: An Imperfect Match”, *Temp. Int'l & Comp. L. J.*, Vol. 20, 2006, p. 509.

国当事人作出片面有利于外国当事方的法院选择。从这个角度来说，批准《海牙公约》对于整体上处于弱势地位的我国当事方利益的保护确实可能是有不利的。

因此，《海牙公约》对于整体上处于劣势地位的我国当事人的不利影响是客观的，而非虚构或者夸大其词。正因如此，陈隆修先生曾经如此告诫道：

> 中国不能自恃为泱泱大国就对2005年《海牙公约》这两个条款的组合加以背书，个人于此呼吁为着海峡两岸华人及所有第三世界的弱势人民在国际贸易上之"实质平等权"，中国有义务将我们于实务贸易上之困难阐明给西方贸易伙伴，以期不但能促成国际贸易之平等交流，更能达成联合国人权宣言里，所有人类于所有方面实质平等的终极目标。①

第三节　批准公约对我国国家利益可能带来的影响

一、我国作为发展中大国的实际地位

经过近40年的改革开放，我国已经发展成为一个经济总量巨大的"发展中大国"，是排在美国之后的世界第二大经济体。而且，我国也已经发展成为一个国际投资大国，不仅是吸收外国（境外）投资的大国，而且是对外投资的大国。此外，为了应对世界经济复苏缓慢、发展分化以及国际投资贸易格局和规则深刻调整的状况，我国适时提出了"一带一路"倡议。可以预见，在各国和平共处与经济共同发展进步的国际环境中，我国将从中获得经济发展的巨大收益，进一步提升我国的经济总量和发展水平。基于上述情况，有些国家开始否认我国发展中国家地位，但是，我国经济总量虽然处于世界领先地位，并不表明我国已经脱离了发展中国家地位，考虑到我国软、硬实力的现实，我国仍然属于一个"发展中大国"。

首先，我国经济总量大但人均经济总量小的状况。从经济总量来看，我国处于美国之后的第二大经济体，表明我国在经济发展和进步上取得了巨大成就；我国也是世界最大的出口国，这为我国获得了较大的贸易顺差。然而，我国拥有世界近1/5的人口。根据国际货币基金组织（International Monetary Fund,

---

① 参见陈隆修：《2005年海牙法院选择公约评析》，台北，五南图书出版股份有限公司2009年版，第53页。

IMF)2009年的数据,我国人均国内生产总值(Gross Domestic Product,GDP)仅为3315美元,居世界第106位;2011年,我国人均GDP上升至世界第90位;2015年我国人均GDP为5.2万元,约合8016美元,距离发达国家3.7万美元以上的水平仍有很大差距。因此,我国作为发展中国家的地位并没有真正改变。事实上,我国的工业化进程远未结束,工业在我国国民经济中的重要地位并没有根本改变。而且,我国工业化进程的区域发展极不均衡:虽然上海、北京、广东、江苏、浙江等地大多已经步入后工业化时代,但大部分中西部地区仍处于工业化中期。这些实际状况表明我国与发达国家之间仍存在实质性的差距。此外,虽然我国是出口大国,获得了较大的贸易顺差,因此拥有规模庞大的外汇储备。但"中国之所以能够发展为出口大国,一个重要原因是从终端切入,参与全球特别是东亚区域生产网络,出口多为最终产品。虽然价值较高,但其中包含着相当比例的进口零部件的价值"。[①] 因此,我国出口产品中的中国增值部分主要集中在低附加值的劳动密集型活动,其他高附加值的技术和知识密集型活动被外国投资者所把持。毫无疑问,这种依靠低价优势占领市场的做法既无法获得良好的效益,也难以持久。正如我国学者所指出的:"长期以来,中国出口产品依靠低价优势占领市场,支撑这种优势的既有劳动力成本较低等合理因素,也有资源价格、环境成本和劳动所得被人为压低等不合理因素。这种状况短期看似乎有利于降低出口成本,实际上有损于资源配置效率和人力资本建设,将会制约中国产业竞争力的提升和发展方式的转变。"[②]所以,虽然从表面上看我国经济总量巨大,似乎已经迈入了发达国家的行列,但我国不仅人均经济总量较低,而且经济增长在一定程度上是建立在资源、环境和低劳动成本等因素的基础之上的,这种发展能否持续下去,是大有疑问的。

其次,我国在国际经济规则和标准确定方面的欠缺状况。根据美国学者约瑟夫·奈(Joseph S. Nye)的观点,一国的实力由硬实力和软实力两大部分构成,而软实力和硬实力的综合构成该国的"巧实力"(Smart Power)。奈提出,软实力是通过吸引别人而不是强制他们来达到你想达到目的的能力,包括政治制度的吸引力、价值观的感召力、文化的感染力、外交的说服力、国际信誉以及国

---

① 参见刘世锦:《为什么中国"发展中国家"的身份会成为一个问题》,载《求是》2011年第11期。

② 同上。

家领导人与国民形象的魅力。[①] 约瑟夫·奈还补充认为，除了上述因素之外，国家的信誉、国家凝聚力、非政府组织以及在国际社会设定议题也是国家软实力的重要来源。[②] 因而，国家软实力本质上是一种非物质力量，是一种具有内向吸引力、感染力以及外向辐射力的综合体，主要依赖被指向国家自愿接受甚至同化来发挥作用并最终得以体现出来。对于国家软实力在国际政治领域的价值，约瑟夫·奈曾经这样宣称：如果一个国家可以使其权力被其他国家视为合法，它将遭受更少对其所期望的目标的抵制。如果其文化与意识形态有吸引力，其他国家将更愿意追随其后。如果该国能够建立与其社会相一致的国际规范，则它无须被迫改变。如果该国支持使他国按照主导国家的预期采取行动或限制自身行为的制度，它可能无须以高昂代价运用强制性权力或硬权力。[③] 软实力通常必须依靠硬实力发挥作用，硬实力的持续发展也需要软实力的支持。需要注意的是，国家硬实力和软实力并不一定同步发展，国家硬实力也不一定能够直接带来软实力的同等进步，也无法直接转化成为国家软实力。

应当承认，我国硬实力已有巨大提升，从而提高了我国参与国际经济规则和标准制定的能力。但我国软实力并没有获得同等的提高，这在一定程度上影响了我国参与国际经济规则和标准制定的深度。受此影响，我国在国际经济规则和标准的确定上还无法与西方发达国家相抗衡，甚至由于我国"发展中大国"的尴尬身份[④]而无法借助广大发展中国家的集团力量来与发达国家利益集团相抗衡。从而导致我国在国际经济规则和标准的确定上缺失实质性话语权，使国际社会的规则和标准无法有效保护我国以及其他广大发展中国家的利益。"话语与权力不可分，真正的权力是通过'话语'来实现的。'话语'不仅是施展权力的工具，还是掌握权力的关键。"[⑤]由于缺乏有效的话语权，我国在规则制定上难以发挥现实作用。

---

① See Joseph S. Nye, *The Paradox of American Power: Why the World's Only Superpower Can't Go It Alone*, New York: Oxford University Press, 2002, pp. 8 – 11.

② Ibid., pp. 8 – 9.

③ 参见[美]约瑟夫·奈：《硬权力与软权力》，门洪华译，北京大学出版社 2005 年版，第 107 页。

④ 西方发达国家经常有意鼓吹我国巨大的经济总量，主张我国已经发展成为一个新兴的发达国家。其主要目的之一就在于削弱我国与广大发展中国家的紧密联系，使我国逐渐陷入身份困境之中。

⑤ 参见王治河：《福柯》，湖南教育出版社 1999 年版，第 160 页。

再次，为我国当事人提供金融服务和投资保护能力和水平的欠缺状况。为本国当事人提供各种经济保障和服务，是国家主权的本质要求，也是当前国际社会促进本国经济发展的必要措施，同时是促进本国当事人参与国际贸易、投资能力和信心的根本基础。应该承认，在我国加入世界贸易组织（World Trade Organization，WTO）之后，我国在国际贸易、投资规则的制定方面取得了巨大成就，有力促进了国际经济贸易的发展；在提供金融、保险服务，以及促进投资保护等方面采取了很多措施，也取得了积极成效。但我国在提供服务和保护投资等方面的制度设置还存在观念不足、效率不高等问题。毫无疑问，观念的转变需要较长的时间，也需要积极主动地作为，并非水到渠成的简单过程。正因如此，指望观念的迅速转变并不现实。目前，我国政府在提供服务的观念转变上仍有许多需要改善的地方，而且，作为一个长期依赖外来投资的国家，在对外投资保护制度建设方面还存在欠缺。这些不足在一定程度上影响我国当事人参与国际贸易投资的能力和信心。

最后，我国的法治建设还“在路上”的现实。客观上看，近些年来我国法治建设取得了巨大成就，我国法治水平也有了极大提高。但法治建设不仅是一个需要较长时间的实践过程，还是一个需要不断转变观念的过程。正因如此，我国法治建设仍然需要付出巨大的努力。事实上，作为我国的司法机构，各级人民法院还有许多需要改善的地方。早在 2003 年，最高人民法院就曾专门指出我国各级法院在法律适用上的问题。在最高人民法院发布的《关于我国法院审理涉外商事案件适用法律情况的通报》①中指出：“不少人民法院对适用法律问题意识不强，甚至在裁判文书中没有对适用法律问题进行任何分析和论述。涉外案件相对于国内案件而言，有其特殊性和复杂性，法律适用即是其中最为重要的一个方面。要搞好涉外商事审判工作，就必须提高法律适用方面的意识。正确地适用法律是公正裁判的基础……对于上述问题，各级人民法院应该在今后的审判实践中予以高度重视，并不断总结经验教训，以进一步提高涉外商事裁判文书的水平，维护我国人民法院公正司法的形象。”虽然针对的是涉外案件中的法律适用问题而且已经过去了一段较长的时间，不可否认的是，最高人民法院指出的问题在其他事项中同样存在，各级法官的素养、能力和审理经验的养成仍需要不断努力。

---

① 法〔2003〕121 号。

二、批准公约对我国的消极影响

国际公约的缔结过程基本上是一个缔约各方讨价还价、相互协商和妥协的过程，所以，虽然国际条约通常不会是“零和”游戏的结果，而是各方均能在相互合作中得到不同程度的收益。但缔约各方收获的利益通常是不一致的。这种状况实际上与各国软硬实力(尤其是国家软实力)的差异有直接的关系。在国际条约的缔结过程中，谈判议题的选择与确定、谈判能力和水平的高低、谈判过程中的特殊问题的处置能力和经验，都可能对国际条约产生实际影响。毫无疑问，这些能力和实力，并非所有国家都能够具备。软实力弱的国家不仅难以在国际事务中享有话语权，而且经常因为能力不足而无法积极、主动地设定议题。即使设定议题，能否对其他国家产生吸引力和影响力、进而获得其他国家的认可，也是相当困难的。相反，发达国家所拥有的强大话语权使它们在议题确定、约文谈判中均能够掌握权力，从而使它们能够通过舆论引导的力量来改变其他国家的价值偏好甚至利益取向。此外，相当一部分参与国际条约谈判的代表都接受过西方国家教育，发展中国家代表也不例外。这种受教育因素以及因此可能受影响的价值观都可能成为西方国家软实力发挥现实作用的潜在条件，进而在约文的谈判中接受它们的主张甚至“游戏规则”，这种状况应尽早改变。国家软、硬实力的差异，最终将会在国际条约中得以体现出来。

2005 年《海牙公约》实际上是欧美两方主导的结果，欧盟在其中的实际影响又强于美国。这一方面是因为海牙国际私法会议的最初和多数成员是欧盟成员国；另一方面是源于欧盟已经存在“布鲁塞尔公约”体系，从而在判决承认与执行领域有更高的要求，也更有底气。因此，《海牙公约》的规定主要体现了欧盟的需要。首先，公约的 3 个“关键条款”所体现的稳定性和可预见性价值目标，是欧盟成员国法律传统的一般追求；其次，公约关于选择法院有效性依被选择法院地法规则和选择法院协议独立性原则的“组合”规定也体现了欧盟实践的需要；最后，公约的其他一些规定，如公约适用范围的主要限制、选择法院协议的形式要件，总体上是欧盟强调的结果。所以，对发达国家的当事人来说，判决的自由流动显然更有利于对它们利益的保护。相反，发展中国家不仅在公约的缔结中难以有效保障她们的利益，还需要较多承认与执行发达国家法院作出的判决。

《海牙公约》以选择法院协议为载体的判决公约的实质，对于广大发展中国家而言弊大于利。毫无疑问，选择法院协议的法律地位已经获得各国的确认，公约的缔结过程表明把公约限定在选择法院协议之上有着现实基础。但是，公约的这种体制对于各个缔约国的实际价值取决于当事人的私人协议，取决于当事人的实际地位，也取决于当事人对一国法院的选择。因为理性当事人在法院选择时会更倾向于对己更为有利的法院。而对处于强势地位的发达国家当事人来说，这个法院通常就是本国法院或者其他类似法院。由于现代科学技术的进步和当事人跨国公司的性质，诉讼的便利并不是当事人优先考虑的因素。尽管有人通过实证研究的方法发现目前并没有出现片面选择发达国家法院的现象，或者说这样的选择结果并不明显，因而得出结论说国际民商事关系当事人不会片面选择发达国家法院，当事人对法院的选择是多种因素共同作用的结果。因此，发展中国家（包括我国在内）批准公约不会出现其法院不被选择却需要承担对发达国家法院判决予以承认与执行的义务的消极后果。①

我们认为，这种实证研究恰恰忽视了当前国际社会缺失判决公约的事实，而得出的结论。由于国际社会不存在全球性判决公约，且判决承认与执行的国际合作极不通畅，当事人无论选择何国法院，最终均面临判决承认与执行问题，除非被选择法院恰好是能够执行该判决的国家的法院。否则，无论这个被选择法院对当事人是如何便利、如何公正、法院国的法治是如何发达，如果其判决无法获得被请求国的承认与执行，显然无益于当事人权益和正当期望的实现。因此，在缺乏判决承认与执行国际合作机制的国际社会，理性当事人（无论是通过经验还是教训）在选择法院时需要考虑更多的因素，判决的承认与执行问题非常重要。所以，忽视当前国际社会缺乏有效判决公约的现实、以当前并不存在当事人刻意选择发达国家法院的现象来否认发展中国家（包括我国在内）法院可能面临的困境，进而主张我国可以（甚至应当）批准《海牙公约》，其立论基础让人怀疑。

根据我们收集到的2014年的数据来看，中国裁判文书网只有133个案例，其中96件涉及我国港澳台地区，仅有28件属于真正国际性案件（当然有5件

---

① 从中国政法大学2015年7月7日举办的“《海牙选择法院协议公约》与中国立法和司法实践研讨会”，以及高端国家智库—武汉大学国际法研究所2016年4月16日举办的“大国司法与中国国际民事诉讼法改革”论坛的多数学者的观点来看，应该都持这种立场。

当事人国籍不明)。[1] 在我们看来,如此少的案件显然并不正常,因为协议管辖是协调管辖权冲突的有效手段,这么少的案件可能反过来证明国际民商事关系当事人不愿意选择我国法院的现实。

当然,国际民商事关系当事人对法院的选择确实会考虑多种因素,在一些具体案件中也可能并不绝对排除更为便利的发展中国家法院。而且,随着我国国际政治、经济地位的提升,以及我国法治发展和进步,我国法院被当事人选择的机会将日益提高。但当事人的观念转变可能是一个长期的过程,并会受到文化传统、所受教育、意识形态、地域偏见等相关因素的现实影响,所以,发达国家的强势方对发展中国家及其法院的认可与接受并不那么容易。在这种状况下,我国作为发展中国家的实际地位可能难以有效避免其不被当事人接受的消极后果,进而在当事人的法院选择中处于不利地位。因此,很可能出现"案件的国际转移"现象,即由于当事人协议选择的结果,使国际民商事案件从一个国家转移到另一个国家的现象。这种"案件的国际转移",主要是由于选择法院协议剥夺其他管辖权的效力使当事人对缔约国法院的选择具有公约上的效力。由此可见,《海牙公约》第6条关于未被选择法院应尊重当事人协议效力、尊重被选择法院管辖权的义务规定严重消损了广大发展中国家的利益。

除此之外,《海牙公约》的"组合"规定将会进一步消解广大发展中国家作为未被选择法院挑战当事人协议效力的能力。在强势方通过其优势地位迫使弱势方选择一个片面有利于强势方利益的法院时,公约所规定的协议效力依被选择法院地法规则显然使弱方难以有效挑战协议的有效性,其他法院受此规则影响也很难对此予以纠正;公约规定的协议独立性原则进一步强化了此类协议的有效性。在实践中,由于当事人的偏好或其他原因,仅对某些特定国家(主要是发达国家)的特定法院进行选择,而使其他国家的法院依法拥有的管辖权被排除:"金融机构通常在合同的法院选择条款中选择英国法院,是因为能利用英国商事法院法官的特殊经验与技能。"[2]广大发展中国家不仅要面临其法院原本拥有的管辖权被排除的消极局面,还需要面对受案少却要承认或执行外国判

---

① 相关数据可参见杨育文:《论中国加入海牙〈选择法院协议公约〉的可行性》,载《第二届中国国际私法学会国际民事诉讼专题研究委员会研讨会暨"大国司法与中国国际民事诉讼法改革"论坛论文集》,第87~102页。

② Andrew Clark, "A Toast from Wall Street: Examines London's Pre-eminence in Bank Litigation", *Financial Times*, 1995-12-19, p. 9.

决多的不利后果。“为他人作嫁衣裳”这种仅使单方获利的情形根本不符合国家利益理论,在当前国际贸易投资发展不均衡的国际社会,显然也难以长久维持。

正因如此,从表面来看,《海牙公约》的缔结统一了各国的协议管辖制度,并使根据选择法院协议作出的法院判决能够在缔约国之间得到承认与执行。这种结果虽然在理论上似乎不存在厚此薄彼的情形,实际上由于案件的国际转移现象,却对法治发达国家有利,对法治不完善的发展中国家极为不利。当前国际商事关系中人强我弱的情形显然不利于我国法院作为当事人选择的对象,外国强势方可能基于多种考虑倾向于选择更有经验、他们更熟悉、甚至有地域偏见法官的西方国家法院。相反,作为法治仍在进步的发展中国家,我国法院没有竞争优势吸引当事人选择我国法院作为解决争议的管辖法院。当事人(尤其是西方发达国家当事人)对我国法治状况、法官素养和能力等方面的观念转变,显然需要一段时间。甚至在地域偏见等消极因素的影响下,这个阶段甚至有可能会持续相当长的时间。

另外,西方发达国家(尤其是美国)经常通过“权威发布”来指责发展中国家的“人权状况”和司法制度,也会对当事人产生相当程度的心理引导。如美国国务院发布“国别人权报告”,经常指责发展中国家的司法状况,其中不乏主观性和偏向性,如对尼加拉瓜的 1999 年人权报告提出:其司法状况糟糕,法官经常面临各种生命威胁;当事人也经常受到各种威胁,并被受控制的法官关进监狱。[①] 对于危地马拉,美国的人权报告也这样指责:法官和其他法院工作人员经常受到威胁,法官经常被贿赂。缺乏效率的司法体制通常无法保证公正审判,也缺乏正当程序。[②] 但是,这些被美国国务院通过正式文件点名批评人权状况差、司法环境糟糕的国家,却在几个涉案人数众多、索赔金额巨大的案件中,[③]被美国当事人和美国法院认为是案件审理的合适国家,这些国家的法院是案件审理的“合适替代法院”。例如,在 20 世纪 90 年代的 Delgado 案[④]中,近 26,000 名

① U. S. Department of State Country Conditions Report on Human Rights Practices for Nicaragua 1999, at http://www. state. gov/www. global/human_rights/1999_hrp_report/nicaragua.

② 资料来源: http://www. state. gov/www/global/human _ rigts/1999 _ hrp _ report/guatemala. html。

③ Dow Chemical Co. v. Castro Alfaro, 786 W. 2d 674 (Tex. 1990); Delgado v. Shell Oil Co., 890 F. Supp. 1324 (S. D. Tex. 1995); Jota v. Texaco, Inc., 157 F. 3d 153 (2d Cir. 1998).

④ See Delgado v. Shell Oil Co., 890 F. Supp. 1324 (S. D. Tex. 1995).

发展中国家(其中多数是拉美国家,包括尼加拉瓜、厄瓜多尔)的香蕉园农场工人向美国得克萨斯州法院提起多起诉讼,要求包括能源巨头壳牌石油公司(Shell Oil Company)和化工巨头陶氏化学公司(Dow Chemical Company)在内的多家美国跨国公司承担因生产和使用一种名为"二溴氯丙烷"(DBCP)的消毒剂而造成的人身伤亡和健康损害的赔偿责任。结果美国被告提出的不方便法院原则的动议获得了美国法院的支持,美国法院声称,每一个原告住所地法院都是"合适的替代法院",由它们审理案件更为便利,而私人利益和公共利益因素的考查也要求法院中止诉讼。[①]

这种自相矛盾的主张确实存在。我们在此不对其是非曲直进行评论。不过,需要注意的是,美国国务院发布的正式文件通常自我宣称"客观性""全面性""公平性"而具有"权威性",从而对美国和其他发达国家从事国际商事活动的当事人产生认识上的主观性和片面性,进而对广大发展中国家的法治状况、司法制度和法官经验水平等方面都产生偏见甚至错误观念。在某种程度上,这些西方发达国家当事人由于法律传统、教育背景、意识形态等因素的影响原本就对广大发展中国家有消极观念甚至地域偏见,这些标为"权威发布"的文件将更加深他们的固有观念。受此影响,广大发展中国家法院在当事人的法院选择上更处于不利状况,进而在公约的批准上处于弊多利少的消极状况。作为一个发展中大国,虽然我国国际经济政治地位得到了巨大提升,我国国际声望也获得了较大的提高,但西方发达国家尤其是美国几乎每年都对我国的人权状况、法治状况、司法制度和司法公正等方面都提出严厉批评,这些都将影响国际商事关系当事人对我国及其法治状况的客观认识,进而影响对我国法院的选择。由此看来,我国对批准公约显然也是弊多利少,而不宜过于乐观。

当然,也许有人会质疑:同是以争议解决方式为对象的国际公约,我国批准了 1958 年《纽约公约》,为何不能以同样的观念对待 2005 年《海牙公约》? 该公约的目标之一就是形成与《纽约公约》竞争的机制。这种质疑至少在形式上有一定合理性,对仲裁和协议管辖的国际公约坚持双重标准确实让人难以理解。应当承认,单纯从争议解决机制来看,这种区别态度确实存在合理性不足的嫌疑。但与仲裁相比,人们对司法的观念要复杂得多。在人们的普遍观念中,司法不仅是一种争议解决方式,还是权利救济的最后途径,需要更多地关注合法

① See Delgado v. Shell Oil Co. ,890 F. Supp. 1324(S. D. Tex. 1995),pp. 1355 - 1375.

和公平问题,以及私人利益、国家利益和公共利益的平衡保护问题。与仲裁仅具有民间性质不同,司法还涉及一国司法权威和司法主权的实现问题。因此,司法包含更多的元素,除非国际社会真正转变了司法观念,把司法仅作为当事人争议的解决方式,才可以把《海牙公约》的批准问题与《纽约公约》完全同等对待。

第四节 批准公约对我国国际商事仲裁可能带来的影响

一、《海牙公约》与《纽约公约》的竞争

1958年《纽约公约》的成功以及因此造就的国际商事仲裁在国际民商事争议解决领域的广泛运用,显然是海牙国际私法会议和《海牙公约》期望达到的目标,既使司法获得当事人的积极采纳,也为当事人的争议解决提供更多也更合适的选择机会,并使判决能够在世界范围内自由流动,保护当事人的合法权益和正当期望,促进国际民商事关系的正常进行。所以,《海牙公约》的一个目标,就是希望形成与《纽约公约》并行的机制。① 鉴于此,《海牙公约》在诸多方面借鉴了《纽约公约》的规定和精神。

其一,对于选择法院协议,《海牙公约》吸纳了《纽约公约》对仲裁协议的相关规定,规定适用被选择法院地法规则和协议独立性原则,保障了选择法院协议的有效性。事实上,选择法院协议的有效性适用被选择法院地法超越了《纽约公约》,因为《纽约公约》对仲裁协议的有效性适用法院地法。这样一来,《海牙公约》的规定很难否定选择法院协议的效力。主张选择法院协议无效的当事方难以通过挑选法院来否定协议的效力,其他未被选择法院也难以适用法院地法来否定协议的效力。

对于选择法院协议的形式要件,《海牙公约》规定了宽松化和扩张化条件,可以是书面形式,也可以是宽松的现代科技形式。应当认为,公约的这种规定虽然与国际社会"在形式要件上尽量使之有效"的原则相一致,表明公约尽量使选择法院协议有效的意图,与《纽约公约》的期望一样。但在选择法院协议的排

---

① See Louise Ellen Teitz, "Both Side of the Coin: A Decade of Parallel Proceedings and Enforcement of Foreign Judgments in Transnational Litigation", *Roger Williams U. L. Rev.*, Vol. 10, 2004, pp. 62 – 63.

他性问题上,《海牙公约》明确肯定了协议的排他性。这种确定性规定显然使被选择法院享有的管辖权更为明确,实际上与仲裁协议的排他性相一致。事实上,普通法国家的一般实践认为选择法院协议不具有排他性,除非协议明确约定是排他性的。因此,在选择法院协议上,《海牙公约》借鉴了《纽约公约》对仲裁协议的规定,以尽可能保证协议的有效性和明确性。

其二,对于适用范围,《海牙公约》作了诸多例外性规定。这些众多的例外事项确实有合理性,也确实是缔约各国讨价还价的结果:"这些被排除事项彼此间并无逻辑联系,纯粹是各国讨价还价的结果。"①从表面上来看,《海牙公约》与《纽约公约》存在不少差异。公约的适用范围受到广泛限制,主要是尽可能排除影响选择法院协议有效性的事项,从而保证协议的有效性和确定性,最终使被选择法院作出的判决能够获得承认与执行。这与《纽约公约》有异曲同工之妙。

其三,对于判决承认与执行的例外事由,《海牙公约》不仅作了明确规定,它还具有穷尽性,被请求国法院不得以其他理由拒绝承认被选择法院所做的判决。这种规定实际上借鉴了《纽约公约》第5条②的规定。规定穷尽性的例外事由,既可以避免不合理的法院判决获得承认或执行,也有利于防止被请求国适用其他事由来拒绝被选择法院所做的判决,从而实现判决的自由流动。此外,这些例外事由没有强制性,而是任择性的,被请求国无须适用上述所有例外事由拒绝被选择法院所做判决。因此,即使外国法院判决存在公约规定的某种例外事由,被请求国法院仍可以根据其本国法决定是否予以承认或执行。公约

---

① 参见徐国建:《建立国际统一的管辖权和判决承认与执行制度》,载《时代法学》2005年第4期。

② 《纽约公约》第5条规定:(1)被请求承认或执行的主管机关只有在作为裁决执行对象的当事人提出有关下列情况的证明时,才可拒绝承认或执行该项裁决:①第2条所述的协议的双方当事人,根据对他们适用的法律,当时是处于某种无行为能力的情况之下;或者根据当事人选择适用的法律,或在没有这种选择时,根据裁决作出地国的法律,协议是无效的。②对作为裁决执行对象的当事人,未曾给予指定仲裁员或者进行仲裁程序的适当通知,或者由于其他原因未能提出申辩。③裁决涉及仲裁协议所未曾提到的,或者不包括在仲裁协议规定之内的争议;或者裁决内含有对仲裁协议范围以外事项的裁定。但是,对仲裁协议范围内的事项的裁定,如果可以同协议范围之外的事项的裁定分离,则该部分的裁定仍然可予以承认与执行。④仲裁庭的组成或仲裁程序同当事人间的协议不符,或者当事人未订有此种协议时,与仲裁地国的法律不符。⑤裁决对当事人尚未发生约束力,或者裁决已经由裁决作出地国或裁决所依据法律的国家的主管机关撤销或停止执行。(2)被请求承认与执行裁决的国家的主管机关如果查明有下列情况,也可以拒绝承认或执行:①依据这个国家的法律,争议事项不可以仲裁方式解决;②承认或执行该项裁决将与其公共政策相抵触。

这种宽松化规定显然是与《纽约公约》的精神相一致的。

其四，被请求国不能对外国判决进行实质审查，并应受原审法院关于管辖权的事实认定的约束。《海牙公约》第8条第2款不仅明确规定禁止对原审法院判决的实体问题进行审查，还进一步规定，除非是缺席判决，被请求法院应受原审法院为确认管辖权所做的事实认定的约束。毫无疑问，这些规定不仅保证了被选择法院所做判决的效力，还增强了选择法院协议的有效性。公约的这种实践与《纽约公约》的基本精神相吻合，其主要目的是防止司法成为仲裁的上诉机构。

其五，对于判决的效力要求，它以原审国法作为判断根据，这消除了各国在此问题上的纷争，有利于判决的自由流动。外国判决的效力问题是国际社会在外国判决承认与执行上难以逾越的障碍。虽然各国立法或实践都规定了判决终局性条件，只有具有法律效力的外国判决才能获得承认与执行。但对判决终局性的判断标准，各国法律存在不小差异，最终导致判决效力确定上的混乱局面，进而影响了判决的承认与执行。为此，《海牙公约》规定判决的效力适用原审国法律。这种规定有效解决了外国判决的效力问题，有利于判决自由流动目标的实现。这与《纽约公约》尽可能实现仲裁裁决承认与执行的基本精神相一致。为了使仲裁裁决尽可能获得承认与执行，《纽约公约》第3条明确要求各国应给予更宽松的条件："承认或执行本公约之仲裁裁决时，不得较承认或执行内国仲裁裁决附加过苛之条件或征收过多之费用。"

《纽约公约》造就了国际商事仲裁的成功，司法则由于缺乏法院判决承认与执行的国际合作机制而陷于困顿之中。因此，《海牙公约》期望借鉴《纽约公约》的成功经验，使司法成为国际民商事关系当事人作为其争议解决的选择方式之一，甚至是优先选择方式，《海牙公约》的生效显然会对国际商事仲裁带来挑战。

二、《海牙公约》对我国国际商事仲裁的潜在影响

如前文所述，我国国际商事仲裁已经取得了巨大成就，我国"贸仲"在国际商事仲裁机构中也享有较高声誉，在国际竞争中并不处于下风。我国国际商事仲裁无论是在制度设计，还是在仲裁员素养、经验等方面都有较好的表现，这些都极大地提升了我国国际商事仲裁的国际声誉和知名度。事实上，几乎每年都在增长的受案数表明，国际商事关系当事人乐于选择我国国际商事仲裁机构来

解决他们之间已经或可能发生的纠纷。

但我国国际商事仲裁面临的一些状况,可能使我国国际商事仲裁在面对《海牙公约》的挑战时遭遇困境。当然,如上文所述,这些困难局面可能是各国国际商事仲裁都会面对的。因此,在我国决定是否批准《海牙公约》时,需要适当考量公约对我国仲裁制度的消极影响。

首先,我国国际商事仲裁重要优势缺失后的后果。与国际社会的一般状况相似,我国国际商事仲裁日益把其优势放在仲裁裁决承认与执行的国际合作,其内在优势逐渐被忽视直至销蚀。而各国所进行的司法改革也在不断减损仲裁的内在优势。面对《海牙公约》的挑战,我国国际商事仲裁可能会因此失去优势,因为它需要面对双重竞争压力:我国国际商事仲裁不仅要面对其他发达国家国际商事仲裁的竞争,还需要面对各国司法的强大压力。对于国际民商事关系当事人,诉讼的公平价值取向以及判决的自由流动或许更具有吸引力。据美国律师协会《海牙公约》工作委员会(ABA Working Group on the Hague Convention on Choice of Court Agreements)于2003年针对国际商事从业者所进行的一项调查表明,70%以上的受访者表示《海牙公约》将使他们在合同中"更乐于选择诉讼而非仲裁"。[①] 虽然这种调查结果可能有偏颇之处,但确实反映了人们对诉讼的偏好。我们认为,对我国国际商事仲裁而言,《海牙公约》的消极面可能还会更大一些。毕竟,作为一种民间性争议解决方式,国际商事仲裁竞争的不仅是自身的优势和国际声誉,还在于各国司法对仲裁的支持立场和支持程度。外国强势方对我国的误解甚至地域偏见,可能也无法在国际商事仲裁领域中完全得以消除。

其次,我国面对临时仲裁的状况。临时仲裁在程序方面具有的灵活性和效率性使它在国际商事仲裁领域占有一席之地,尤其是在一些特殊领域(如海事案件,当然,《海牙公约》已经排除了这类事项)里具有特殊价值,实现了当事人尽可能快速解决纠纷以便继续航程的需要。临时仲裁程序的非严格性也便于解决一些小额纠纷。因此,允许当事人选择临时仲裁,可能是吸引当事人选择仲裁而非诉讼的一个有力措施。然而,临时仲裁在我国国际商事仲裁领域未能获得法律地位。这种状况不仅可能影响我国国际商事仲裁

① See Louise Ellen Teitz, "Both Side of the Coin: A Decade of Parallel Proceedings and Enforcement of Foreign Judgments in Transnational Litigation", *Roger Williams U. L. Rev.*, Vol. 10, 2004, p. 63.

参与国际竞争,面对《海牙公约》的竞争,也可能因为难以体现优势而处于劣势。

最后,我国面对友好仲裁的状况。与国际社会对友好仲裁的一般实践不同,我国一直没有承认友好仲裁的法律地位。虽然我国《仲裁法》第7条中明确规定了"公平合理"裁决,并不表明友好仲裁已经获得了我国立法和司法的肯定。因为,"进行友好仲裁,必须要有当事人的明示授权,以及适用严格法律规则将可能导致不公平结果等条件。前者是友好仲裁的前提条件,后者是友好仲裁的实质要件"。[①] 但我国立法没有规定友好仲裁的相应条件,不能认为友好仲裁已经获得了法律地位,因为该条中的"公平合理"的真正含义,"通常是指在法律规定不明确或无明文规定时,按照公平合理原则解决纠纷,而不是指仲裁员在有法律规定但适用严格法律规则会导致严重不公平结果的情况下,不适用法律规定而根据其认为的公平标准处理纠纷"。[②] 应当认为,友好仲裁符合国际民商事关系当事人的利益需要,是当事人公平观念以及效率准则的要求:不仅消除了严格法律适用可能导致的不公平结果,而且避免了诉讼程序的拖沓和冗长。所以,我国立法对友好仲裁的消极态度,也可能难以有效面对《海牙公约》可能带来的冲击。

总之,《海牙公约》的生效将会对国际商事仲裁带来相当程度的影响,它因《纽约公约》的成功而带来的国际优势,将会遭到极大挑战。由于我国国际商事仲裁还有不少方面需要完善,这种挑战和影响可能尤其明显。当然,《海牙公约》对我国国际商事仲裁的消极影响是否能够构成我国拒绝批准公约的理由,需要全面衡量。因为,一方面,《海牙公约》对国际商事仲裁的不利影响将是客观的、全面的和整体性的,并不只是针对国际商事仲裁;而一国是否批准公约,也不会成为阻碍当事人选择仲裁的法定理由,实际上取决于当事人的选择意志。另一方面,我国国际商事仲裁要有效应对《海牙公约》的挑战还是在于自身优势的提升。

---

① 参见王吉文:《我国仲裁法修改应采用友好仲裁制度》,载《人民法院报》2005年8月22日,B3版。

② 同上。

第五节　潜在消极影响的消除与克服

分析、总结上面的观点可以发现，我国学者担心批准公约可能对我国带来的不利影响的立论前提是我国当事人和法院在相应的国际竞争中处于不利地位。但现在的客观情况也许正在发生改变。既然《海牙公约》的主要目的是促进国际贸易与投资，让我们来看看2015年中国国际贸易与投资的总体情况。

一、2015年中国国际贸易的总体情况

根据我国海关统计，2015年我国货物贸易进出口总值24.59万亿元人民币，比2014年下降7%。其中，出口14.14万亿元，下降1.8%；进口10.45万亿元，下降13.2%；贸易顺差3.69万亿元，扩大56.7%。尽管出现进出口"双降"，但明显好于全球其他主要经济体，市场份额较上一年有所提升。出口占国际市场份额升至13.8%，比2014年提高1.5个百分点，是改革开放以来提高最快的一年。由于国内工业生产和固定资产投资增速放缓，加上国际市场大宗商品价格下跌，2015年中国进口额下降较多。分析我国2015年国际贸易的特点可以发现：(1)中国出口商品的附加值有所提高，出口制造业在产业链的位置逐渐上升；(2)跨境电子商务、市场采购贸易等新型商业模式发展迅速，逐步成为外贸发展的新热点；(3)民营企业逐步成为对外贸易的生力军，占总额的45.2%；(4)欧盟、美国、东盟成为中国的3大贸易伙伴，中国对部分新兴经济体出口增长较快；(5)服务贸易的比重进一步提高，占贸易总额的15.3%。信息情况见下面的统计资料。这些变化表明，参与国际贸易的中国当事人在大多数情况下并非处于弱势地位。

(一)商品结构的优化

中国出口商品的附加值有所提高，出口制造业在产业链的位置逐渐上升。2015年，中国机电产品出口1.31万亿美元，与2014年持平，好于总体出口，占总出口额的57.6%，比2014年提高1.6个百分点。其中，手机、船舶出口分别增长8.5%和13.3%。纺织品、服装、箱包、鞋类、玩具、家具、塑料制品7大类劳动密集型产品出口4718亿美元，同比下降2.7%，占总出口额的比重为20.8%。

表 11　2015 年中国出口主要商品数量、金额及增速

商品名称	计量单位	数量	同比增长(%)	金额(亿美元)	同比增长(%)
纺织纱线、织物及制品	—	—	—	1095.0	-2.3
服装及衣着附件	—	—	—	1742.8	-6.4
鞋类	万吨	447	-8.4	535.3	-4.8
家具及其零件	—	—	—	528.0	1.5
自动数据处理设备及其部件	万台	171,508	-10.6	1523.1	-16.2
手持或车载无线电话机	万台	134,342	2.4	1237.3	7.3
集装箱	万个	272	-10.1	76.7	-14.7
液晶显示板	百万个	2293.4	-6.4	309.7	-2.6
汽车及汽车底盘	万辆	72	-19.4	112.3	-10.3
* 机电产品	—	—	—	13107.2	0.0
* 高新技术产品	—	—	—	6552.1	-0.8

注:“机电产品”和“高新技术产品”包括部分相互重合的商品。

在进口额降幅较大的背景下,中国先进设备、关键零部件进口基本稳定。2015 年中国高新技术产品进口额同比基本持平,占进口总额的 32.6%,较 2014 年扩大 4.5 个百分点。2015 年,中国部分大宗商品进口量保持增长。其中,进口铁矿砂 9.53 亿吨,增长 2.2%;原油 3.36 亿吨,增长 8.8%。由于大宗商品进口价格下降较多,2015 年中国贸易条件指数为 112.1,表明中国出口一定数量的商品可以多换回 12.1% 的进口商品,贸易条件进一步改善。

表 12　2015 年中国进口主要商品数量、金额及增速

商品名称	计量单位	数量	同比增长(%)	金额(亿美元)	同比增长(%)
大豆	万吨	8169	14.4	347.7	-13.6
食用植物油	万吨	676	4.1	50.1	-15.5
铁矿砂及其精矿	万吨	95,272	2.2	576.2	-38.3

续表

商品名称	计量单位	数量	同比增长（%）	金额（亿美元）	同比增长（%）
原油	万吨	33,550	8.8	1344.5	-41.1
成品油	万吨	2990	-0.3	143.0	-39
初级形状的塑料	万吨	2610	2.9	450.2	-12.7
钢材	万吨	1278	-11.4	143.3	-20
未锻轧铜及铜材	万吨	481	-0.3	290.3	-18.4
汽车及汽车底盘	万辆	110	-22.9	446.7	-26.3
* 机电产品	—	—	—	8061.4	-5.6
* 高新技术产品	—	—	—	5480.6	-0.6

注：“机电产品”和“高新技术产品”包括部分相互重合的商品。

（二）新型商业模式成为外贸热点

2015 年，中国一般贸易出口 12,157 亿美元，增长 1.0%，占出口总额的 53.4%，比 2014 年提高 2.1 个百分点；加工贸易出口 7977.9 亿美元，下降 9.8%，占出口总额的 35.1%，比 2014 年下降 2.7 个百分点。跨境电子商务、市场采购贸易等新型商业模式发展迅速，逐步成为外贸发展的新热点。2015 年，跨境电子商务增长 30% 以上，市场采购贸易方式出口增长 60% 左右。

（三）民营企业成为出口的主力军

民营企业经营机制灵活，适应环境能力强，在严峻复杂的形势下仍实现出口正增长，在中国外贸中的地位和作用进一步提升。2015 年，中国民营企业出口 1.03 万亿美元，同比增长 1.8%，比上年提高 2.1 个百分点，占出口总额的比重为 45.2%，占比第一次超过外资企业。外资企业出口 1 万亿美元，同比下降 6.5%，占出口总额的比重为 44.2%。国有企业出口 2424 亿美元，同比下降 5.5%，占出口总额的比重为 10.6%。

表 13　2015 年中国进出口贸易方式和企业性质情况

项目		出口			进口		
		金额（亿美元）	同比增长（%）	占比（%）	金额（亿美元）	同比增长（%）	占比（%）
总值		22,735.3	-2.9	100.0	16,800.3	-14.1	100.0
贸易方式	一般贸易	12,157.0	1.0	53.4	9231.9	-16.8	54.9
	加工贸易	7977.9	-9.8	35.1	4470.0	-14.7	26.6
	其他贸易	2614.6	2.6	11.5	3117.6	-4.5	18.5
企业性质	国有企业	2423.9	-5.5	10.7	4078.4	-16.9	24.2
	外商投资企业	10,047.3	-6.5	44.2	8298.9	-8.7	49.3
	民营企业	10,278.3	1.6	45.2	4442.2	-20.5	6.4

(四)市场多元化成效显著

2015 年，欧盟、美国、东盟为中国前 3 大贸易伙伴，双边贸易额分别为 5647.5 亿美元、5582.8 亿美元和 4721.6 亿美元。其中，中国对美国出口增长 3.4%，对欧盟、日本、中国香港特别行政区贸易额分别下降 4.0%、9.2% 和 8.9%。中国对部分新兴经济体出口贸易额增长较快，其中对印度、泰国、越南出口分别增长 7.4%、11.6% 和 3.9%。

(五)服务贸易的比重进一步提高

2015 年，中国服务进出口总额 7130 亿美元，同比增长 14.6%，增速较 2014 年提高两个百分点。其中，服务出口 2881.9 亿美元，增长 9.2%；服务进口 4248.1 亿美元，增长 18.6%；服务贸易逆差为 1366.2 亿美元。2015 年，中国服务贸易占对外贸易总额(货物和服务进出口之和)的比重达 15.3%，比 2014 年提高 3 个百分点。

如果进一步分析中国十大贸易主体可以发现，中国与美国、欧盟、澳大利亚的贸易额只占总额的 30.3%。可以预见，随着“一带一路”的推进，中国当事人的国际贸易对象在绝大多数情况下可能并不会处于经济上的优势地位。

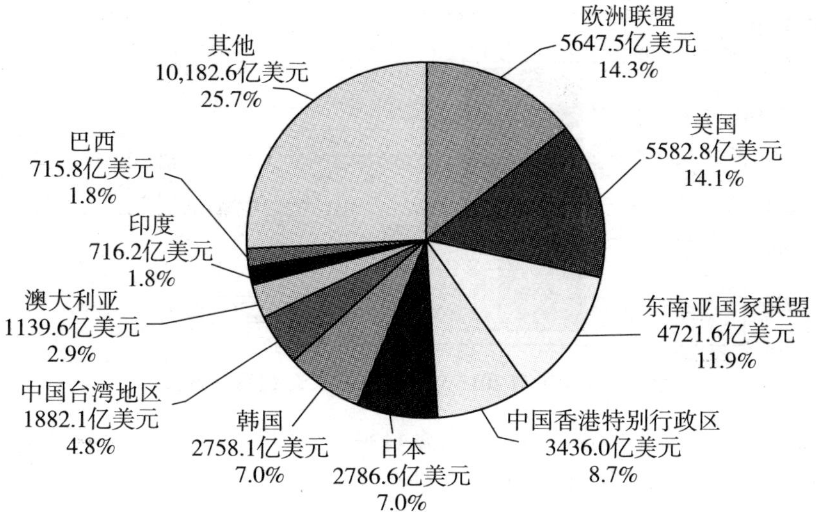

图1　2015 年中国与前十大贸易伙伴贸易额及占比

二、2015 年中国国际投资的总体情况

（一）2015 年我国对外投资情况

根据商务部、国家统计局、国家外汇管理局发布的《2015 年度中国对外直接投资统计公报》（以下简称《统计公报》），2015 年，中国对外直接投资迈向新台阶，实现连续 13 年快速增长，创下 1456.7 亿美元的历史新高，占全球流量份额的 9.9%，同比增长 18.3%，金额仅次于美国，首次位列世界第二，并超过同期中国实际使用外资，实现资本项下净输出。

《统计公报》显示，2015 年中国对"一带一路"相关国家投资占当年流量总额的 13%，达 189.3 亿美元，同比增长 38.6%，是全球投资增幅的 2 倍。2015 年年末中国对外直接投资存量的 8 成以上分布在发展中经济体，在发达经济体的存量占比为 14%，另有 2.1% 存量在转型经济体。

2015 年中国内地企业对外投资的国家和地区比较集中，流向中国香港特别行政区、荷兰、开曼群岛、英属维尔京群岛、百慕大群岛的投资共计 1164.4 亿美元，占当年流量总额的 79.7%。

（二）2015 年我国吸收投资情况

2015 年 1～12 月，全国设立外商投资企业 26,575 家，同比增长 11.8%；实际使用外资金额 7813.5 亿元人民币（折 1262.7 亿美元），同比增长 6.4%。

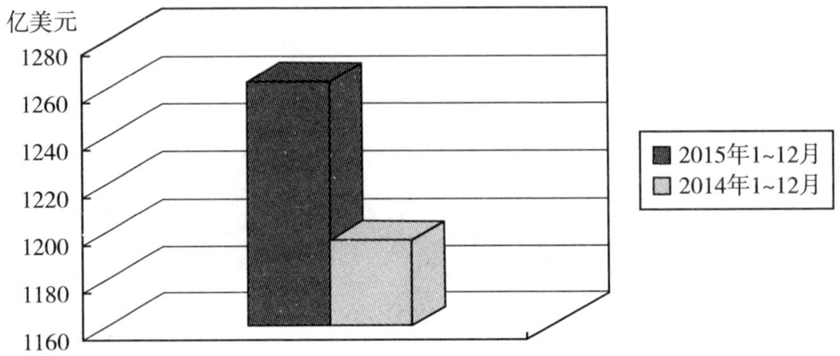

图 2 2014 年与 2015 年 1 ~ 12 月实际利用外资情况

2015 年,东盟对华投资新设立企业 1154 家,同比增长 5.2%,实际投入外资金额 78.6 亿美元,同比增长 20.6%。欧盟 28 国对华投资新设立企业 1772 家,同比增长 11.9%,实际投入外资金额 71.1 亿美元,同比增长 3.8%。"一带一路"沿线国家对华投资新设立企业 2164 家,同比增长 18.3%,实际投入外资金额 84.6 亿美元,同比增长 23.8%。长江经济带区域新设立外商投资企业 11,974个,同比增长 7.8%;实际使用外资 619.9 亿美元,同比下降 4.6%。

主要国家/地区对华投资总体保持稳定。1 ~ 12 月,前十位国家/地区(以实际投入外资金额计)实际投入外资总额 1186.3 亿美元,占全国实际使用外资金额的 94%,同比增长 5.4%。对华投资前十位国家/地区依次为:中国香港特别行政区(926.7 亿美元)、新加坡(69.7 亿美元)、中国台湾地区(44.1 亿美元)、韩国(40.4 亿美元)、日本(32.1 亿美元)、美国(25.9 亿美元)、德国(15.6 亿美元)、法国(12.2 亿美元)、英国(10.8 亿美元)和中国澳门特区(8.9 亿美元)。

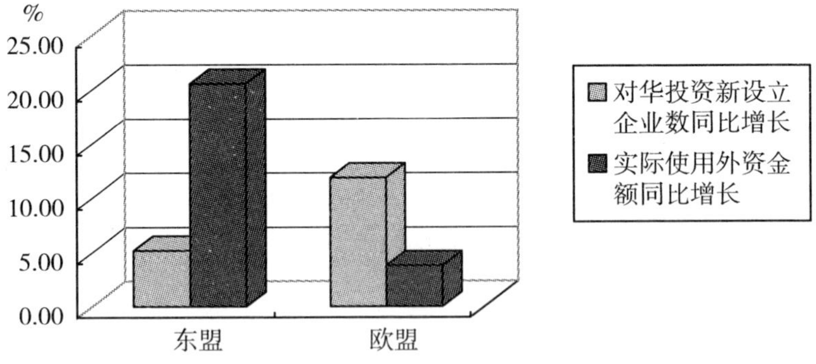

图 3 2015 年东盟、欧盟对华投资增长情况

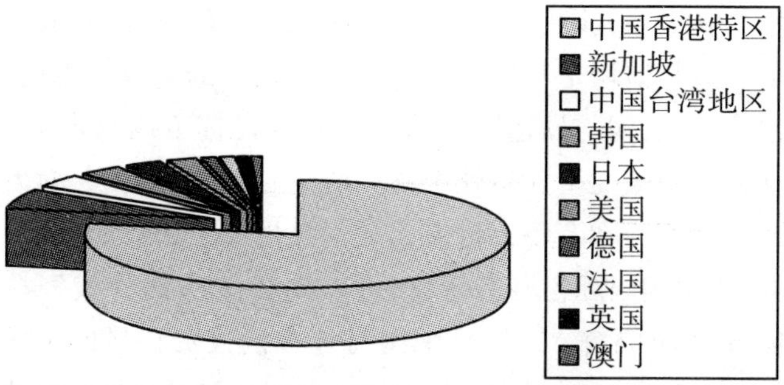

图 4　2015 年 1～12 月对华投资前十位国家/地区(以实际投入外资金额计)

(三)中国对外投资国别分布情况

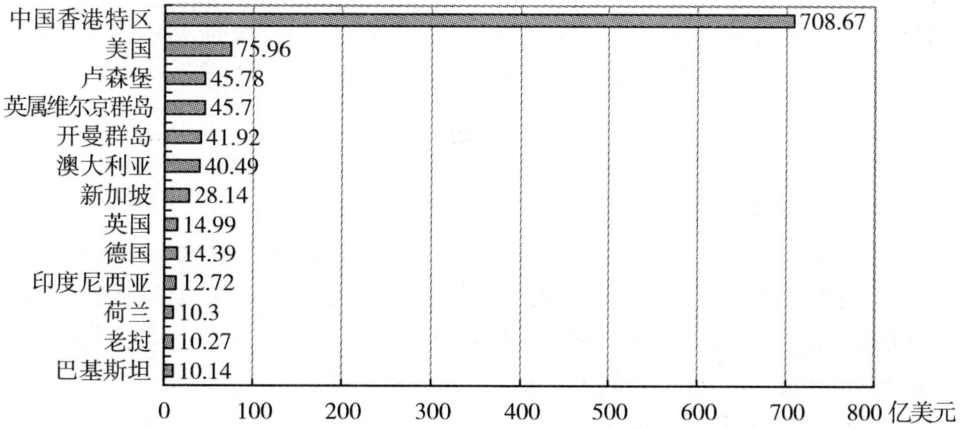

图 5　2014 年中国对外投资流量超过 10 亿美元的东道国(地区)

数据来源:商务部、国家统计局、国家外汇管理局《2014 年度中国对外直接投资统计公报》。

另外,从发生争议的实际情况来看,根据美国产业研究所和遗产基金会(The American Enterprise Institute and the Heritage Foundation)的统计,2005～2013 年,中国的对外投资项目大约 980 项,后来发生过争议的 120 项,大约占12%,涉及发达国家的争议 52 项。其中,涉及美国公司的争议 19 项,主要分布在金融、电信、能源领域;涉及澳大利亚公司的争议 20 项,主要分布在金属、能源领域;涉及比利时公司的金融争议 2 项;涉及英国公司的金融争议 1 项;涉及加拿大公司的天然气争议 1 项;涉及法国公司的争议 2 项,主要在农业领域;涉及德国公司的金融争议 1 项;涉及日本公司的房地产争议 1 项;涉及荷兰公司、挪威公司的争议各 1 项,涉及瑞典公司的争议 2 项,都在运输领域;涉及新加坡公司的能源 1 项。其他均是与发展中国家公司发生的争议。由此可见,在已经发生的争议中,中国公司与发达国家公司之间的投资争议只占不到 43%,中国投资主体在绝大多数情况下并不处于弱势地位。此外,即使是对发达国家投资的中国公司的经济实力和竞争力目前也并不都是处于弱势地位。

分析 2015 年中国国际投资的特点,可以发现:(1)对外投资总额已经超过吸引外资总额,位列世界第二。(2)中国对外直接投资存量的 8 成以上分布在发展中经济体,在发达经济体的存量占比为 14%。(3)内地与香港特别行政区之间的双向投资占了各自总额的 70% 以上。由于内地与香港特别行政区在 2006 年签订的《关于内地与香港特别行政区法院相互认可和执行当事人协议管辖的民商事案件判决的安排》实际上是以《海牙公约》为蓝本的,尽管还不能证明该安排对促进内地与香港特别行政区之间的投资起到了什么样的积极作用,起码可以说该安排与两地间的相互投资占中国整个国际投资的 70% 以上是并存的事实。也可以说明,如果中国批准《海牙公约》,当前对中国国际投资主体的影响面不会太大。

总而言之,不管从国际贸易,还是从国际投资的实际情况来看,已经不能笼统地说中国当事人在多数情况下处于弱势地位,无论是在诉讼地位,还是社会经济地位,或是在具体交易中对选择法院协议的谈判能力,中国当事人与外国交易对象相比,多数情况下处于平等乃至强势地位。

历史经验告诉我们,中国在 2001 年"入世"时接受了其争端解决机制的强制管辖权,很多政府部门和专家学者都是对此顾虑颇多。迄今为止,中国已作为投诉方提起 14 起案件,作为被诉方参与 23 起案件,是参与争端解决最积极、最活跃的成员之一。实践证明,我国在利用该机制维护正当权益、推动专业队伍的成长、促进这一领域的人才培养等方面成效显著,尽管期间也有多次被诉和败诉的经历,但总体上是利远大于弊的,给中国经济持续 15 年的快速发展提供了激励措施和制度保障。与 WTO 相比,《海牙公约》涉及领域小,中国介入的时间长、程度深,中国学者对该公约的有关制度及其利弊分析已经比较深入,实在不必过于担心中国签署和批准《海牙公约》可能带来的不利影响。

三、《海牙公约》内在缺陷的克服

对于《海牙公约》规定的选择法院协议的有效性适用被选择法院地法和管

辖权条款的独立性原则，中国台湾地区学者陈隆修教授把它们称为“致命组合”，确实可能造成个案的不公正，无法有效保护弱方当事人的利益。但《海牙公约》的以下规定可以在一定程度上克服这个弊端。

第一，《海牙公约》第6条第(b)项规定，根据受理案件的法院地法，如果一方当事人缺乏订立选择法院协议的能力，未被选择的其他缔约国法院不必中止或驳回排他性选择法院协议适用的诉讼；第9条第(b)项规定，如果根据被请求国法律，当事人无缔约能力。由此可见，《海牙公约》将选择法院协议的有效性问题分割为当事人的能力和其他效力问题，前者依法院地法，后者依被选法院地法。

第二，《海牙公约》的解释报告指出，公约所谓的“缔约国法律”包括该国的国际私法规则。因此，如果被选法院的冲突规则指定适用其他国家的法律，受案法院就应该适用另一国法律。例如，当事人在主合同中作了法律选择，如果依被选法院的冲突规则，选择法院协议的效力由整个合同的准据法决定，受案法院就必须适用合同的准据法来决定选择法院协议的效力。这种隐形的反致规则是对僵硬“被选择法院地法”规则的灵活处理。

第三，《海牙公约》第6条第(c)项规定，如果选择法院协议生效将导致明显的不公正或者明显违背受案法院地国的公共政策，未被选择的其他缔约国法院不必中止或驳回排他性选择法院协议适用的诉讼；第9条第(e)项规定，如果明显地与被请求国的公共秩序不相容，则可以拒绝承认与执行相关判决。受案法院可以利用这两条保护需要特别保护的弱方当事人，实现实质公平。

可以说，《海牙公约》的内在缺陷不足以阻碍中国签署和批准该公约，因为它同时规定的上述条款可以在一定程度上克服上述弊端。从实际效果来看，如果当事人选择外国法院诉讼，即使中国不加入公约，或者对这种情形依《海牙公约》第21条作出排除公约适用的声明，都不能影响该外国判决在判决作出国和其他缔约国的承认与执行。中国法院只能根据双边条约或者中国国内法决定是否承认与执行该外国判决，不能利用《海牙公约》第6条和第9条规定的例外条款，即当事人以选择法院协议造成明显的不公正，或者明显违背法院地的公共政策为由否定被选法院的管辖权，这实际上对中国弱方当事人是不利的。另一种情况是，如果当事人协议选择中国法院，中国法院根据《海牙公约》接受并行使管辖权，不仅可以便利中国当事人诉讼，中国法院的判决还可根据公约得到其他缔约国的承认与执行，其好处是不言自明的。

四、中国法院竞争力不强的克服

尽管中国法院审理涉外案件的水平有待提高，但近两年中国通过司法改革，在涉外民商事审判方面的进步是有目共睹的。据笔者对武汉市中级人民法院和湖北省高级人民法院在2001～2015年审理的涉外案件的统计分析，外国当事人的胜诉率占了52%以上，平均办案时间大约240天。这种状况对吸引当事人选择中国法院诉讼是有利的。

特别重要的是，当事人在个案中选择管辖法院实际上是综合考虑多种因素的结果，包括被选国家的法治水平，被选法院的司法公信力，当事人在具体交易中的谈判实力、经验技巧，甚至特定领域的商业习惯。在所有这些因素中，起决定作用的还是当事人在个案中的谈判实力对比和经验技巧的应用，既然中国当事人在大多数情况下并非处于弱势地位，就不必担心案件的"国际转移"问题。而根据杨育文对中国裁判文书网的统计，中国法院受理的涉外选择法院协议案件在2014年共28件，2015年共17件。① 可以说，涉及中国的绝大部分国际商事争议已由当事人选择仲裁解决，其中大部分由外国仲裁机构解决。换句话说，涉及中国的国际商事案件事实上已经通过仲裁转移到了国外，基本上无案件可向国外转移了，不会因为中国批准《海牙公约》导致案件的"国际转移"问题。

从理论上说，我国批准《海牙公约》的最佳时机是在我国当事人的实际地位完全占优、我国法治不断完善且国际民商事关系当事人（包括外国和我国当事人）对我国法治状况充满信心也乐于选择我国法院的时候。但这无疑是一种机械观念。因为我国不批准公约确实可以不承担承认与执行外国被选择法院判决的公约义务，避免我国法院受案少却承认与执行外国判决多的消极后果。但这种状态并不能阻碍当事人（尤其是外国强势方）选择外国法院。更为严重的是，我国没有批准公约还可能促使当事人千方百计挑选其他缔约国法院，这无助于我国当事人的利益，使当事人选择我国法院诉讼的机会更为渺茫。因为理性当事人更愿意选择其判决能够得到承认与执行的法院。对于当事人（尤其是外国当事人）来说，选择缔约国法院，不仅可以享受到法治进步与成熟经验所带

---

① 参见杨育文：《中国加入〈海牙选择法院协议公约〉的可行性分析——以2014、2015年中国司法实践为视角》，载武汉大学国际法研究所主办：《武大国际法评论》（第19卷第2期），武汉大学出版社2016年版，第67页。

来的公平,还可以享受公约所赋予的承认与执行便利。久而久之,我国法院被当事人选择的概率将会更小,也更难以积累国际案件的审理经验。从这个意义上讲,中国签署和批准《海牙公约》可以增强中国法院的竞争力,吸引更多的当事人选择中国法院管辖。

因此,如果出于对我国当事人弱势地位以及我国法院在涉外协议管辖中不利地位的考虑而拒绝批准公约,可能取得一些短期利益,却无法真正保护我国当事人的利益和我国法院对国际民商事案件管辖权的行使。如果等到欧盟、美国、日本、加拿大、澳大利亚等主要国际经济体批准公约之后,这些国家的法院原本拥有的先天优势加上公约附加的后天优势,将使我国法院在争取国际民商事管辖权的竞争中处于更加不利的定位。所以,我国有必要在其他主要经济体批准公约之前尽快签署和批准《海牙公约》。

五、诉讼与仲裁的良性竞争

批准《海牙公约》对我国当事人来说,它们可以在有国际条约保障的诉讼与仲裁中作出适当的选择,多一种选择对当事人的利益就多一份保障。尽管中国批准《海牙公约》在短期内不太可能导致外国商事仲裁案件转移到国内法院,但从长远来看,随着《海牙公约》缔约国的增加,一部分潜在的国际商事仲裁案件会转化为国内诉讼案件。因为对于那些在具体交易中处于强势地位的中国当事人来说,能够选择中国法院管辖当然是最好的保障。对于那些在具体交易中处于弱势地位的中国当事人来说,如果能够选择仲裁解决纠纷,也不会因为中国批准《海牙公约》另外失去什么;即使选择外国法院管辖,其判决也不一定不利于我国当事人;如果发生了《海牙公约》第 6 条或者第 9 条的例外情况,中国法院还可以利用公约的规定拒绝承认与执行该外国法院的判决。简言之,中国批准《海牙公约》对中国当事人的好处可以得到彰显,弊端亦有规则和制度加以避免。

此外,从制度层面上来说,让诉讼与仲裁形成竞争关系,可以促使这两种纠纷解决制度不但完善,具体规则更有吸引力,更有利于保护国际交易当事人的合法利益,减少国际贸易和投资的交易成本,最终提升中国诉讼和仲裁在国际民商事争议解决市场上竞争力。简言之,要扩大国际民商事争议解决市场上的中国份额,批准《海牙公约》是必要的制度保障。

总结第五节的分析可以得出以下结论:历史发展到 2015 年,我国当事人参与国际贸易和投资在大多数情况下并不是处于经济上的弱势地位，只要采取有效方法增强我国当事人的国际法律意识、提高我国当事人在选择管辖法院方面的经验技巧，完全可以克服《海牙公约》可能对我国当事人的不利影响。由于《海牙公约》本身对克服其固有弊端规定了一系列制度与规则，中国批准该公约以后，中国法院完全可以利用这些规则避免不利局面，彰显参加《海牙公约》的优势，完善中国的涉外司法与国际仲裁制度，提升中国在国际民商事争议解决市场上的竞争力，为推动“一带一路”建设提供更加有效的法治保障。因此，中国应尽快签署和批准《海牙公约》。

第七章　批准《海牙公约》的具体建议与应对办法

为了尽快批准《海牙公约》，中国既需要对公约的一些事项作出保留性、限制性声明，也需要对一些国内法作必要的修改和完善，还需要对一些特殊事项作出安排，才能最大限度地发挥参加公约的优势，避免参加公约可能带来的不利影响。本章通过总结前六章的研究，对中国批准《海牙公约》的应对办法提出具体建议，其他没有提及的部分既可能因为《海牙公约》的规定与我国立法没有差异，也可能通过批准《海牙公约》补充、完善我国的相关国内法制度。

第一节　需要作出声明的事项及建议

一、知识产权事项的适用问题

知识产权问题是《海牙公约》谈判中最为核心的问题之一。中国、俄罗斯、澳大利亚等国曾建议将知识产权问题完全排除在公约适用范围以外，美、欧则表示如果不纳入知识产权问题，本公约对有关国家完全没有吸引力。有关知识产权问题的谈判、交锋也异常激烈，最终的条文结构也是妥协的产物，基本兼顾了各方的关切。

(一)知识产权的排除规则

《海牙公约》第2条第2款第(14)项、第(15)项规定，本公约仅排除两类知识产权事项：一是版权及其邻接权以外的知识产权的有效性；二是非因合同引起的版权及其邻接权以外知识产权的侵权。这两种情形以外的其他与知识产权有关的诉讼，都被包括在公约适用范围。

总体上，公约采取以知识产权是否需要注册来区分不同类别，并将知识产权的有效性问题、合同问题、非因合同而引起的侵权问题区分考虑。

具体而言，涉及知识产权有效性问题的案件，区分版权及其邻接权与其他知识产权（专利、商标）。根据《伯尔尼公约》，版权和邻接权是不需要注册的，公约将其单列，涉及版权及其邻接权有效性的诉讼，无论合同之诉还是侵权之诉，均属于公约适用范围。其他需注册的知识产权的有效性问题，则不属于公约适用范围。

涉及知识产权有效性以外问题的案件，《海牙公约》以是否因合同引起而决定是否属于公约范围。公约的基本原则是，与合同争议有关的知识产权问题（除去版权及其邻接权以外的知识产权的效力问题），均纳入公约适用范围。对于与合同无关的侵权案件，公约仅将侵犯版权及其邻接权问题纳入公约，而排除其他需注册的知识产权的侵权案件。

按照《海牙公约》报告，“因合同引起的知识产权诉讼”，包括涉及实体权利的诉讼，请求违约赔偿的诉讼，约定版税的诉讼，解释合同、解除合同、主张合同权利不存在或为取得合同权利的诉讼等。此外，公约还有意扩大知识产权合同的范围，将特许协议和知识产权转让协议，与知识产权有关的分配协议 、联合投资协议和代理协议等也包括在内。

排除其他需注册的知识产权的侵权案件的原因则在于，公约是适用于当事人达成了排他性选择法院协议的情形，除合同违约以外，很难想象权利人会与侵权行为人达成选择法院的协议。因此，选择法院协议条款一般只会出现在正常的知识产权交易合同中，对公约的适用也只可能是基于合同产生或引发的诉讼。

（二）涉知识产权先决问题的特殊规则

《海牙公约》第 10 条对先决问题作出的规定是一个原则加例外的体例。原则就是该条第 1 款和第 2 款，规定对于第 2 条第 2 款或者根据第 21 条排除的事项引起的先决问题，关于该事项的裁决不得根据本公约予以承认与执行。同时，如果判决是以一项就第 2 条第 2 款排除的事项作出的认定为依据的，可以在该限度内拒绝承认或者执行该判决。例外体现在涉及知识产权时，该条第 3 款规定：“但是，在涉及除著作权和邻接权以外的知识产权的有效性作出认定的案件中，承认或者执行一项判决只有在下列情况下可以根据前款加以拒绝或者推迟：(1)该认定与根据其法律产生知识产权的国家的主管机关就此作出的判决或者决定不一致；(2)在该国关于该知识产权有效性的诉讼程序正在进行。”

上述条款的含义在于，如果一起案件涉及需注册的知识产权的有效性为先决问题，不应以涉及该知识产权的有效性为由拒绝承认与执行有关判决，除非该判决对相关知识产权的认定与该知识产权产生国主管机关的判决或认定不一致，或者，该知识产权的产生国正在就其有效性进行诉讼。这就意味着，如果作出判决的法院国对作为先决问题的需注册的知识产权的有效性问题的认定和其权利产生国相一致，则该项判决不得援引第10条第2款加以拒绝。

（三）知识产权问题的特殊性与复杂性

知识产权具有内容丰富、种类多样和特质差异等特点，其类型包括商业秘密、专利、商标、著作权及邻接权、植物新品种、集成电路布图设计、技术秘密、计算机网络域名、非物质文化遗产（民间艺术）、地理标志、遗传资源等，而且与反不正当竞争法、反垄断法存在交叉。在这些类型中，既有类似绝对权的权利，又有具有某种相对性的应予保护的利益（如反不正当竞争法通过禁止行为所体现的利益）；既有经济性质的权利（如专利权），又有兼具精神性质的权利（如版权）。作为一种财产，知识产权还可以资本化，如出资、质押、设立信托和保险。因此，各国保护这些权利的法律制度复杂多样。

此外，知识产权不仅渗透到货物贸易和服务贸易之中，还逐渐发展成为一种在全球范围内流动的独立的贸易活动——知识产权贸易，并在国际贸易和国际投资中发挥着越来越重要的作用。在WTO框架下，它上升成为国际贸易的3大支柱之一。各国纷纷把知识产权提升到国家战略的高度，知识产权国际竞争非常激烈，在抢占国际知识产权制高点的竞争中，发达国家提升知识产权保护强度的意图非常明显。2011年《反假冒贸易协定》（The Anti-Counterfeiting Trade Agreement，ACTA）、谈判中的《跨太平洋伙伴关系协议》（Trans-Pacific Partnership Agreement，TPP）都设定了超越《与贸易有关的知识产权协定》（Agreement on Trade-Related Aspects of Intellectual Property Rights，TRIPs）的保护标准。

而经济全球化的持续深入发展对国际司法协助水平的要求越来越高，各国法院不能孤立地应对这一挑战。尽管知识产权法还是一个相对年轻的法律部门,但它自诞生起就带有很强的国际性。[①] 互联网技术的突飞猛进与知识产权的非物质性特征使国际知识产权纠纷越来越常见,也越来越复杂,这给各国司法管辖权的行使与外国判决的承认和执行提出了新的挑战。在互联网时代,著作权市场是全球性的,互联网及其他形式的数字传输降低了智力成果进入国际市场的成本;国际旅游的蓬勃发展已经为商业标识建立起共同的全球市场;至于专利,互联网正逐渐用于专利软件的销售并作为远程销售发明专利有形载体的要约形式。[②] 一个简单的网络传输行为可能同时在世界范围内造成著作权或商标侵权,而被告在侵权行为地、侵权结果地可能都没有可供执行的财产。[③] 互联网这种无处不在的特点使知识产权的使用者与特定法域的联系逐渐弱化,其行为与某一物理地点的关联程度在不断降低。这一方面使权利人维权变得更为困难;另一方面使使用人无法预知将在何时何地遭受哪一法域的司法管辖权,也不知道应该遵守哪些法域的法律,使使用人在合理利用知识产权的时候要承担巨大的不确定风险。此外,技术实力强大、资金充裕、知识产权储备充足的大型企业可以充分利用其优势,在各个法域不断起诉,干扰竞争对手的正常商业活动,从而获得竞争上的优势,这对那些缺乏法律上或技术上优势,缺乏应对多重诉讼资源的中小型企业来说都是很大的挑战。[④]

但是,《海牙公约》到底适用于哪些知识产权纠纷并不清楚。而各国著作权法对合作作品、职务作品的归属问题差异巨大,背后蕴含的是各国对创作者与投资者、组织者利益平衡的政策考量。著作权虽然是自动取得,但各国都对其实施行政管理和集体管理,归属纠纷有时也会与行政机关的登记行为产生关系。对违约责任与侵权责任竞合问题,商标权侵权责任可能与著作权侵权责任竞合,商标权人可以将商标侵权包装成著作权侵权,进而绕开必须存在合同关系的限制,使不存在合同关系的商标侵权案件进入公约的适用范围。对著作人身权纠纷,著作人身权的内容反映的都是作者与作品之间不可分割的关系,经

---

① See Graeme B. Dinwoodie, "Developing a Private International Intellectual Property Law: the Demise of Territoriality", *William & Mary Law Review*, Vol. 51, 2009, p. 711.

② See Timothy R. Holbrook, "Territoriality Waning? PatentInfringement for Offering in the United States to Sellan Invention Abroad", *UC Davis Law Review*, Vol. 37, 2004, pp. 701 - 703.

③ 参见杨长海:《电子时代知识产权跨国诉讼的示范法》,载《电子知识产权》2007 年第 12 期,第 38 ~ 40 页。

④ See William Patry, "Choice of Law and International Copyright", *The American Journal of Comparative Law*, Vol. 48, 2000, pp. 383 - 410.

济利益没有著作财产权那么强烈，而《海牙公约》主要适用于商事性案件，纳入公约调整范围未必合适。

事实上，新兴的、国际上尚无统一认识的，或是受各种专门法而非专利法、商标法、著作权法调整的权利无法清晰的分类到公约的“两分”范畴中；与反垄断、反不正当竞争纠纷相交叉的知识产权纠纷是否属于公约调整范围，对纠纷进行识别和定性的依据是什么，《海牙公约》及其解释报告均没有给出回答。而从公约缔约历史文件可以看出，这些问题曾引发谈判代表的激烈争论，在知识产权纠纷的具体范围问题上难以达成一致意见，公约不得不采用这种笼统的、开放式的条款，将争议留待各缔约国法院处理。

尤其是一些与本国国家战略领域相关的新型知识产权，在国际上并未形成比较一致的保护方式和标准，发达国家与发展中国家的对立比较明显。因此，我国在批准《海牙公约》时对知识产权问题应持谨慎态度，建议作如下声明：

1. 根据《海牙公约》第 21 条，公约不适用于知识产权纠纷，包括知识产权归属纠纷、知识产权合同纠纷、知识产权侵权纠纷、不正当竞争纠纷、反垄断纠纷，本声明另有规定除外。

2. 作为例外，《海牙公约》可以适用于以下知识产权纠纷：

（1）著作权及邻接权利用和转让合同纠纷，但不包括计算机软件、民间文学艺术作品、数据库作品的利用和转让合同纠纷，也不包括著作权及邻接权权属纠纷。

（2）专利权利用和转让合同纠纷，但不包括集成电路布图设计、植物新品种和遗传资源利用和转让合同纠纷。

（3）商业标识权利用和转让合同纠纷，但不包括地理标志利用和转让合同纠纷。

3. 判断纠纷的性质，应结合原告实际主张权利所依据的法律和判决实质内容所援引的法律作出认定。

4. 中国保留根据公约适用情况重新评估本声明的权利，并在本声明生效起 3 年内作出是否维持、修改本声明的决定。

二、中国专属管辖的声明排除

（一）公约关于特殊事项的声明条款

《海牙公约》第 21 条是关于特殊事项的声明排除条款。该条规定：当一国有强烈利益不能适用第 2 条第 2 款的特定事项时，其可作出不予适用该事项的声明，但不得超出必要的范围，且声明排除的事项应当明确和精确定义；就声明排除的事项，对声明国而言不适用公约；对于其他缔约国而言，如被选择法院是该声明国的法院或者一个或多个特定法院时不适用公约。此外，对涉及特殊声明事项的先决问题，《海牙公约》第 10 条第 4 款规定，如果判决是基于被请求国根据第 21 条声明排除的事项的裁决作出的，可以在该限度范围内拒绝承认或执行该判决。

该条款最初源于加拿大代表提出的该国对涉及石棉的事项有特殊关切，不能纳入公约范围。中国、俄罗斯等国亦提出各自国家专属管辖的一些关注，以及对公约涉及知识产权事项的关注，要求允许各国在参加公约时以声明方式排除更多涉及本国重大利益的特定事项，并获得支持。可以看到，公约对何为特定事项并没有作出定义，由各国自行决定。这一条款对公约的顺利通过至关重要，也反映了各国对统一国际民商事管辖和判决承认与执行规则的谨慎和保留。

（二）公约关于保留的态度

与传统的海牙国际私法公约相比，《海牙公约》并未明确规定排除保留。在公约谈判中，海牙会议常设局曾提议规定，本公约不允许任何保留。但俄罗斯等一些国家要求就某些问题提出保留；美国强调其国会不会批准包括“不允许保留”规则的公约。欧盟则提出新案文将草案中有关“声明”条款改为“保留”。但中国、加拿大等国反对，认为保留的法律效果与声明不同，如一些缔约国对保留提出反对，会使条约关系复杂化。最终会议主席建议公约对是否允许保留保持沉默，但以主席声明方式指出，本公约不鼓励任何保留；如一国有强烈利益需作出保留，其应如声明制度一样严加限制，且其保留不得与本公约目的相违背，也不得涉及声明排除的特定事项。

（三）中国的专属管辖制度

根据中国《民事诉讼法》第 33 条的规定，下列案件应当由中国法院管辖：(1)因不动产纠纷提起的诉讼，由不动产所在地人民法院管辖；(2)因港口作业中发生纠纷提起的诉讼，由港口所在地人民法院管辖；(3)因继承遗产纠纷提起的诉讼，由被继承人死亡时住所地或者主要遗产所在地人民法院管辖。《民事诉讼法》第 266 条规定：因在中华人民共和国履行中外合资经营企业合同、中外合作经营企业合同、中外合作勘探开发自然资源合同发生纠纷提起的诉讼，由中华人民共和国人民法院管辖。与其他法定管辖相比，专属管辖具有优先性、排他性与强制性，并不允许当事人协议变更管辖。

分析我国现行立法关于专属管辖权的规定，其不足表现在两个方面：

1. 有些事项不适合规定为专属管辖

例如，对于继承遗产纠纷，没有必要规定为专属管辖，因为如果被继承人死亡时住所地位于我国，而主要遗产所在地和其他联系因素都在国外，我国法院没有必要行使专属管辖权。即使是不动产纠纷，如果涉及不动产物权纠纷，不动产法院当然拥有专属管辖权。但如果涉及的仅是不动产合同纠纷或其他纠纷，不动产所在地法院也不必要行使专属管辖权。事实上，我国法院在实践中曾受理过位于境外的不动产纠纷。如在河南省高级人民法院受理的一起案件中，涉案标的是位于法国巴黎的房产，该房产是我国国有企业的海外资产。法院认为"虽然当事人争议的财产登记在法国巴黎，但双方当事人对巴黎房产的登记和资金来源均不持异议，争议产权的实质内容与中华人民共和国更具密切联系，故中华人民共和国人民法院处理双方争议适当"，而且被告"对我国法院的管辖不提出异议并应诉答辩，视为其承认原审法院有管辖权"。法院最终根据财政部、外交部、国家外汇管理局、海关总署联合发布的《境外国有资产管理暂行办法》作出了判决。①

另外，中国《民事诉讼法》第266条的规定早已受到我国理论界的质疑。有人认为这是计划经济的产物只在特定时期具有价值，但在现代市场经济并特别强调契约自由的环境下不应该继续存在。② 还有学者指出，随着香港特别行政区的回归，内地与香港特别行政区之间的合资经营企业合同、合作经营企业合同以及合作勘探开发资源自然合同纠纷等专属管辖权的规定应逐步放弃。③ 中国一些法官也认为外国专属管辖权的范围不太合理，难以得到国际社会的承认。因此，"应对此加以限制，对中外合资和中外合作的合同纠纷可不纳入专属管辖范围，以适应加入世界贸易组织的需要"。④ 在现实中，很多当事人通过选择外国仲裁而排出了中国法院对这类纠纷行使管辖权，其实施效果并不理想，但这条规定客观上困扰着中国在参加海牙国际私法会议关于《国际民商事管辖

---

① (2010)豫法民三字第00115号。

② 参见何其生：《比较法视野下的国际民事诉讼》，高等教育出版社2015年版，第129页。

③ 参见陈力：《内地与香港民事管辖权的冲突与协调》，载韩德培等主编：《中国国际私法与比较法年刊》(2001年·第4卷)，法律出版社2001年版，第465页。

④ 广州市中级人民法院民三庭：《论内地与香港区际平行诉讼》，载《人民司法》2005年第8期。

权和外国法院判决公约》的谈判。

而根据《第二次全国涉外商事海事审判工作会议纪要》第5条的解释，中外合资经营企业合同、中外合作经营企业合同，合资、合作企业的注册登记地为合同履行地；涉及转让在我国境内依法设立的中外合资经营企业、中外合作经营企业、外商独资企业股份的合同，上述外商投资企业的注册登记地为合同履行地。合同履行地的人民法院对上述合同纠纷享有管辖权。但这种管辖权并非专属管辖权，而是特殊地域管辖权。随着我国的外商投资政策逐步向准入前国民待遇和负面清单制度转变，对外商投资的限制日益减少，以及我国自由贸易区建设的不断深入，我国已经没有必要再把中外合资、合作企业合同纠纷列为专属管辖事项。

2. 有些事项应当列为专属管辖

根据各国通例，专属管辖事项一般限定在影响国家主权和社会公共利益的民商事纠纷。因此，各国一般把下列事项规定为本国法院的专属管辖：(1)不动产争议由不动产所在地法院专属管辖；(2)以法人的有效、无效、解散，或其机构决定的有效、无效为标的的诉讼，由法人所在地法院专属管辖；(3)有关专利权、商标权的权属纠纷，特别是关于专利与商标有效性的诉讼，由注册登记地法院专属管辖。但我国法律对后两种纠纷并没有明确规定了专属管辖，需要我国通过批准《海牙公约》来补充和完善我国的专属管辖制度。

综上所述，建议中国在批准《海牙公约》时根据第21条的规定作出如下声明：

1. 因不动产物权纠纷引起的诉讼，由不动产所在地法院专属管辖；

2. 以法人的有效、无效、解散，或其机构决定的有效、无效为标的的诉讼，由法人所在地法院专属管辖；

3. 有关专利、商标、设计模型或必须登记或注册的其他类似权利的有效和侵权的诉讼，由注册登记地法院专属管辖。

三、"实际联系"要求

根据前述我国《民事诉讼法》第34条的规定，当事人选择的法院必须与争议有"实际联系"。我国法院在司法实践中权衡"与争议有实际联系的地点的法院"时，通常考虑当事人住所地、登记地、营业地、合同签订地、合同履行地、标的物所在地等因素。①

对于这个"实际联系"的要求,我国学术界一直存在反对意见。李浩培先生早在20年前就指出:"因为这样的要求就排除当事人以合意将直接国际裁判管辖权赋予一个中立法院的可能性,而这是对国际经济往来的发展不利的。订立契约以进行国际贸易的法律主体,无论是自然人还是法人,通常属于两个不同国家。这些法律主体通常倾向于维护其本国的司法制度的威望,而对于对方的司法制度难免抱有不信任感。要求选择与争议有实际联系的地点的法院管辖就是排除中立法院管辖的可能性,其结果可能是双方当事人因此不能达成国际交易,而这对国际经济往来的发展是不利的。所以现代各国国际民事程序法的发展的趋势,是不要求选择与争议有实际联系的地点的法院。"②

还有学者从以下方面分析了要求"实际联系"的弊端:③

1."实际联系"的不确定性

我国法院在个案中如何判断法院地与争议具有实际联系,往往难以定夺。对当事人而言,在争议发生之前确定未来案件的联系常常比较困难。尽管当事人的住所、合同履行地、财产所在地这些客观连结点可以认为与诉讼的联系比较密切,但由于某些联系因素是灵活多变的,当事人在纠纷发生之前,往往不可预见。例如,对于当事人的惯常居所和经营地,是可能随着时间而发生变化的。与合同有关的侵权案件属于公约适用范围,侵权行为的发生也是难以预见的。而对于合同签署地,当事人也可能任意选择,可以因当事人的合同谈判而使缺乏实际联系的地点发生联系。

2."实际联系"的有限性

即使是争议发生后的选择法院协议,要求争议与法院地具有实际联系,也值得怀疑。上述举例可见,当事人可以选择的法院地是极为有限的,往往不过是非甲即乙的选择,而在实际案件中,当事人为了避免对方法院可能存在的"本地法倾向"常常希望选择第三方中立法院。

3.公约适用范围的商事性质

《海牙公约》已经将大量与专属管辖权有关的事项、与消费者与雇佣者有关

① 参见《第二次全国涉外商事海事审判工作会议纪要》,法发〔2005〕26号,第4条。

② 参见李浩培:《国际民事程序法概论》,法律出版社1996年版,第64页。

③ 参见叶斌:《比较法视角下的2005年海牙选择法院协议公约研究》,中国社会科学出版社2013年版,第135~137页。

的事项排除在适用范围之外,实际上只适用于有限的、具有商事性质的与合同有关的事项。在当事人可以选择第三国法律作为合同准据法的背景下,对商人选择诉讼法院地的范围施加限制显得颇为狭隘。既然在法律适用上没有这样的限制,也不必对法院选择施加限制。

4. 当事人获得司法救济的可能性

对选择法院的这种限制,主要是为了避免被选法院以不方便法院原则拒绝管辖。但《海牙公约》已规定,除非认定协议无效,被选法院必须审理案件,从而排除被选法院以不方便法院为由拒绝审理案件。除了格式合同中的选择法院协议导致的不公正及其他不公平交易以外,当事人选择中立法院并不会降低对其获得司法救济的可能性。

因此,叶斌博士主张:在《海牙公约》有限的适用范围内,在当事人获得司法救济的权利得到保障的条件下,基于公约适用争议的商事性质,无须要求争议与法院地具有实际的联系。

上述反对意见确实有一定道理,因为国际交易的当事人是通过自由协商而缔结管辖权协议的。当事人在合同谈判时选择一个与交易没有任何联系的法院起诉,应该预见到在该法院诉讼可能产生的不便及其他一些法律后果。但这种不便或者没有联系本身不能成为管辖权协议无效的理由。[①] 事实上,2000 年我国《海事诉讼特别程序法》第 8 条就规定:"海事纠纷的当事人都是外国人、无国籍人、外国企业或者组织,当事人书面协议选择中华人民共和国海事法院管辖的,即使与纠纷有实际联系的地点不在中华人民共和国领域内,中华人民共和国海事法院对该纠纷也具有管辖权。"

但是,要求被选法院与案件具有实际联系,往往便于当事人收集证据和举证,也便于法院查明外国法,被选法院难以适用不方便法院拒绝管辖。因此,国际上许多国家要求被选法院与争议必须具有合理联系。如瑞士、瑞典、丹麦、韩国和美国部分州的司法判决,均要求被选法院与争议具有联系。因此,这个问题在《海牙公约》的谈判过程中一直存在重大分歧。尽管《海牙公约》最终没有要求"实际联系",由于它作为选择法院协议有效性的实质要件之一,应该根据被选法院地法来判断,也允许缔约国作出限制性声明。

从实践来看,当事人选择一个与案件或者争议没有联系的法院管辖,并不

---

① Carnival Cruise Lines v. Shute, 499 U. S. 585, 593 - 97 (1991).

一定是为了选择公正、中立、司法水平高的法院，常常是一方当事人在格式合同中单方面规定了管辖法院，另一方当事人不得已接受的结果，或者是双方当事人对管辖法院的选择相持不下、互不信任，不得不选择一个第三国法院。因此，从防止当事人规避法律，防止一方当事人通过欺诈、胁迫、滥用经济权力或其他不正当的方式达成法院选择协议、保护弱方当事人的利益，方便法院审理案件、方便当事人参与诉讼等角度考虑，特别是从一定程度上消除《海牙公约》"致命组合"的不利影响，中国应该继续保留"实质联系"的要求，但可以考虑对"实质联系"作扩大解释。

总结以上分析，建议中国根据《海牙公约》第 19 条和第 21 条的规定，在批准《海牙公约》时根据第 21 条的规定作出如下声明：

1. 与当事人或争议没有实际联系的选择法院协议无效；

2. 实际联系既包括被告住所地、合同履行地、合同签订地、原告住所地、标的物所在地，也包括当事人的主要营业地、代表机构所在地、登记地、装运地、转运地等客观联系。

第二节　建议修改与完善我国相关立法的事项

一、区分国际性案件的判断标准

《海牙公约》对适用范围的规定较为复杂。其第 1 条规定的适用范围限于民商事案件，这些民商事案件还需符合"国际案件"标准；第 2 条同时规定了排除适用的清单，将涉及专属管辖、性质上不适合选择法院协议的事项、受其他专门公约调整的事项以及各国普遍认为不宜列入的事项予以排除。此外，公约还专门规定了声明条款，允许缔约方就限制管辖权、限制承认与执行、关于特定事项，进一步作出限制性声明，保留了极大的灵活性，为更多国家参加公约扫清了法律障碍。

（一）管辖权阶段的国际性

《海牙公约》对"国际案件"的认定按管辖权阶段和判决承认与执行阶段适用不同的规则。在管辖权阶段，《海牙公约》第 1 条第 2 款规定，除非当事人均在同一缔约国居住，并且当事人的关系和与争议有关的所有其他因素仅与该国有关，不论被选择法院处于何处，案件都是国际性的。因此，公约在管辖权阶段判断国际性，既考虑当事人是否在不同缔约国居住，也考虑与当事人或争议有关的其他因素与有关国家的关系，但此时不将被选择法院所在地作为考虑因素。这实际上是排除“纯国内案件”的适用。

需要指出的是，虽然《海牙公约》排除对“纯国内案件”的适用，但并不当然禁止缔约国法院对其他缔约国的纯国内案件进行管辖，即缔约国可以依据其本国法决定是否对其他缔约国的“纯国内案件”行使管辖权。鉴于此，《海牙公约》第 19 条允许一国声明限制自身对“纯国内案件”的管辖权。该条规定，一国可以声明，如果除被选择法院所在地外，该国与当事人或者争议并无联系，其法院可以拒绝受理一项排他性选择法院协议适用的争议。

（二）判决承认与执行阶段的国际性

《海牙公约》对判决承认与执行阶段的国际性要求与管辖权阶段不同。其第 1 条第 3 款规定，只要寻求承认和执行一项外国判决，该案就是国际性的。这就意味着，只要被请求承认与执行的判决来自外国，该案就是国际性。也就是说，即使对于某国就纯国内案件作出的判决，如果在其他国家申请承认与执行，对于该被申请国而言，被请求承认与执行的案件就是国际性的。因此，公约在判决承认与执行阶段的适用范围比管辖权阶段要宽泛一些，在管辖权阶段排除的纯国内案件，包括在承认与执行阶段的适用范围内。因此，《海牙公约》第 20 条允许缔约国就上述情况作出限制承认和执行的声明。该条规定，一国可以声明，如果当事人在该被请求国居住，并且除被选择法院所在地外，当事人的关系及与争议有关的所有其他因素仅与该被请求国相关，其法院可以拒绝承认或执行另一缔约国法院作出的判决。也就是允许缔约国对外国法院作出的本质上属于纯国内案件的判决，予以拒绝承认与执行。

由此可见，《海牙公约》对“国际性案件”的标准极为明确，它一方面将“纯国内案件”排除在公约的适用范围以外；另一方面允许缔约国限制自己的管辖权，同时适当扩大了判决承认与执行阶段“国际性案件”的范围。

建议中国不必根据《海牙公约》第 19 条、第 20 条作出声明，通过批准《海牙公约》明确和丰富中国法院对“国际性案件”的认定标准。

二、改变互惠的认定标准

对于外国法院判决，我国《民事诉讼法》明确规定，在没有国际条约的情况下，也可以根据互惠原则加以承认与执行。但在实践中如何认定互惠关系是否存在，我国法院一直要求“事实上的互惠”，即外国法院客观上已有承认和执行我国法院判决的先例。例如，在日本国民五味晃申请承认和执行日本法院作出的生效债务判决、[①]俄罗斯国家交响乐团、阿特蒙特有限责任公司申请承认英国高等法院判决、[②]弗拉西动力发动机有限公司申请承认和执行澳大利亚法院判决[③]等案件中，我国法院均以我国与相关外国之间"没有缔结或者参加相互承认和执行法院民事判决、裁定的国际条约，亦未建立相应的互惠关系"为由拒绝承认和执行。

我国法院的上述实践，与其说强调"互惠"或"对等"以期望外国也对我国法院判决采取同等态度，倒不如说是在关注"报复"，法院所持的实际上是一种防范之心。按照这种做法，如果外国也因此对我国法院判决采取对等立场，我国法院判决就难以依据互惠原则得到外国的承认或执行了。日本法院就因为"五味晃"案认定中日之间不存在互惠关系而拒绝承认我国法院的判决。[④]

对于这个问题，李浩培先生在20年前就指出："互惠原则的适用对于外国裁判的承认和执行是不合理也是不可行的。理由是，第一，现在各国在承认和执行外国裁判的问题上所适用的互惠原则实质是报复原则，即由于外国不承认和不执行本国的裁判，所以本国也不承认外国的裁判，以示报复。但是这里报复的对象却完全错误了，因为报复的结果受损害的不是裁判作出国，而是在外国诉讼中胜诉的个人。这个胜诉人还可能是拒绝承认和执行国的本国国民。第二，期望以报复迫使裁判作出国也承认和执行本国的裁判，这种期望在很大程度上会是落空的，因为对裁判作出国来说，不承认和不执行其法院的裁判对它不会有重大损害。"[⑤]

造成互惠原则的理想和现实严重脱节的原因也许是多方面的，但隐藏在背后的利益因素可能起着关键作用。其一，它预设了国家利益的首要地位。在此情形下，按照公共选择理论，被请求国法院也就有意或无意地把维护自身利益作为基本点，因而为了避免对外国判决予以承认与执行后无法得到该外国的同

---

① 参见《最高人民法院关于我国人民法院应否承认和执行日本国法院具有债权债务内容裁判的复函》，(1995)民他字第17号。

② 参见北京市第二中级人民法院(2004)二中民特字第928号民事裁定书。

③ 参见《最高人民法院关于申请人弗拉西动力发动机有限公司申请承认和执行澳大利亚法院判决一案的请示的复函》，(2006)民四他字第45号。

④ Osaka High Court, Judgment 9 April 2003, Hanrei Jiho No. 1841, p. 111; Hanrei Taimuzu No. 1141, p. 270.

⑤ 参见李浩培：《国际民事程序法概论》，法律出版社1996年版，第140～141页。

等对待而产生的不利后果,选择事先防范措施或许是可行与合理的实践。这种实践的进一步后果则是报复主义。其二,它狭隘地解释国家利益。这种做法把国家利益仅理解为本国国家利益和本国国民及其财产利益,忽视了因相互合作可能为各国带来的司法权威、司法资源的节约、法律可预见性目标的保障、国际民商事关系的正常化等相关利益,这些利益均与国家利益相吻合,将其纳入国家利益范畴符合国际社会现实。狭隘的国家利益观,将会直接影响利益衡量的全面性,进而导致互惠原则适用上的防范心态。其三,它缺乏对国家利益与私人利益的衡量。法院在对国家利益的考察中,没有适当关注、甚至根本无视私人利益在承认与执行外国法院判决中的价值,实质上是以个案公正和私人利益为代价来保护狭隘的国家利益,但这种国家利益保护常常是臆断的结果。①

这种做法的直接后果是互惠原则演变成单纯的国家利益博弈工具,并成为拒绝外国法院判决效力的有效手段。因此,最高人民法院《关于人民法院为"一带一路"建设提供司法服务和保障的若干意见》明确指出:"要在沿线一些国家尚未与我国缔结司法协助协定的情况下,根据国际司法合作交流意向、对方国家承诺将给予我国司法互惠等情况,可以考虑由我国法院先行给予对方国家当事人司法协助,积极促成形成互惠关系,积极倡导并逐步扩大国际司法协助范围。"

为了批准和有效实施《海牙公约》,建议我国尽快在司法实践中,对立法上不要求互惠的国家的法院判决,不要求"承诺"或"合作交流意向",主动确认互惠关系的存在。

三、明确选择法院协议有效性的准据法

我国没有关于选择法院协议准据法的明确规定,司法实践的做法不一,有的适用原审法院地的法律;有的适用当事人选择的法律;有的适用法院地法;有的直接适用中国法,而未考虑当事人协议选择的法律;基本没有适用被选择法院地法的。我国在批准《海牙公约》时不必对这个问题提出保留,即通过批准《海牙公约》把选择法院协议有效性的准据法确定为被选择法院地法。

---

① 参见王吉文:《论我国对外国判决承认与执行的互惠原则》,载《法学家》2012 年第 6 期,第 154 ~ 164 页。

第三节　其他重要问题的建议

一、公约适用于香港特别行政区和澳门特别行政区问题

(一)中央政府声明公约适用于香港特别行政区和澳门特别行政区

传统的海牙国际私法公约规定有多法域条款,解决某些缔约国存在多法域情况下公约的参加和适用问题。《海牙公约》也不例外,其第28条规定:(1)如果一国具有两个或者多个领土单位且在本公约涉及的事项上具有不同法律制度,该国在签署、批准、接受、核准或者加入时,可声明本公约适用于其所有领土单位,或者其中的一个或多个领土单位,并可以在任何时候通过提交另一项声明修改上述声明;(2)任何此种声明应通知公约保存机关,并且应明确指明本公约适用的领土单位;(3)如果一个国家没有根据本条作出声明,则本公约适用于该国所有领土单位。

我国在香港特别行政区和澳门特别行政区实行“一国两制”。除涉及外交和国防事务由中央政府直接负责,相关国际协议特区需随中央政府一并适用外,《香港特别行政区基本法》第153条规定,中华人民共和国缔约的国际协议,中央人民政府可根据香港特别行政区的情况和需要,在征询香港特别行政区政府的意见后,决定是否适用于香港特别行政区;《澳门特别行政区基本法》第138条规定,中华人民共和国缔约的国际协议,中央人民政府可根据情况和澳门特别行政区的需要,在征询香港特别行政区政府的意见后,决定是否适用于澳门特别行政区。因此,《海牙公约》应按照前述条款考虑适用于香港特别行政区和澳门特别行政区问题。

不仅如此,按照《海牙公约》第28条第3款的规定,如果中央政府在参加公约时没有就领土适用范围作出声明,则本公约将自动适用于香港特别行政区和澳门特别行政区。为避免他国对未来公约在我国适用问题上的误解,我国有必要在参加公约时按照第28条相关规则解决好公约适用于香港特别行政区和澳门特别行政区的问题。

这就意味着,中央政府在自身决定参加公约的情况下,需就公约是否适用于特区问题,分别征求香港特别行政区政府和澳门特别行政区政府意见,并根据两特别行政区的不适用、暂不适用、适用意见,相应作出声明并向公约保存机关递交。

(二)公约在内地和香港特别行政区、澳门特别行政区的适用规则

《海牙公约》规定了公约在一个国家内部不同法域间的适用规则。其第25

条规定：如果缔约国不同的领土单位在本公约涉及的任何事项上具有两个或者多个法律制度，则：(1)任何援引该国的法律或者程序，应当在适当时解释为援引有关领土单位现行有效的法律或者程序；(2)任何援引该国的住所，应当在适当时解释为援引有关领土单位的住所；(3)任何援引该国的一个或者多个法院，应当在适当时解释为援引有关领土单位的一个或者多个法院；(4)任何援引与该国的联系，应当在适当时解释为援引与有关领土单位的联系。该条还规定，虽然有前款的规定，如果缔约国具有两个或者多个领土单位且适用不同法律制度，则无须将本公约适用于仅涉及其不同领土单位的情形。而且，具有两个或者多个领土单位且适用不同法律制度的缔约国一个领土单位的法院，没有义务仅因为一项判决已根据本公约得到该另一领土单位法院的承认或者执行而承认或者执行该判决。

根据该条具体到内地和两个特区，意味着内地和两个特别行政区各自的法律、法院及连结因素需区别对待；在内地和两个特别行政区间发生的仅涉及内地和特别行政区的案件，无须适用公约；一项外国判决在内地或两特别行政区之一得到承认与执行，并不表示其当然可以在其他法域得到承认与执行。

实际情况也是如此，内地和香港特别行政区 2006 年达成《相互认可和执行当事人协议管辖的民商事案件判决的安排》，内地与澳门特别行政区 2007 年达成《关于相互认可和执行民商事判决的安排》，有关安排仅适用于内地与相关特区，是一国内部的区际司法协助安排。未来即使内地和两特区均适用海牙公约，公约本身并不是三地间相关判决承认与执行的依据，仍需适用三地间达成的安排。

二、公约的宣介和示范条款

(一)公约的宣介

《海牙公约》的目的，是意图建立一套可以与 1958 年《纽约公约》相匹敌的国际商事纠纷解决机制，希望为当事人提供商事仲裁外的另一种选择，因为相对于国际商事仲裁而言，被双方当事人合意选择的法院可能是解决某些争端更为合适的场所，选择法院协议也较仲裁条款对当事人更为合适。公约的目的是否能够实现，一方面取决于公约本身的运作，如参加国的多少、选择法院协议被认定有效以及相应的外国判决承认与执行情况。另一方面，也有赖于国际商业活动的当事人特别是大型公司、企业在对外签订合同时将选择法院协议作为与仲裁条款并列的选项之一。仲裁条款在国际商业活动中已深入人心，且经过几十年的宣介、推广,即使在国内,也较为普遍地将仲裁视为对外商业活动的标准争端解决方式之一。相较而言,选择法院协议,还远未能与仲裁条款形成同等的地位和影响。因此,对公约的宣介和推广还有很长的路要走。对我们国家而言,随着我国企业在国际商业竞争中实力的增强,对外投资的增加,“一带一路”和走出去战略的深化,有必要提高我国企业在涉外合同中引入选择法院条款,选择中国法院进行管辖的认识,有意识地在涉外合同中引入选择法院条款,维护中方利益。对此,主管部门可以进行有针对性地系列培训和尝试,不断积累经验,让公约规则更好地为我所用。

(二)公约的示范条款

借鉴仲裁的示范条款,我国也有必要按照公约规则拟定选择法院条款的几种范本,确保中方当事人签订的选择法院条款符合公约规定。从公约定义看,排他性法院选择协议是指两个或两个以上的当事人签订的,为解决与某一特定法律关系有关的,已经或者可能发生的争议,而指定某个缔约国的法院或者某个缔约国的一个或者多个特定法院并排除任何其他法院管辖的协议。而且,除非当事人另有明示约定,指定某个缔约国的法院或者某个缔约国的一个或者多个特定法院的法院选择协议应被视为是排他性的。因此,“排他性”是我在制定范本时重点注意的要求。

公约报告的说明和举例为我们提供了很好的参考。报告列举以下选择法院条款措辞符合《海牙公约》所指的排他性选择法院协议:“选择法国法院管辖”“选择法国巴黎商事法院管辖”“选择法国巴黎商事法院或者里昂商事法院管辖”“甲国法院有权管辖本合同项下诉讼”“本合同项下诉讼应向甲国法院提出”。

报告亦指出以下选择法院条款不符合《海牙公约》排他性选择法院要求:“甲国法院对本合同项下诉讼有非排他性管辖权”“本合同项下诉讼可向甲国法院提出,但这不排除向其他根据法院地法具有管辖权的任何国家的法院提出诉讼”“本合同项下诉讼可向甲国的A法院提出,或者向已国的B法院提出,其他任何法院均无管辖权”“对某甲提出的诉讼仅能向甲在A国的居住地法院提出,对某乙提出的诉讼仅能向乙在B国的居住地法院提出”。

建议:我国可以拟定以下条款作为选择中国法院排他管辖的范本:

1. 本合同项下诉讼应向中国法院提出,其他任何法院均无管辖权。
2. 当事人选择中国法院对本合同项下诉讼行使排他性管辖权。

结　论

2005年《海牙公约》是21世纪国际社会最重要的管辖权和判决承认与执行公约，我国自始至终都参加了该公约的谈判。该公约确定的判决承认与执行规则与我国现有法律没有实质性差异，中国批准该公约能够补充和明确中国现有立法的不足。其规定的管辖权规则大部分与中国立法没有冲突，对于少数不同规定，中国也可以通过公约规定的限制性声明来排除其适用。因此，中国签署和批准《海牙公约》并没有法律上的障碍。

从中国的长远利益来看，批准《海牙公约》有利于促进我国法院判决的跨国执行、促进我国协议管辖制度和判决承认与执行制度的完善、倒逼我国国际商事仲裁制度的完善和促进“一带一路”倡议和人类命运共同体理念的实现。对于批准《海牙公约》可能带来的潜在消极影响，由于现在中国当事人参与国际贸易和投资在大多数情况下并不是处于经济上的弱势地位，只要采取有效方法增强中国当事人的国际法律意识、提高中国当事人在选择管辖法院方面的经验技巧，完全可以克服《海牙公约》可能对中国当事人的不利影响。此外，由于《海牙公约》本身对克服其固有弊端规定了一系列制度与规则，中国在批准该公约时完全可以利用这些规则避免不利局面，彰显参加《海牙公约》的优势，完善中国的涉外司法与国际仲裁制度，提升中国在国际民商事争议解决市场上的竞争力，为推动“一带一路”建设提供更加有效的法治保障。因此,中国应尽快签署和批准《海牙公约》。

对于中国在批准《海牙公约》时应该在哪些方面作出限制性声明,并通过这些保留修改和完善中国现有的立法,我们建议在知识产权、专属管辖和实际联系要求3个方面作出限制性声明。具体方案如下:

1. 对于知识产权问题,建议作如下声明:

(1)根据《海牙公约》第21条,公约不适用于知识产权纠纷,包括知识产权归属纠纷、知识产权合同纠纷、知识产权侵权纠纷、不正当竞争纠纷、反垄断纠纷,本声明另有规定除外。

(2)作为例外,《海牙公约》可以适用于以下知识产权纠纷:

①著作权及邻接权利用和转让合同纠纷,但不包括计算机软件、民间文学艺术作品、数据库作品的利用和转让合同纠纷,也不包括著作权及邻接权权属纠纷。

②专利权利用和转让合同纠纷,但不包括集成电路布图设计、植物新品种和遗传资源利用和转让合同纠纷。

③商业标识权利用和转让合同纠纷,但不包括地理标志利用和转让合同纠纷。

(3)判断纠纷的性质,应结合原告实际主张权利所依据的法律和判决实质内容所援引的法律作出认定。

(4)中国保留根据公约适用情况重新评估本声明的权利,并在本声明生效起3年内作出是否维持、修改本声明的决定。

2. 对于专属管辖问题,中国可以作出如下声明:

(1)因不动产物权纠纷引起的诉讼,由不动产所在地法院专属管辖;

(2)以法人的有效、无效、解散,或其机构决定的有效、无效为标的的诉讼,由法人所在地法院专属管辖;

(3)有关专利、商标、设计模型或必须登记或注册的其他类似权利的有效和侵权的诉讼,由注册登记地法院专属管辖。

3. 对于实际联系问题,中国可以作出如下声明:

(1)与当事人或争议没有实际联系的选择法院协议无效;

(2)实际联系既包括被告住所地、合同履行地、合同签订地、原告住所地、标的物所在地,也包括当事人的主要营业地、代表机构所在地、登记地、装运地、转运地等客观联系。

此外,中国可以利用批准《海牙公约》的契机,明确和丰富中国法院对"国际性案件”的认定标准,优化我国法院在司法实践中认定互惠的标准,明确选择法院协议有效性的准据法为被选择法院地法,并对《海牙公约》适用于中国香港特别行政区和澳门特别行政区问题作出适当的安排。同时,对我国企业加大《海牙公约》的宣传力度,为我国企业在对外经济交往中提供选择中国法院排他管辖的示范范本:(1)本合同项下诉讼应向中国法院提出,其他任何法院均无管辖权;(2)当事人选择中国法院对本合同项下诉讼行使排他性管辖权。

图书在版编目(CIP)数据

批准《选择法院协议公约》之考量 / 肖永平,朱磊主编. —北京:法律出版社,2017
(国际法文库 / 黄进主编)
ISBN 978-7-5197-1238-9

Ⅰ.①批… Ⅱ.①肖…②朱… Ⅲ.①国际法—民事诉讼—研究 Ⅳ.①D997.3

中国版本图书馆 CIP 数据核字(2017)第199324号

批准《选择法院协议公约》之考量
PIZHUN《XUANZE FAYUAN XIEYI GONGYUE》ZHI KAOLIANG

肖永平 朱 磊 主编

策划编辑 沈小英
责任编辑 沈小英 刘晓萌
装帧设计 李 瞻

出版 法律出版社
总发行 中国法律图书有限公司
经销 新华书店
印刷 固安华明印业有限公司
责任校对 王沁陶
责任印制 吕亚莉

编辑统筹 财经出版分社
开本 720毫米×960毫米 1/16
印张 14.5
字数 260千
版本 2017年10月第1版
印次 2017年10月第1次印刷

法律出版社/北京市丰台区莲花池西里7号(100073)
网址/www.lawpress.com.cn
投稿邮箱/info@lawpress.com.cn
举报维权邮箱/jbwq@lawpress.com.cn
销售热线/010-63939792
咨询电话/010-63939796

中国法律图书有限公司/北京市丰台区莲花池西里7号(100073)
全国各地中法图分、子公司销售电话:
统一销售客服/400-660-6393
第一法律书店/010-63939781/9782
西安分公司/029-85330678
重庆分公司/023-67453036
上海分公司/021-62071639/1636
深圳分公司/0755-83072995

书号:ISBN 978-7-5197-1238-9
定价:48.00元